China : A History in Objects

# 大英博物館裡的中國史

JESSICA
HARRISON-HALL

## 霍吉淑

顧雯、謝燕——譯

# 目 次

# 推薦序

國立台灣大學藝術史研究所 施靜菲

　　在資訊爆炸的現代，要向讀者推薦一本深入淺出，又能含括豐富面向的文化藝術史入門書籍，原屬不易，更何況對象是中國藝術史？眾所周知，中華文化源遠流長、地大物博，文化藝術發展包羅萬象，如何濃縮精華在方寸之間的小書中？大英博物館中國部門主任霍吉淑（Jessica Harrison-Hall）的這本著作改變了我們的看法。

## 大英博物館的最強導覽計畫

　　大英博物館進行的「100件文物中的世界史」計畫，以紮實的研究為基礎所進行的推廣教育，是放眼世界近幾年博物館界最成功的項目之一。這個計畫一開始是由大英博物館與英國廣播公司（BBC）合作的廣播節目，配合出書，後來推出特展等等。且隨著巡迴世界展覽，這股「從文物來看世界史」的熱潮蔓延至世界各地。我們當然可以從歷史與藝術史學門的物質文化、視覺文化轉向來看這個發展，而大英博物館的世界文化藝術藏品更有其得天獨厚的優勢。以人類文明發展中重要的視覺、物質文化材料來理解世界史，現在看起來似乎習以為常，但在過去以文字為歷史學主流的時代，歷史學家極少採用（除了史前、上古時代的史家外），遑論要讀懂藝術、理解視覺語言、物質材料，都是一項門檻不低的學問。因此，這個項目成功打入一般大眾市場，可說是一項重要的歷史科普教育革命，讓普羅大眾也分享學界的思潮發展，意識到，我們不僅可以透過文字材料理解歷史，物質、視覺材料本身也可以述寫歷史。尤其在到處充斥視覺、物質訊息的當代社會，它們的重要性甚至超越文字。

　　其次，這個項目另一個重要的成果是，大大改善大眾的博物館參觀經驗。大英博物館的藏品豐富，在世界上名列前茅，每年的參觀人數在 500-600 萬之間。但是在過去，雖有全館無數寶藏，一般觀眾一進大英有如進入人類文明迷宮中，不若其他博物館有鮮明的鎮館之寶，例如羅浮宮有鎮館三寶，其中又以蒙娜麗莎最為人所知，說是全世界最著名的美術作品，一點也不為過（羅浮宮的研究員告訴我，平均每 30 秒，館內工作人員就會被問「蒙娜麗莎在哪裡？」，讓他們不勝其擾）。「100件文物中的世界史」項目大成功後，「踏進大英博物館不再像進入茫茫大海不知方向，而像是有了導航器（navigation），你知道從哪件作品看起」，我的英國友人這樣告訴我。這不僅拯救了外來觀光客（大英博物館和台北的國立故宮博物院一樣，外國觀眾比本地觀眾多得多），就連本地觀眾進入博物館，都知道要從哪裡開始看展，的確帶來很大的幫助。

我們可以將《大英博物館裡的中國史》這本導覽書看作是「100 件文物中的世界史」的子系列，大英博物館延續先前的成功經驗，讓各個部門複製這個模式，推出各個區域的版本。而《大英博物館裡的中國史》就是其中之一，以大英收藏的傳世及出土的文物來理解中國歷史，用藝術作品來理解此塊土地上發展出的重要的文化成就。

## 中國藝術就在掌中、再忙都可以隨時輕鬆開卷

全書架構一方面以歷史時序為軸，分為六章，一方面盡可能囊括各個具體的文化藝術面向、條目，像是一本文化藝術史辭典，又隨時穿插一些需要解釋的重要主題短文（例如〈敦煌莫高窟〉、〈明代墓葬〉、〈上海：中國最時尚的城市〉等），雖然項目看似很多，但等級層次分明。大英博物館得天獨厚的豐富館藏，使得這個敘事方式不但得到充分的支持，且更添精彩。不但強調了大英收藏之重要精彩作品，又輔以其他非館藏的重要相關作品。更重要的是，還讓我們看到許多過去不曾發表的資料（例如宋代的彩繪磚、元代的漆螺鈿盤等），讓深藏庫房的重要材料重見天日，並促進了許多跨領域的對話。這些資料在原本以精品（完整、美學重要性為主要考量）的思考脈絡下，不會被看見，而現在，它們在文化史的角度下得以呈現。簡而言之，此書以物質及視覺材料讓中國歷史鮮活起來、歷歷在目，由古貫今的敘述方式也使得古代與當代中國連結不曾間斷。

作者深入淺出的描述方式，與本書的編排方式兩相加乘，跳脫了過去類似書籍的教科書模式（系統性的架構、有絕對次序），以時代範圍分段、重要主題、文物短篇（每篇正好是書本翻開的兩頁，半頁文字搭配 1-3 件文物），這樣有層次又無固定次序模式讀起來相對沒有負擔，或者說正適合當代人的閱讀習慣。網路時代，急速、忙碌的快轉生活，大多數的人或許無法從頭到尾，有秩序、系統性地完整閱讀，而是利用許多短促、片段的時間間隙。而此書讓人可以隨時開卷閱讀，可以從任何一個條目進入，不用擔心沒有從頭讀起，可說是一本符合網路時代的步調、更具有當代性的教育推廣入門書。

在中文世界中，中國藝術史分工至細，撰寫一本包羅萬象的中國藝術史入門書幾乎是天方夜譚，讓學者們視為畏途。這樣的中國文化藝術史入門書能有中文版問世，讓人樂見其成。藉由教育推廣的各種媒體方式，讓一般讀者也同享中國歷史與藝術史學門的研究成果。未來若有電子書或有聲書，應該能造福更多有興趣的讀者。

# 引言

中華文明是世界上最古老的文明之一。有人認為華夏文明從遠古以來都綿延不斷始終如一,現代中國人與數千年前的祖先一脈相承。這一觀點至今仍有眾多擁護者。幾乎所有的中國通史都以石器時代為開端。中國歷史悠久,地域廣博、人口眾多,非一個展覽、一本書所能全部囊括。本書大部分也都依照傳統順序縱覽整部中國歷史,但因陳述方式有所不同——主要透過物品(藝術和物質文化)加以呈現,難免百密一疏。書中將中華大地歷史長河中,近 7000 多年的時間分成六個階段,透過各個時期的陶瓷、玉器、青銅器、繪畫、書法、織品和裝飾藝術等遺存來瞭解中國的過往。中國歷史悠久,地大物博,但並非以往認為的那樣全部依賴自給自足,與世隔離。從文獻記載和物質文化遺存中可以看到,自新石器時代以來,中國和域外在每個歷史階段都有著廣泛的交流。在本書中,我們就將從大英博物館所藏的中國文物回首過去、追溯往昔。

## 地理

數萬年前,中國疆域內就開始有人定居。事實上,大約 50 萬年前,直立人,即「北京人」就在此覓食生息,這是中國出現的最早的遠古人類之一。中國廣袤的疆域足以讓任何嘗試周遊此地的人們嘆為觀止。地圖上短短數公分的距離,足以抵上飛機數小時或火車數日之耗。常言道,欲知中國之古,先知中國之大。我們要瞭解中國,必先瞭解其悠遠廣大的歷史、地域,以及多元文化。所以我們也常說,中國之大,自成一體,自有乾坤。其疆域內擁有的地形地貌、氣候類型和動植物種,幾乎涵蓋所有類型,這些自然條件對定居於此的人們產生了潛移默化的深遠影響。

不過,地形和氣候究竟是如何決定文化的呢?定居在中國北方黃河(圖一)流域和南方長江(圖二)流域的人們,從新石器時代起就形成了不同的文化,但另一方面他們之間又建立了遠超過我們以往想像的密切聯繫。儘管中國的疆域在歷史上經常變動,然而今天的中國依然擁有蔥翠如茵的內蒙古草原、新疆的沙漠、黃河中游的黃土高原,以及長江以南地區的梯田(圖六)。中國海岸的地形也同樣廣泛多樣,甚至有海南島這般椰林與銀灘並存的熱帶地區。中國還有高聳入雲的山峰,靜謐的湖泊和茂密的森林。如此博大怎不叫人流連忘返。

圖一　黃河馬蹄形拐彎,位於陝晉邊界。這片肥沃的黃土地覆蓋著整個黃河下游平原。

圖二　揚子江,即長江,在法語中又稱藍色之河,是亞洲第一長河。長江從青海省流到上海,注入東海。這幅環景圖展現的是長江第一彎,位於離雲南麗江不遠的石鼓鎮附近。

圖三 長城，中國古代建造於邊界上的城牆，東西走向。西元前3世紀，秦始皇開始修築長城，他在原先（戰國）長城的基礎上加以擴展。如今我們所見的長城基本為明代（1368–1644年）重修。

圖四 這些重修過的城樓位於嘉峪關，是長城最西端的關口。（照片中）城牆後方的遠處是白雪皚皚的祁連山，山下是茂盛的大草原。（歐亞）大草原西起匈牙利，跨越俄羅斯和中亞一直延伸到中國東北。在中國歷史上草原游牧文化和農耕文化之間曾頻繁發生衝突。

## 語言

學習中文在今日已成潮流。世界各地的中小學紛紛開設中文學習社團活動，中國政府開辦的孔子學院在全球推廣中華文化。隨著中國經濟的繁榮，我們也逐漸感受到一些由此產生的社會效應：社會精英會安排子女去西方高等學府深造；越來越多的中國人前往歐洲、澳洲和美國旅行。與這些中國人交流的欲望進一步推動外國人學習中文的熱情。因此，出於社會、經濟和政治因素，中文日益成為海外交流的一種重要語言。

在中國，漢字是人們交流的紐帶。此外，漢字也聯繫著韓國、日本和越南這些鄰國，因為這些國家的文字曾經歷過一段相同的發展歷程。古代文字同樣能引起現代人們的共鳴。比如「田」字（字形呈一個方塊分成四個部分），在西元前1200年左右的甲骨文中已可辨出相近的文字。專業學者通過掌握閱讀甲骨文的專業知識，仍可識讀這些3000多年前文字中的大部分。當一個現代中國人拾起一枚古代士兵書寫的竹簡時，還能大致理解竹簡上文字的含義，這確實令人拍案稱奇。對於人口規模巨大的中國來說，書面語言堪稱跨越時間與空間，聯絡人們的重要媒介，倘若人們僅僅使用方言交談，就將阻礙不同地區人們之間的理解與交流。由此可見，中文不愧為一種共同的、歷史性的語言。

## 古今之間

在中國，歷史並不遙遠，而是近在咫尺，現在和過去關係親密，這與西方「歷史」的概念大相逕庭。有人認為，對過去盲目的崇拜會限制人們的創造性思維，阻礙人們尋求解決問題的新方法。不過，這種批判或許完全忽略了重點所在。中國可以通過記錄和研究歷史，進一步重現古代原貌，在現代迅速建立一種關於歷史的隱喻。中國的景觀本身就能喚起這種同古代的聯繫：當你凝視著黃山壯觀的風景時，會立刻聯想到古代山水畫中傲然挺立的松樹和聳入雲海的山峰（圖七）。

與古代的聯繫還體現在對祖先的敬畏上。在一年之中重要的時節，或慶祝重大事件的時候，都有祖先的「參與」，這一直以來都是中國人生活的組成部分。這種關係本質上是一種互動——活著的人通過記憶讓死者「不朽」，並向他們供奉食物；而死者會在精神上為生者達成願望提供支援。在悠久的歷史中，這種互動的關係在重大政治決策，如選擇攻打敵人的吉時，或者在搜集資訊，如預測

天氣以獲得豐收等方面，都扮演了重要的角色。與過去的聯繫還遠不止於此。不論在任何朝代，當代之人都會通過研究過去的文獻（銘記於心），或者臨摹古代繪畫等，與歷史建立一種連接。回顧歷史，是日常生活的一項基本內容。當然，有學識的人還可以擁有和閱讀古物上的文字紀錄，瞭解古代的哲學和歷史。

## 權力與信仰：帝王與宇宙

在與歷史的聯繫上，還有一個重要的方面，即自古以來在位的皇帝就講究「承天命」。皇帝不僅是中國的最高統治者，天子，而且鄰國也需要向他朝貢，承認他在這片地區無上的權力。皇帝不但統治著世間之人，從根本上說，他作為北極星的化身，還掌控著整個宇宙。兩千多年來，中國歷史上任何朝代更迭，帝王易位，或是一個朝代的滅亡，都是天命所歸。

國家儀式的舉行強調了帝王對於維護宇宙秩序的重要性。這些儀式從古時一直延續至今。所以皇帝會親自主持參與一些極為重要的儀典，比如在天壇行孟春祈穀祭天大典、在太廟祭祖，或去泰山祭祀等。舉辦儀式要擇吉時，要安排程序步驟，因此皇帝需要大臣和龐大的官僚機構輔佐。

## 中央集權下的官僚體制：文韜武略

中國第一位皇帝，秦始皇（統治時間：西元前 221-210 年）建立了一套標準的法典和中央集權的官僚體系。到漢代（西元前 206-西元 220 年），進一步加強了中央集權控制。自此以後，整個封建時代，中國廣袤的疆域都是有賴文武分職的官僚機構來管理，延續了兩千多年。在現代，公務員和軍人間的區別可以讓我們想像到古代文官和武官間完全不同的職責分工。不過，在古代，所有士大夫都以政務和軍事兼修的標準來要求自己。因為，要成為一個理想人才，必須文武兼備。

官吏的選拔主要採用科舉制，需通過地方、省城、京城等層層考核。在這些考核中，要考察候選人對於四書（《大學》、《中庸》、《論語》、《孟子》）五經（《詩經》、《尚書》、《禮記》、《周易》、《春秋》）的理解。深入瞭解這些典籍，並有能力將內容重新釋讀，運用到當下的現實環境中去，才是有才之人，可得國家俸祿、封妻蔭子。這些參與了科考的人經歷了相同的選拔過程，使這些同年仕進之人形成了一張巨大的網路。

圖五　行走在月牙泉邊的駱駝，位於中國西北甘肅敦煌。人們穿越沙漠進行貿易，在綠洲城市間推動思想的交流。

## 對外交流與文化融合

　　有人認為，中國歷來自成一方天地，所有文化都是從本土衍生發展而來。這種觀點其實有所偏頗。中國文化從一開始就呈現多元特徵。縱觀整個歷史，中國一直保持著與外界的聯繫，其中相當部分經由貿易活動展開（圖五）。中國為域外地區生產消費品的歷史至少可追溯到 2000 多年以前，從最初的紡織品，到後來的陶瓷，還有茶葉。這些貨物遠銷印度洋地區，乃至更遠的非洲，甚至之後的新大陸與歐洲。

　　中國的對外交流並不止於貿易活動。戰爭，也給中華文化帶來了很多異域元素。例如，商周時期，來自草原文化的技術（圖四）改變了中原的兵器。幾千年來，各個王朝的軍隊都曾召開募外族兵源，駕馭外來馬匹，並且任用戰俘。這些外援非常熟悉中國疆域之外的地形和情況，成為中國外捍的中堅，發揮了十分重要的戰略作用。

　　相較文官武將，對中國歷史上僧侶和傳教人員活動的研究相對較少。然而，從漢代時佛教自印度傳入，到明初藏傳佛教盛行，僧

侶群體對中國產生過巨大影響。16 世紀，耶穌會士將歐洲的科技和
哲學，帶入了中國宮廷。除了宗教活動外，朝貢制度也不遑多讓，
它同樣讓朝廷維持著和域外各國使節的交流。這些使者主要來自中
亞、南亞、東南亞、日本、韓國。他們上呈的奇珍異寶，還包括長
頸鹿、斑馬、獅子、大象等異國動物。此外，御廚之肆，後宮之苑，
也有異域庖廚和嬪妃充斥其間。

## 建築、考古、文物和藝術

中華文明博大精深，我們只能管中窺豹，略知皮毛，不免讓人
稍感遺憾。但如今，我們還能通過歷史遺留的物質文化來瞭解一些
中國文化的樣貌。長城（圖三）、京杭大運河、紫禁城，提醒著我
們中華帝國建築工程規模之浩大。這些浩大、非凡的跨區域工程反
映了中國人口之巨，可調動的勞動力之眾，以及官僚機構之有序效
率。

然而，中國遺存下來的建築，相對與中國面積相仿的歐洲而言，
並不算多。倖存下來的建築中，有宗教建築，包括莫高窟的石窟寺，
西安的唐代佛塔；還有宋代的橋梁，明代的圖書館（藏書樓）、廟宇、
寺院、園林，清代的庭院。

更有意義的是，中國考古學家一直不斷更新著遺址、遺存的發
掘資料。其中既有名聲赫赫的世界遺產，如秦始皇帝陵附近的兵馬
俑坑；也有一些不太知名，但同樣重要的文化遺址，如石峁遺址，
是目前所知中國規模最大的新石器時代城址。此外，由於中國地面
建築遺存較少，所以，明代藩王（陵）的地下宮殿、西安古代宮殿
建築基址等發現，也顯得格外珍貴。

中國歷史上製造了大量的物質文化產品，這讓我們有機會，透
過這些古時生產活動中留下的文物瞭解歷史，並從文獻記載中領略
那些未能留存至今的事物。譬如，我們可以從文獻瞭解，留下數千
件青花瓷的江西景德鎮，也曾以製作笠帽聞名，儘管，今日已無一
頂存世。

我希望廣大讀者能從這本入門書籍中，打開一扇回眸歷史的窗
戶。讓我們一同賞鑒那些折射出歷史細節的器物、織品、繪畫，引
領讀者徜徉在中華文明 7000 多年的歷史長河之中。

中國的特殊地位讓她在人類的歷史上扮演著格外重要的角色：
中國有著延續至今世界最古老的文明，同時也將是 21 世紀最強大的
國家之一。

**新石器時代　約西元前8500–1700年**

| 仰韶文化 | 約西元前5000–3000年 |
| 紅山文化 | 約西元前4500–3000年 |
| 大汶口文化 | 約西元前4300–2500年 |
| 馬家窯文化 | 約西元前3300–2050年 |
| 良渚文化 | 約西元前3300–2000年 |
| 龍山文化 | 約西元前2800–2300年 |

**青銅時代　西元前1700–221年**

二里頭文化　　　約西元前1900–1500年

商　約西元前1600–1046年

二里崗文化　　　西元前1600–1300年　　（都城：鄭州）

二里崗下層　　　西元前1600–1415年

二里崗上層　　　西元前1450–1300年

殷墟文化　　　　西元前1300–1046年　　（都城：安陽）

周　約西元前1046–256年

西周　　　　　　約西元前1046–771年

東周　　　　　　西元前770–256年

春秋時期　　　　西元前770–476年

戰國時期　　　　西元前475–221年

# 1 早期文明

西元前5000-221年

1920年代初期，考古學家在中國北方周口店發現了一名直立行走人類（即直立人）的顱骨、顎骨和牙齒，標誌著中國早期原始人類的存在。這些直立人生活在距今約50萬年前，被考古學家命名為「北京人」。2004年，中國南方湖南的玉蟾岩遺址又發現了近兩萬年前的陶器碎片，這是迄今發現人類最早的陶器製品，使東亞文明又上溯了約3000年。本章起始年代較此要晚，但時間跨度依然很大，起於西元前5000年新石器時代的仰韶文化（圖一），迄於東周滅亡，即西元前221年中國歷史上第一個統一王朝秦朝的建立。

通過考古學來瞭解中國是本章的主旨（圖二）。在過去的一個世紀，考古人員發現了大量墓葬和聚落遺址（圖三），並發表了許多細節資料。這讓我們有機會通過這些發掘和遺存，以及留存的文字紀錄來重建古代中國人的生活方式。這些至今仍可辨識的文字包括西元前1200年的甲骨文（圖四），以及商代晚期首都安陽（見第34-35頁）青銅器上留下的金文。中國自遠古時代以來，就非常重視玉器的製作（圖五），而石器和陶器的分布也很廣泛。通過這些新石器時代的遺存，我們就能更

**圖一　陶塑人面像**

透過這件距今大約 6000 多年前人像的雙眼，我們可以想像當時黃河沿岸人們的生活場景。一些人首形陶壺的器口也有類似人面裝飾。人首與器身渾然一體地組成了人身的形狀。圖中器物出土於陝西寶雞北首嶺。

仰韶文化
約西元前 5000–3000 年
高 7.3 公分，寬 9 公分
陝西寶雞北首嶺遺址陳列館藏*

*編注：書中未注明收藏地之文物皆為大英博物館藏品。

圖二　截至目前發現的最大的中國新石器晚期城址——陝西石峁遺址東門鳥瞰圖

圖三　2012年陝西寶雞渭河南岸臺地上石鼓山商周墓地出土的青銅禮器

加充分地解讀那些原先被認為孤立存在的早期聚落。我們會發現，不同聚落文化間存在年代的重疊，演進至新階段的文化並不僅僅只有一處。遠古中國的每一種新石器時代文化，都具有其自身的特徵和地域性，原因就在於，中國疆域遼闊，聚落文化各自活躍區域範圍堪比現代歐洲諸國。

　　紅山文化遺址牛河梁女神廟出土過一尊與真人一般大小的女神頭像，因而一般認為該遺址處於母系氏族社會的中心區域。然而由於缺乏文字記載，我們對於新石器時代的信仰還是知之甚少。自青銅時代以降，直至西元1世紀佛教及佛教圖像傳入之前，中國人都鮮少用塑像來表現神祇。到了商代（約西元前1600-1046年），人們鑄造青銅器作為祭祀、溝通「上天」的禮器，其中包括飲酒、斟酒及貯酒等酒器，還有盛食器等。人們用成組配套的禮器祭拜祖先，他們相信這些隨葬禮器能傳遞給祖先，讓他們在死後繼續使用，祈求祖先庇佑。這套青銅禮器系統一直沿用至周代。由於商周時期各類商品的運輸範

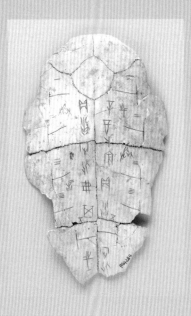

圍橫跨中國數千公里，其中就包括用於青銅器鑄造的金屬。透過物品的流動及戰爭的威脅，當時的人們必然意識到遠方群體的存在（圖六）。同時，早在新石器時代，中國人就已善於生產高品質的奢侈品，其中，用堅韌蠶絲紡織而成的絲織品（圖七），是最富代表性的產品之一。

中國人自古以來就居住在這片土地之上，那些不斷的考古發現，以及一脈相承的文字，都讓中國人感受到與古老華夏的聯繫。從歷史上看，這片廣袤肥沃的土地承載了大量人口，並孕育了高度文明和等級森嚴的社會。分工明確的官僚體系和大量勞動人口的存在，使大規模的工業生產成為可能。幾千年來，中原與周邊地區持續互動，使北方草原文化和南方文化自青銅時代起，就逐漸融入中原文化。比如，戰車的發明，就是從西北方傳入中原，儘管這並非貿易，而是戰爭的結果（圖八）。

東周時期思想活躍，百家爭鳴，湧現出諸多周遊列國的思想家和謀士。西元前551年出生於山東曲阜的孔子，是其中的著名代表。隨著東周諸王無法維持疆土統一，群雄逐鹿，諸侯爭霸的大幕就此拉開。而秦國作為群雄之一，最終由秦始皇在

**圖四　甲骨**
這片由龜甲製成的卜甲展現了最早的漢字形態。卜辭紀錄了殷商王室與先祖的交流過程。使用過的甲骨會專門窖藏於一處。該片甲骨上的卜辭紀錄，此次占卜的貞人名為「賓」。

商，約西元前 1200 年
安陽小屯遺址 YH127 坑
高 18.4 公分，寬 11.1 公分
中央研究院歷史語言研究所藏

**圖五　安徽凌家灘出土的玉斧、玉璧等玉器**

**圖六　四川廣漢三星堆金面銅人頭像**

這座人像出土於三星堆二號祭祀坑，屬 A 型金面人頭像。這種金面造像代表社會最高等級的人，他們具有與神交流的特殊能力。三星堆古蜀人已熟練使用黃金。通過與古蜀國交流，周人也掌握了黃金加工工藝。

商，約西元前 1200 年
四川廣漢三星堆
高 42.5 公分，寬 19.6 公分
三星堆博物館藏

**圖七　龍虎鳳紋繡**

東周時期
約西元前 480–222 年
湖北江陵馬山一號墓
高 29.5 公分，寬 21 公分
荊州博物館藏

**圖八　湖北熊家塚墓地車馬坑**

該墓葬是目前所知戰國時期規模最大、保存最完好的楚墓。墓葬中還有 30 餘座排列有序的車馬坑。墓主人可能是楚國最後一位君主楚昭王熊軫。

西元前221年完成了統一大業，開啟中國歷史上第一個大一統王朝。

# 1|1 仰韶文化：新石器時代陶器和石器

　　雖然存在一些更早期的定居文化類型，但是新石器時代中期（約西元前 5000-3000 年）的仰韶文化則更具有代表性。仰韶文化類型村落廣泛分布在黃河中游的肥沃土地上。仰韶文化時期的人們建造房屋、耕作狩獵的核心區域大致位於今河南、山西、陝西一帶。西安半坡遺址是一處典型的仰韶文化早期階段聚落遺蹟。考古學家復原了半坡人的居住環境：他們居住的房屋大多為半地穴式圓形房屋，屋內中央有一灶坑，屋頂由抹過泥的茅草搭建而成，可以防水。仰韶文化時期的人們採集漁獵，但他們也飼養山羊、豬、狗、牛等家畜，還種植小米、稻米等穀物。考古學家還發現了可辨識為蠶絲及麻編織而成的織品殘片。仰韶文化陶器（圖一）主要以黃河流域地區富含黃土的黏土為原料，採用泥條盤築法成型後，在專門的窯穴中燒製而成，燒製溫度約 600℃ ~800℃。一些陶碗、陶罐表面有以黑、紅泥漿彩繪的幾何圖案、魚紋或人面紋。仰韶時期，人們也會製造相對複雜的石器（圖二），用於耕作。

**圖一　紅陶雙耳瓶（小口尖底瓶）**
新石器時代的工匠將富含黃土的黏土條盤燒成此容器的形狀。器身兩側各有一耳，耳上可以繫繩便於攜帶。考古學者曾認為小口尖底瓶是用來汲取河水的容器，不過，現在也有學者提出其為釀酒器。瓶身中間有一圈繩紋磨擦痕，能夠在瓶身打濕時增加手掌與瓶身之間的摩擦力。

仰韶文化
約西元前 5000–3000 年
陝西西安半坡
高 32 公分
中國科學院考古研究所捐贈
(1959, 0216.4)

**圖二　拋光綠色石斧**

距今大約 7000 多年前，人們把
這塊泛綠的石頭磨製成了石斧。
石斧刃部鋒利，且持握舒適，與
人體工程學相符。當時製作工具
的原材料為各種類型的石頭。
1959 年，這件石斧和其他一些
新石器時期的材料，由中國科學
院考古研究所贈予大英博物館。

仰韶文化
約西元前 5000–3000 年
不召寨遺址，河南
長 14 公分
中國科學院考古研究所捐贈
(1959, 0216.13)

# 1｜2 馬家窯文化和齊家文化：新石器時代陶器

　　馬家窯文化的出現晚於仰韶文化，年代約處於西元前 3300 年到西元前 2000 年，主要分布在黃河上游甘肅、青海、寧夏地區。考古學家將該文化類型分為早、中、晚期，分別經歷了馬家窯（西元前 3300-2500 年）、半山（西元前 2500-2300 年）、馬廠（西元前 2300-2000 年）三個類型階段。馬家窯文化以彩陶聞名，紋飾為黑、紅二色彩繪（圖一），形象生動、色澤濃厚。該文化時期遺址已出現貝幣（圖二），貝幣的流通意味著馬家窯文化地區與遙遠的沿海地區居民已經建立起了經濟文化聯繫。

　　隨後，以甘肅為中心附近又出現了齊家文化（約西元前 2300-1600 年）（圖三）。1920 年代，瑞典考古學家安特生在甘肅廣河齊家坪首先發現了該類型文化遺址，齊家文化因此得名。齊家文化遺址已經有銅料及青銅製品出現，如中國國家博物館所藏銅製工具、戒指和銅鏡等裝飾品，也有不少玉器遺存。齊家文化的房屋大多是方形或長方形半地穴式建築，居室用白灰面鋪成，再鋪上麥草隔熱保暖。房屋中央有一個爐灶，供人們圍坐。屋頂和矮牆都由木製框架支撐。

圖一　大陶罐

1914 年，安特生以石油和煤炭資源顧問的身分來到中國。1926 年他發現了馬家窯遺址，他成為中國新石器時代考古的先驅。圖中這組陶罐中的兩個即為他在馬家窯遺址搜集而來，這些陶罐都是隨葬品（並非用於甕棺葬，馬家窯文化中幾乎沒有用罐子作為葬具之例）。安特生回國後任職瑞典斯德哥爾摩遠東博物館創始館長，之後該博物館將這兩個罐子贈予大英博物館。

馬家窯文化半山類型

約西元前 2500–2300 年

甘肅

高 30.5 公分、27.4 公分、34 公分

瑞典斯德哥爾摩遠東博物館捐贈 (1929, 0613.2)；莫士輝捐贈 (2006, 0412.2)；瑞典斯德哥爾摩遠東博物館捐贈 (1929, 0613.1)

**圖二　貝殼紋飾大陶罐**

約從西元前 2000 年起，中國新
石器時代的人們就開始用貝殼作
為流通貨幣。這種白色的小貝殼
產自中國南海、印度洋或太平洋
區域。由於中國沿海地區沒有這
類貝殼，所以在前金屬時代，用
貝幣交易貨物十分安全。

馬家窯文化半山類型
約西元前 2500–2300 年
甘肅
高 40 公分
朱塞佩・埃斯卡納齊捐贈
(1992, 1111.1)

**圖三　束腰雙大耳陶罐**

迄今，齊家文化出土的陶器多為
素陶，在氧化氣氛中燒製而成，
稜角分明，呈淡橙紅色。

齊家文化
甘肅
約西元前 2050–1700 年
高 11.9 公分
哈佛大學畢巴底考古與民族博物
館藏

# 1│3 大汶口文化和龍山文化：新石器時代陶器

　　大汶口文化分布在以山東為中心的廣大區域，持續時間約從西元前 4300 年到前 2500 年。考古學家曾在山東泰安大汶口遺址發掘出 133 個墓葬，均為長方形灰坑。一些死者遺骸的指骨附近放置了獐牙，隨葬品還有鱷魚骨、豬骨，以及陶器、象牙製品和玉器。大汶口文化與同時並存的仰韶文化有所交疊，並進一步往西擴張，至以西安為中心的地區；它與之後龍山文化的產生也有很深的淵源。豬是當時人們飼養的主要家畜。出土的豬形陶壺（圖一）等器物，說明人們已掌握了嫻熟的製陶工藝。鱷魚皮鼓和精良的紡織工具表明大汶口人生活在安定、井然有序的社會環境中。

　　龍山文化（圖五）大約從西元前 2800 年延續至前 2300 年。其精美的白陶（圖二）和拋光黑陶（圖三、四）器形規整、線條流暢，聞名遐邇。遼寧、河南、安徽、陝西、山西等地皆有龍山黑陶出土。考古人員還在龍山文化遺址中發現了灼燒過的獸骨。有學者推測這些獸骨為占卜所用，可能是商代甲骨的早期雛形。

**圖一　紅陶獸形壺**

液體（可能是酒）可從把手後方的管狀口倒入容器中，再由陶豬的大口中倒出。這些器物展現了大汶口時期先民高超的製陶技術和良好的社會組織性。

大汶口文化
約西元前 4300–2500 年
高 21.8 公分，長 22.3 公分
山東博物館藏

圖二　橙黃陶乳釘紋鬹

龍山文化時期的匠人用富含高嶺土的黏土製作精美白陶，燒製溫度至少達 600℃～800℃

龍山文化

約西元前 2800–2300 年

1960 年出土於山東濰坊

高 29.3 公分

山東博物館藏

圖三　黑陶杯

龍山陶器（山東）工藝普遍採用輪製技術，製作與這件黑陶杯類似的薄胎陶器。黑陶的黑色並非黏土碳化引起，是一種氧化鐵黑顏料，化學式為四氧化三鐵（$Fe_3O_4$）；而非二氧化鐵（$Fe_2O_3$）的鐵紅料。

龍山文化

約西元前 2800–2300 年

山東

高 14 公分

雙子信託基金捐贈

(1996, 1219.1)

圖四　蛋殼黑陶高柄杯

製陶匠人精心淘洗細泥，製作薄如蛋殼的泥質黑陶。細柄中部作鼓腹狀，並有透雕裝飾。

龍山文化

約西元前 2800–2300 年

山東日照

高 26.5 公分

山東省文物考古研究院

圖五　石矛頭或箭鏃

除了石製工具，龍山文化遺址中還出土了大量石製兵器。這件在山東日照發現的兵器首部磨尖並有斜面。

龍山文化

約西元前 2800–2300 年

山東日照

長 6 公分

中國科學院考古研究所贈

(1959, 0216.17)

# 1│4 紅山文化：新石器時代玉器

　　紅山文化（約西元前 4500-3000 年）分布在內蒙古至遼寧一帶。位於遼寧省內的牛河梁遺址（圖一）是最大的紅山文化遺址之一。這片神聖遺址方圓 50 公里的範圍內毫無居住痕跡。積石塚群分布在連綿的山崗上，每座積石塚內一般有多具安放遺骸的石棺。墓葬規格已展現複雜的等級形式，身分尊貴的墓主人隨葬玉器數量多且規格高，其墓葬埋藏位置也更深。積石塚周圍排列著一些填滿泥土的無底陶筒。

　　紅山文化等級森嚴，位高權重者對玉的追求書寫了中國早期玉雕的歷史（圖三）。紅山文化獨有的玉豬龍（圖二）很可能是中國龍的源頭。死者的頭骨附近會放置玉璧，玉飾也出現在身體上與重要器官相對應的位置。這些玉器經埋藏後會產生顏色變化，即「沁色」。玉料的來源一直是科學研究的焦點。「玉」字含義廣泛，「石之美」者皆可為玉。

**圖一　女神像**

牛河梁遺址位於遼寧省境內，屬於新石器時代紅山文化祭祀和墓葬遺址。考古人員在女神廟遺址中發現了這枚與真人一般大小、以玉石鑲眼睛的頭像。另外，遺址中還出土了一些小型泥塑人像。這座廟宇並未完全發掘完畢。而女神廟為半地穴式土木結構，而非石砌結構建築，因此它看上去是個名副其實的「大坑」。晚期的紅山文化遺址，如東山嘴遺址，墓葬構造則更為複雜。

紅山文化
約西元前 3500 年
遼寧牛河梁
高 22.5 公分，寬 16.5 公分
遼寧省文物考古研究所藏

## 圖二 玉豬龍

玉豬龍有著似豬般扁平的吻部、
小耳以及盤旋的龍身，因此得
名，是紅山文化最有代表性的玉
飾之一。這件玉豬龍頸部有穿
孔，可能是一枚吊墜。

紅山文化
約西元前 3500 年
遼寧
高 6.3 公分，寬 5 公分
私人收藏

## 圖三 玉鳥形器

部分中國最早的玉器就發現於紅
山文化墓葬。這件小型個人玉佩
飾約拇指般大小，呈飛鳥展翅盤
旋捕獵狀。

紅山文化
約西元前 3500 年
遼寧
寬 5.2 公分
布藍達・塞利格曼夫人遺贈
(1973, 0726.116)

# 1│5　良渚文化：新石器時代玉禮器

　　良渚文化（約西元前 3300-2000 年）是新石器時代晚期非常重要的文明之一。作為代表的良渚古城位於杭州天目山下，屬長江下游稻作文化遺存。古城呈圓角長方形，共有 9 個城門，城牆四面各設兩座水門，南面另有一座陸門。考古學家在此發現了一些大型建築物——房屋、糧倉、作坊、祭壇和墳墓等遺蹟，證明良渚文化時期的人們過著定居生活，並擁有複雜的社會組織。貴族墓葬是良渚文化的重要代表，墓坑呈長方形，有大量隨葬玉器圍繞墓主身體周邊；一方面有保護死者的作用，一方面可彰顯墓主之尊貴身分。玉璧（中央有穿孔的圓盤狀玉器，圖一）和玉琮（內圓外方的筒形玉器，圖二）等禮器，是良渚玉器大宗，此外也有一些其他個人玉飾品隨葬。玉色多樣，常見的有鈣化而形成的豐滿的琥珀色、棕色或霧面綠色。除了玉器，墓葬中還有織品、漆器和象牙製品之類的隨葬品。良渚文化遺址還出土過船和槳的殘骸，表明魚類、貝類和水生植物是當時人們飲食的重要組成部分。

圖一　玉璧

玉璧呈扁圓形，中央有孔，是新石器時代最重要的玉器類型。在金屬工具出現之前，新石器時代的工匠使用石製工具琢製玉器，並在玉器上留下了痕跡。現代研究人員和博物館、美術館的工作人員可以憑藉痕跡學習，玉器上留下的琢磨痕跡，並加以分析研究。技術嫻熟的玉匠會選用較粗的玉料來製作玉璧，而挑選潤澤色淺的玉料製作小型配飾。

良渚文化
約西元前 2500 年
浙江
直徑 19.1 公分
(1937, 0416.8)

### 圖二 玉琮

圖中所示為目前已發現最高的玉琮之一。玉琮四個轉角上精心琢製了由羽冠、眼睛組合而成的神人獸面紋。後來的饕餮紋很可能由良渚神徽蛻變而來。學術界對於玉琮確切的功能至今尚無定論。不過，相信良渚先民必定認為玉琮能發揮保護作用，因為高等級墓葬中都有玉琮作為隨葬品，環繞墓主身邊。

良渚文化

約西元前 2500 年

浙江

高 49.5 公分

(1937, 0416.188)

# 1|6 從石峁到二里頭：新石器時代到青銅時代

　　石峁遺址是中國最大的新石器時代遺址之一，位於陝西神木縣，地處鄂爾多斯毛烏素沙漠南緣、黃河支流禿尾河之畔，屬於陝西龍山文化晚期。石峁石城遺址內城牆現存長度為 5700 公尺，外城牆現存長度 4200 公尺，部分牆體寬度有 2.5 公尺。2011 年和 2012 年，考古學家在該遺址發掘中發現了宮殿建築、房址、墓地和手工作坊。內外城牆主要起防禦作用，距今 4000 多年的石峁居民已懂得建造「馬面」、城門等防禦工事。石峁遺址還出土了玉器，石雕和石具，低溫陶器，以及以紅、黃、黑、橙等顏色繪製的壁畫。這些發現表明當時的社會文明已發展到一定高度。更為奇特的是，考古人員在外牆牆體中發現了用於辟邪的玉牙璋（圖一），而內牆上則繪有幾何圖案。遺址中還發現巨大墓葬中埋有80 個年輕女性頭骨。這些頭骨可能用於修建建築時的奠基或祭祀活動，而肢骨可能被埋在別處。石峁遺址一直延續到二里頭文化早期。二里頭文化屬青銅時期文化，分布於山西、陝西（圖二、圖三）、河南、湖北，或也吸收了龍山文化（圖四）的一些元素。

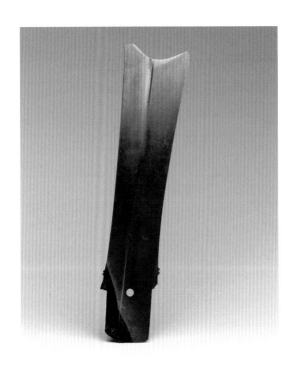

**圖一　玉牙璋**

這件精美的牙璋擁有獨特的形制：中間有棱脊，端刃呈月牙形，璋體和柄過渡處有扉牙，柄上穿孔，可能接有木柄。

龍山文化晚期
約西元前 2200–1780 年
陝西北部
長 36 公分
(1937, 0416.149)

## 圖二　素面斜肩玉琮

這件管狀玉琮以紋理豐富的自然玉石琢磨而成。雖然我們未能完全瞭解玉琮的禮器功能，但是它和其他形制的玉器埋葬在一起，應該是具有鎮壓辟邪之用。

龍山文化晚期
約西元前 2200–1780 年
甘肅或青海
高 9.7 公分
(1914, 0513.6)

## 圖三　玉牙璧

這塊圓璧形牙璧有牙齒般對稱排列的凸稜。牙璧要比厚重粗糙的玉璧輕薄許多。紅山文化和大汶口文化先民最早開始製作玉牙璧。此玉由希臘著名航運大亨喬治・尤摩弗普洛斯在 1936 年前收藏。

龍山文化晚期
約西元前 2200–1780 年
陝西北部
直徑 15.3 公分
(1937, 0416.160)

## 圖四　玉刀

新石器時代和青銅時代早期罕有織物遺存。考古學家在工具上發現的織物殘留，讓我們得知早期人類已會紡織包括絲綢在內的織物。比如，這把扁平、長方形大玉刀上，就殘留著紡織品包裹所留下的痕跡。

二里頭文化
西元前 1900–1500 年
河南偃師二里頭
長 74 公分
奧斯卡・拉斐爾遺贈
(1945, 1017.144)

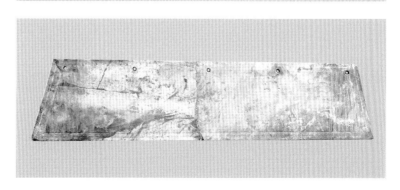

# 1│7 新石器時代及之後的雕塑

　　人、動物及神話形象的立體雕塑（圖一）和裝飾品在各地的
新石器時代文化遺址中都有出土。有些陶器口沿、器身也有類似
雕塑裝飾。四川三星堆（約西元前 2800-800 年）出土的銅人像和
頭像（見第 19 頁）令人嘆為觀止。相對而言，其他遺址所出人物
雕塑數量則遠少於器皿、裝飾品和工具。考古人員在新石器時代
到商周時期的墓葬中，發掘出一些具有辟邪作用的石雕或玉雕動
物形象，藝術價值很高，表現造型包括虎（圖二）、犀牛（圖三）
等當時人們的狩獵對象；也有以想像（圖五）或現實世界（圖四）
中的人物形象作為造型的玉雕，以及銅或玉石容器和禮器。

## 圖一　石家河玉面神人像

這件玉器的細節十分特別，神人
像是一個綜合體：人眼，鷹勾大
鼻，闊嘴獠牙，大耳戴環，頭戴
冠飾。新石器時代晚期石家河文
化位於長江中游湖北一帶。

新石器時代晚期石家河文化
約西元前 2000 年
湖北
寬 5.8 公分
亨利・J・奧本海姆遺贈
(1947, 0712.515)

## 圖二　石雕伏虎

這件小型雕塑是從一整塊大理石
石材上雕刻出來的。石虎作蹲踞
蓄勢待撲之姿，呈咆哮狀，虎爪
緊握。線刻突出了老虎的肌肉
感。在新石器時代及商朝，老虎
在中國很多地區都曾出沒。

商
約西元前 1200–1046 年
長 15.9 公分
漢布林頓女士捐贈
(1949, 0712.1)

圖三 圓雕玉犀牛

這件圓雕對於犀牛的塑造相當準
確。在手中把玩時可以感覺到玉
雕表面光滑溫潤，甚至犀牛皮的
褶皺都精確地刻畫了出來。犀牛
獨角，肚腹肥大，四肢短粗，透
過這些特徵可以判斷這是一隻爪
哇犀。世界上的犀牛主要分為五
類，爪哇犀是其中之一。1920
年代，爪哇犀在中國已滅絕。

商
約西元前 1600–1046 年
長 5.3 公分
(1937, 0416.49)

圖四 虎食人端飾

此青銅飾件可能為一方形器物的
端飾。從底部方形套管向上依次
堆疊起若干人、獸形象。飾件上
部為一跪坐人形，手捧一鳥，背
後有一虎吞食其首，人形之下則
為一羽人。

西周早期
約西元前 1100–900 年
高 11 公分
沃爾特·塞奇威克夫人捐贈
(1968, 0422.6)

圖五 玉立人

玉人底部的鉤槽說明他們可能是
嵌於木杖之上的裝飾，以象徵身
分地位。如此久遠的年代，織物
已鮮有遺存，因此，這些微型雕
像為我們瞭解古代服飾特徵提供
了重要信息。較大的玉人頭部左
右兩側有雙笄，下裳有褶；而較
小的玉人頭戴幾何紋平頂冠飾或
頭巾，束帶深衣。

西周
約西元前 1000–950 年
高 7 公分；6 公分
奧斯卡·拉斐爾捐贈
(1945, 1017.38；1945, 1017.39)

**圖一　河南安陽王陵的早期照片**
規模宏大的亞字型墓大部分曾遭盜掘，在墓坑底部兩個站著的人與墓室的比例顯示出墓葬規模之巨大。

**圖二　安陽王陵鳥瞰圖**
中間墓室呈方形，四面各延伸出一條長墓道。

# 安陽：最後的商都

青銅時代的商朝（約西元前1600-1046年）是目前有確證的中國最早王朝，具有高度組織化的社會形態，並在甲骨和青銅器上留下了最早的書面文字紀錄。這些甲骨文和金文，連同商墓及商城考古遺蹟，可以幫助我們瞭解當時的王室文化和其他重要信息。在商朝的宗教信仰、政治選擇和社會結構的相關儀式及決策過程中，祖先都扮演了重要的角色。青銅鑄造的酒器和食器是祭祀活動中必不可少的禮儀用器，商人賦予它們溝通神靈的功能。考古學家對商代文化分期仍眾說紛紜，不過，商王統治下的600年時間，基本可分為以鄭州為都城的二里崗文化（約西元前1600-1300年），和以安陽為都城的殷墟文化（約西元前1250-1046年）。

安陽，位於河南省黃河以北地區，擁有宏偉的建築群和大型墓葬（圖一、圖二），是商代最後也是最大的都城。特別的是，與二里崗、偃師、洹北、盤龍城等其他商代遺址不同，安陽境內未發現城牆。殷墟大規模的王室墓葬，彰顯了商代王室非凡的權力與財富。

商王武丁在位59年（約西元前1250-1192年），為商朝最鼎盛的時期，婦好（死於西元前1200年左右）為其妻子之一。1976年考古工作者發掘了婦好墓，該墓葬保存完好，未遭盜掘，隨葬品豐富。依據甲骨卜辭紀錄，婦好是一位傳奇女性。她既是一位妻子又是一位母親，經歷過艱難的分娩過程；她既是一位參與祭祀的祭司，又是一位傑出的軍事統帥、政治家。婦好墓中出土了上百件兵器，這在女性墓葬中相當罕見。墓葬發掘出近2000件器物，包括青銅器468件，玉器755件，骨器564件，象牙器皿3件以及殘片2件，及寶石製品47件，石器63件等。另外，還有將近7000枚海貝幣。商人相信，她死後仍能享用累累財富。婦好墓不在王陵區。其葬具為髹漆木棺，外有木槨，墓內有殉狗6條，殉人16名。與其他墓葬一樣，在其墓壙之上，原先應有進行祭祀的建築結構。安陽還發現了幾座亞字形的大墓，墓穴深至18公尺，有夯土牆和通往主墓室的坡型墓道，可能用於輔助建築工程或運輸葬具及隨葬品（圖一）。能夠建造如此宏偉的陵墓，表明當時已有大量有組織性的勞動力以及巨大的可支配財富。

然而，商王朝統治範圍僅占當今中國疆域局部，商人對於其他地區同時共存政權的認識程度也是備受爭議的話題。四川廣漢三星堆遺址的發現說明，商末周初，遠在中原之外還存在其他青銅鑄造文明。這些文明也發展出了獨具特色的信仰和儀式文化，但商代文獻並沒有與之相關的隻字片語。婦好墓出土部分與眾不同的器物，有些或產自河南以外地區，其他或在安陽製作卻仿異族器物風格，這表明商朝確實已與其他部落建立了聯繫與交流。

# 1│8 商代青銅禮器：酒器

　　商代（約西元前 1600-1046 年）的宮殿和陵墓主要建於今河南省境內的黃河沿岸。商人不用雕像來象徵神靈，而是透過青銅酒器（圖一至四）、食器等禮器向神靈獻祭。這些青銅器形可能是由早期陶器的形制演變而來。統治者通過例行國家祭祀活動，讓大量民眾投入到生產祭祀禮器和籌備儀式典禮中去，從而（用人們對神靈的崇拜）團結內部，鞏固王權。研究人員對商周青銅器內殘留物進行的科學檢測分析，讓我們得以知道當時人們已經利用穀物發酵來釀酒。

　　隨著製陶技術日臻成熟，商人逐漸可以控制火候，掌握冶煉銅所需要的高溫。與其他青銅文化不同，商代青銅器以塊範法鑄造，使用多塊陶範和芯組成鑄型後澆鑄而成，而不是用失蠟法鑄造。酒器相對食器（見第 38 頁）來說一般造型瘦高，而後者較矮胖。饕餮紋（現在一般改稱獸面紋）是青銅器常見紋飾，其含義在學術界還存在爭論。獸面的形象為雙眼圓凸、大鼻、犄角翻卷，有時還口露獠牙或衍生出鳥足和羽狀紋。

**圖一　帶蓋青銅方彝**

方彝，盛酒器，器身四面為長方形，蓋子呈斜坡屋頂形。這件方彝體現出當時金屬工匠傑出的鑄造工藝。其主要紋飾為饕餮紋，卷角瞠目。

商

約西元前 1200–1046 年

安陽

高 27.5 公分，寬 17 公分，深 14 公分

布藍達・塞利格曼夫人遺贈

(1973, 0726.1)

### 圖二　帶蓋四足方斝

這件青銅斝（酒器）器身每面飾
獸面紋，下有四個三稜椎尖足，
足略外撇。腹側有一「鋬」，口
沿上一對鐘形方柱，柱間蓋頂棲
一神鳥。

商
約西元前 1200–1046 年
安陽
高 25.4 公分，寬 15.4 公分，深
15.3 公分（足）
奧斯卡‧拉斐爾捐贈
(1945, 1017.191)

### 圖三　青銅鴞卣

該鴞卣（酒器）形如兩隻貓頭鷹
以雙足相背而立。鑄造細節十分
精湛，鱗紋等紋飾一直覆蓋到四
足間的器底。

商
約西元前 1200–1046 年
安陽
高 16 公分，寬 11.2 公分
(1936, 1118.4)

### 圖四　青銅雙羊尊

這件青銅雙羊尊（酒器）是由兩
頭公羊的頭部和身軀前側支撐起
中間的容器，羊角捲曲，雙眼凸
出。在湖南還發現了與之相關聯
的其他禮器，考古學家認為這些
禮器都是在遠離商代都城的湖南
地區製作而成。

商
約西元前 1200–1046 年
湖南
高 45.1 公分，長 41 公分，深 20
公分
(1936, 1118.1)

# 1│9 商代青銅禮器：食器

　　在商代，用昂貴青銅所鑄造的禮器當中，食器的器形不及酒器複雜多樣。最常見的食器有盛食用的簋（圖一），及三足或四足鼎（圖二）。青銅器的原色應是有光澤的金黃色，然而隨著時間的推移，表面為銅鏽所覆蓋，變成了暗沉的青灰色。

　　商代青銅大多沒有銘文。即使鑄銘的青銅器中，早期器物可能也僅有族氏名或族徽，後期的銘文才逐漸複雜化，如涉及一些戰事戰績或土地賞賜。在祭奠死者的儀式上，粢盛犧牲烹煮後就盛放在青銅食器中以獻祭，之後，成組的酒器、食器便與其他隨葬品一起埋入死者墓中。

　　工匠用幾塊刻有精緻紋飾的陶範與芯組合在一起，形成內部帶有空腔的模具，之後將熔融的銅錫或銅錫鉛混合金屬液澆入模具，冷卻後脫範，就鑄成了青銅器。

**圖一　銘文青銅簋**

簋，盛食器，器身呈圓鼓的碗形，一般皆有耳。這件簋飾有夔龍紋、獸面紋、饕餮紋等紋飾，並有銘文「子癸」，可能為製作或進奉此簋的人名。

商

約西元前 1200–1046 年

安陽

高 15.2 公分，直徑 19.8 公分

布魯克·休厄爾捐贈

(1957, 0221.1)

**圖二　銘文青銅鼎**

鼎，飪食器。其形制可能由三足
陶炊具演變而來，鼎底部三足之
間可以生火。表面飾有鮮明的饕
餮紋，眼、角、耳、口和爪凸出。
鑄有銘文「史」，可能為氏族名。

商
約西元前 1200–1046 年
安陽
高 26.6 公分
亨利‧J‧奧本海姆遺贈
(1947, 0712.419)

# 1│10 早期文字

今天，使用中文的人口遠超過任何其他語言人口，占目前世界人口的百分之二十，亦即超過 10 億人都將中文作為他們的第一語言，中文是包括各種不同地區或地方方言的總稱。漢字的形式最早可以追溯到商代的甲骨文（圖一）。甲骨，多用龜的腹甲或牛的肩胛骨。甲骨上紀錄了王室想要卜問的內容及結果。卜官在甲骨上刻寫有關天氣、農作收成、征伐諸多要占問的事由，然後將燃熾的木棒靠近甲骨，從而引起甲骨出現裂紋。這些裂紋就是他們判斷吉凶的「卜兆」。占卜後卜官會把結果也紀錄在甲骨上。

漢字符號，從早期象形文字演變而來，這些字元由許多筆劃或線條組合而成，表達實體物件或概念。稜角分明的甲骨文，有些還能在現代中文中找到其縮影，將今日的華人與過去的祖先連結一起。釋讀甲骨文需要專門的知識，而這些文本讓我們可以洞察 3000 多年前王室關切的要事。商代也在青銅禮器上鑄刻銘文，起初主要刻有一些氏族名。這些早期的象形文字偶爾可以參照現代漢字字形釋讀出來（圖二、圖三）。

圖一　甲骨

甲骨表面並不適宜契刻，所以卜官使用一種曲線最小化的字體風格來刻寫主人的問題。這塊甲骨上展現了燃熾的木棒靠近甲骨時收縮的痕跡，從灼燒處引發裂紋並延伸出去。卜官「解讀」裂紋後，再把貞卜的結果刻到甲骨上。20 世紀初，甲骨才為人們所知，當時人們曾誤將甲骨作為一味中藥磨碎使用。

商
約西元前 1200–1046 年
中國北方
長 31.7 公分，寬 13.3 公分
庫壽齡捐贈
(Franks.5279.a)

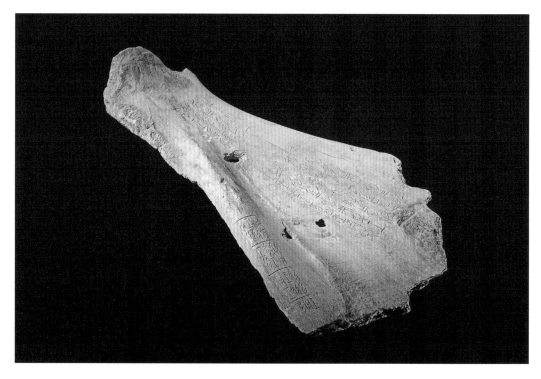

## 圖二 青銅尊（酒器）

這件大型酒尊用於向祖先獻祭酒品。原先應該像黃金一樣閃耀，然而經過 3000 多年的時間，它的表面逐漸變成了如今美麗的灰綠色。青銅尊上鑄刻的銘文是一個氏族族徽，形似一個站立的人揮舞著長戟。漢字從象形文字演變而來，這個字可以釋讀為「何」。

商
約西元前 1200–1046 年
安陽
高 35 公分
(1936, 1118.3)

## 圖三 獸面紋青銅壺（酒器）

這件青銅壺上刻有象形圖案：在一葉小舟上方，有一隻手握著一根竿子。這個象形圖案後來就演變成了現代漢字「般」，小舟化為「般」字左半部，而持篙之姿變為其右半部。「般」為氏族名。

商
約西元前 1200–1046 年
安陽
高 29.8 公分，寬 23.5 公分，深 14.5 公分
(1983, 0318.1)

# 1│11 周代鑄銘青銅器

　　約在西元前 1046 年，西周憑藉優越的軍事力量和戰術打敗了商。商朝的統治者利用王權神授的思想統治了數百年，而西周繼續發揚了這種理論，並將民意與天命聯繫起來，「得民意者，得天下」。鎬京，今陝西西安，是周朝第一個都城。周朝的王室貴族繼承商代鑄造青銅器的技術並發揚光大，不過一些青銅器銘文仍僅為氏族名（圖一至三）。不過，與商代相比，銘文又出現了內容更多、篇幅更長的類型，內容包括戰績、家族成員的榮譽等（圖四）。在銘文中紀錄自身成就和忠誠的方式，有助於向生者、死者，以及祭祀儀式上接受酒食獻祭的先祖宣揚、鞏固新崛起西周貴族的權威。銘文通常出現在青銅器內部或其他隱蔽處，如器耳下。周人認為青銅器上的銘文可以讓神靈泉下有知，或隨著供奉在宗廟裡的青銅器世代相傳。青銅禮器很少單獨出現，多是成組有序擺放。其中僅有一小部分青銅器銘文存在日期標識（圖五）。這些青銅器生產規模驚人，表明當時勞動力具有高度組織性與技術性，並獲得了完善的設施和資源支持。

**圖一　青銅爵（酒器）**

中國古人利用大米或小米等穀物發酵來釀酒，且在喝酒之前先要溫酒。這件爵三隻長足下的空間可點火溫酒。側面把手（鋬）下有銘文：「亞魚兄丁」，此爵主人應是「魚」氏族的某一成員。

西周

約西元前 1046–771 年
高 22.1 公分，直徑 17.5 公分
布藍達・塞利格曼夫人捐贈
(1973.0726.6)

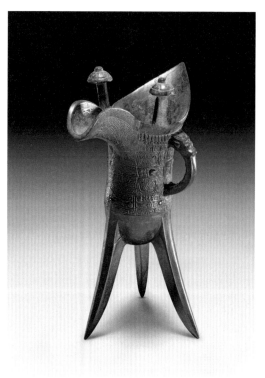

**圖二　蟠龍紋青銅盤（水器）**

這件青銅盤表面上裝飾有別緻的
蟠曲龍紋，雙目圓睜，龍首有角，
身似蛇形。周邊圍繞魚紋和水生
植物紋飾。順著龍鼻部往下有三
字銘文，由先祖名「父戊」二字
和一族徽構成。

西周

約西元前 1046–771 年

高 13 公分，直徑 34.1 公分

布魯克・休厄爾捐贈

(1952, 1216.1)

**圖三　青銅鼎（食器）**

這件青銅禮器上鑄有三字銘文，
先祖名「戈父甲」。「甲」並非
族徽，而是作為天干之一，用來
記日的。這個時間可能是所祭祀
之人出生或死亡的日子，或者是
獻祭給他的禮器成器之時。

西周

約西元前 1046–771 年

高 27.3 公分

布藍達・塞利格曼夫人捐贈

(1973, 0726.3)

## 圖四　康侯簋（食器）

這件鑄造華麗精美的青銅簋，高圈足，有一對獸首耳，耳形如長牙尖角的猛獸正在吞食一隻小鳥。器上的長銘文敘述了在周公旦平定商朝餘孽叛亂（三監之亂）後，封周武王之弟康侯於衛地（今河南省境內）。

西周
約西元前 1042–1021 年
高 23 公分，寬 42 公分，深 26.8
公分
布魯克・休厄爾遺贈
(1977, 0404.1)

**圖五　銘文青銅匜及盤**

此青銅匜（水器）和盤上分別有
銘文「唯王正月初吉庚午，楚嬴
鑄其匜，其萬年子孫永用享」，
「唯王正月初吉庚午，楚嬴鑄其
寶盤，其萬年子孫永用享」。雖
然兩者器形不同，但是銘文卻表
述了相同的內容，即這兩件器物
都鑄造於正月第一個庚午吉日。
青銅器上很少出現表示紀年的銘
文，這點與後來陶瓷器款識有很
大不同。

東周，春秋早期
約西元前 676–652 年
高 20 公分，長 36.5 公分；高 16
公分，寬 43.8 公分
沃爾特・塞奇威克夫人捐贈
(1968, 0422.4–5)

# 1│12 周代車馬飾

　　透過考古發掘，我們知道除商代的中原，還存在其他青銅文明。來自不同地區的人們和商朝有著貿易、軍事技術及手工工藝等方面的交流。其中有一支部落即來自陝西的周。當周人最後攻伐商都安陽時，馬匹在他們的勝利中扮演了重要角色。因此人們對馬匹格外重視，給它們穿戴精工細製的鎧甲（圖一）、馬具（圖二）。而作戰的馬車可能約在西元前1200年從北方草原傳入中原，多為兩輪雙馬或四馬車。在戰場上，馬車為軍隊帶來了巨大優勢：行車速度快，可在不同步兵陣列間穿梭來回，提高戰場上的通信效率。精心裝飾的車馬器（圖三、圖四）也成為當時（貴族）墓葬的重要組成部分。

**圖一　青銅馬額飾件**

周代的戰士給馬匹配戴裝飾華麗的青銅護具。如這件馬額飾件，在一些考古報告中稱為「馬冠」，造型為一獸面，露齒，巨鼻，圓眼，有角。不過它過於薄弱，在戰鬥中難以起保護作用。

西周
約西元前 1046–900 年
中國北方
高 23 公分，寬 25.5 公分
布魯克・休厄爾永久基金捐贈
(1961, 1218.1)

**圖二　青銅馬銜**

馬銜兩端的大圓環與韁繩皮帶相連，而中間鉸接的青銅棒使馬銜具有很好的靈活性。這種鉸鏈式的設計沿用至今，當然，現代馬銜的金屬材料更輕便精巧。

西周
約西元前 1046–900 年
中國北方
長 20.7 公分
布藍達・塞利格曼夫人捐贈
(1973, 0726.109)

**圖三　青銅鑾鈴**

周代的戰車都有精美的青銅鑄飾
件裝飾。鑾鈴的球形鈴體內有彈
丸，車行馬動時便會發出聲響。
通常，一輛戰車上會裝飾數個鑾
鈴。現已發現多種尺寸、不同裝
飾的鑾鈴。

西周

約西元前 1046–950 年

中國北方

高 18 公分

(1936, 1118.70)

**圖四　青銅車轄（車軸兩端的鍵）**

一些出土的青銅禮器上的銘文顯
示，周王會用青銅車馬具封賞效
忠的臣下。這對車轄造型為面帶
微笑的騎虎人，此人臉部不似中
原人士，或許來自草原。許多擁
有豐富馭馬經驗的域外人士，曾
在周王朝內任職，掌管、料理馬
廄、馬匹和戰車。

西周

約西元前 1046–950 年

中國北方

高 11.7 公分

(1936, 1118.21–22)

# 孔子：中國最偉大的哲學家

「己所不欲，勿施於人。」——《論語・衛靈公篇》

孔子（西元前551-479年），魯國人（今山東曲阜），知識淵博，曾周遊列國，是偉大的思想家、政治家。他並非王公貴族，而屬於「士」階層。孔子至今仍為人所知是因為他的學說被保存了下來。孔子的弟子在他去世多年後把他的教誨之言紀錄在《論語》當中。西元前221年秦始皇統一全國、建立秦朝後，孔子倡導的儒家思想失寵衰落，直到漢代獨尊儒術，又再度興起。如今，儒家思想在華語世界內的影響猶存。

要修身養性、弘揚仁愛、學而不厭是孔子學說的核心內容。「禮之用，和為貴」，我們可以透過改變社會的禮制使社會邁向和諧有序。仁德應該同時體現在國家和家庭內部層面。執政者及賢者應以身作則，己所不欲，勿施於人。孔子的人倫觀體現了五種主要關係：君臣、父子、夫妻、兄弟、朋友，並說明了什麼是好的言行。如果君主犯錯，下屬應當犯顏直諫，這是一種美德。

孔子推崇祭祖——向三代先祖敬奉食物和酒，他認為這是促進家族團結的方式，是社會和諧的核心。統治者代表民眾舉行國家祭祀儀式，除了宗族和諧與國家秩序之外，自然界也會對統治者和民眾的德行做出回應，宇宙萬物便也納入國家祭祀的範疇。

孔子生活在東周戰國時期，這是一個社會劇烈動盪的時代，群雄紛爭，諸侯爭霸。在這動盪的環境下，列國延攬有學識的思想家來輔佐本國政局。孔子的哲學實質上是一種改良主義，而非革新，這尤其反映在教育體系和官僚體制方面。他推崇先古時期理想化的禮樂之治，用過去的典故來闡明自己的治國理念，對中國產生了長遠影響。孔子還編選《詩經》，收集了當時流行的詩歌。

目前來說，還未發現流傳至今的東周時期的孔子肖像。右圖這幅孔子畫像是從石刻畫像上用煙墨拓印而成。該石像刻於1734年，展現了清代人想像中的孔聖人形象。孔子的長鬚是他高齡的標誌（據記載，孔子享壽73歲），也是他智慧的象徵。他手執玉圭，這種片狀尖首玉器為朝覲禮見之用；身穿層疊的束帶長袍，顯得身形龐大；長髮盤成的髮髻上戴著古代的冠帽，用笄插入加以固定。

**圖一 孔子像石刻拓本**　　原石刻年代為 1734 年

縱 147 公分，橫 112 公分（僅圖像）；

縱 268 公分，橫 137 公分（掛幅）

奧斯伍爾德‧喜仁龍博士捐贈

(1923, 0901, 0.39)

# 1│13 東周兵器及佩飾

西元前 771 年，西戎和犬戎攻破鎬京，殺死了周幽王。周王朝失去了對西面王畿之地的控制，之後，周幽王之子周平王東遷至洛邑（今河南洛陽附近）。周王的中央集權逐漸式微，各諸侯勢力壯大，爭相稱霸。由此，歷史學家將周朝分為西周（約西元前 1046-771 年）和東周（西元前 770-256 年）。

東周時期由青銅（圖一）、黃金（圖二）和玉（圖三、圖四）製作而成的禮器、兵器及飾品，都表現出當時人們對錯落有致、工藝繁複的表面裝飾的審美情趣。雖然大多數中國古代青銅器採用塊範法鑄造，但是東周時期的工匠已掌握用失蠟法鑄造器物上錯綜複雜的裝飾細節。失蠟法技術即先用蠟製成模，然後用泥包住蠟模，製成整體模型。蠟模上雕刻的紋飾就複製到了外範的內側，加熱烘烤後，蠟質熔化流失，形成型腔，再澆鑄金屬熔液即可成器。這種技術讓金屬工匠可以創造出更為精細繁縟的鏤空裝飾。而類似的透雕裝飾也出現在玉器之上。

**圖一　鏤空青銅劍及劍鞘**

這把青銅劍的劍柄和劍鞘都鑄有交錯、鏤空的紋樣。這種形制模仿了東北地區一些兵器的式樣，表明當時通過戰爭以及貿易所帶來的技術交流。

東周，春秋時期
約西元前 770–476 年
長 29.7 公分
(1938, 0524.688)

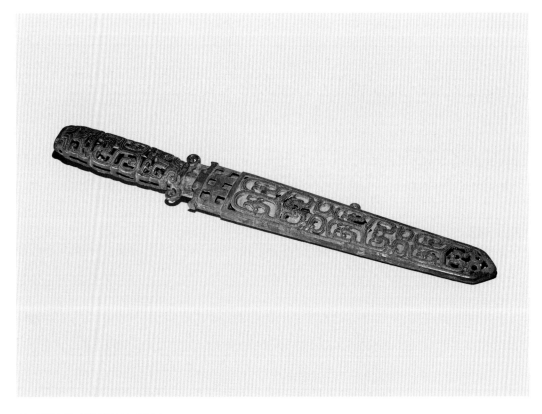

### 圖二 鏤空金劍柄

這件劍柄應為儀式用劍殘件,劍
身可能為青銅或鐵鑄,已經遺
失,只剩下這段精美的鏤空蟠虺
紋劍柄。東周時期,相鄰的西方
和北方地區廣泛使用黃金,而在
中原地區,黃金大多只用於鑲嵌
或裝飾器物。

東周,春秋時期

約西元前 770–476 年

高 9.8 公分

(1937, 0416.218)

### 圖三 透雕玉佩

這塊玉佩上刻有一條蟠曲的螭
龍,攔腰咬住一橫臥之人,並抓
住他揮舞的右腿和右臂。它蛇形
的身軀盤旋在這個無助的人周
圍,其左右兩邊分別有一個人首
神人,有獸尾和彎曲的鳥翼。這
塊玉佩可能是護身符類墜飾。兩
邊的環可能為繫繩用。

東周,戰國時期

約西元前 475–221 年

高 5.7 公分

奧斯卡·拉斐爾遺贈,

(1945, 1017.59)

### 圖四 四聯玉飾

整器由一塊深綠色玉石雕琢而
成,無拼接痕跡。這件玉飾展現
了東周時期在繁縟的表面裝飾和
透雕鏤空工藝上的非凡成就。它
可能是腰帶或墜飾的一部分。湖
北曾侯乙墓(約西元前 433 年)
中曾出土過一件與這件類似但更
為複雜的玉器。

東周,戰國時期

約西元前 475–221 年

長 21 公分

(1937, 0416.250)

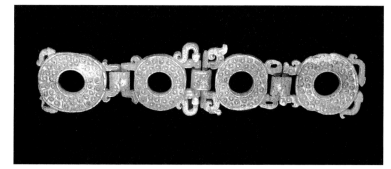

# 1│14 侯馬鑄銅

　　侯馬晉國鑄銅遺址，位於山西省南部，是 2500 多年前具有工業化規模、生產高品質青銅器的鑄造中心。遺址中發現的紋樣模與陶範證明了晉國工匠已經掌握模印法進行模組化製作陶範的技術（類似活字印刷術）。印模法即使用一個印模印壓紋樣，以取代為每個器物單獨雕刻製造模具，大大提高了生產效率。這意味著不同器形或者完全相同的器物可以擁有一樣的紋飾，這對於製造編鐘（圖一）或禮器（圖二）這類成組的器物來說意義重大。侯馬是一個產業化樞紐，雇用了大量生產和輔助性人員。鑄造工匠進行專業化分工，分成不同的小組，如模具製備、鼓風或金屬熔煉（熔煉指通過加熱礦石提煉金屬，而熔融指加熱固體金屬使其成為液體）。在西元前 500 年到 400 年間，誕生了一些極為精美的青銅器，例如動物造型的器物。它們是大型器物的元件，例如圖三所示獨特的青銅貘，可能為大型器物的底托。這是東周時期高水準青銅器的典型代表，動物皮膚表面的紋飾也極其細緻。

（本頁）

**圖一　青銅鑄鐘**

中國的銅鐘沒有鈴舌，而是將一組大小錯遞的銅鐘懸掛於大型漆木鐘架上，演奏者以鐘槌敲擊銅鐘（鐘下部）的正鼓部和側鼓部，每個鐘可產生兩種不同的音。圖中巨大的鑄鐘飾蟠龍吞鵝，鈕部則為一對對峙蟠龍。由於中國古代的鑄鐘並非圓形，而取合瓦狀。因此當敲擊銅鐘後，泛音會迅速消失，而不會出現與其他鐘的餘音相互干擾的現象。鐘（上部）鉦部有幾排平行的凸起的隆包（即「枚」），「枚」間的紋飾（鐘帶）採用了模印法製作。

東周，晉國
約西元前 500–400 年
山西侯馬
高 55 公分，寬 42 公分，深 33 公分
布魯克・休厄爾永久基金捐贈
(1965, 0612.1)


（對頁上）

**圖二　青銅壺（酒器）**

壺身上五圈帶狀繩紋是東周典型的紋飾類型，以繩紋為界的五圈紋飾為印模法製作。而虎形壺耳和蓮瓣壺蓋皆為分鑄。壺蓋下邊緣有銘文，紀錄了西元前 482 年晉國與吳國在黃池會晤一事。

東周，晉國
西元前 482 年
山西侯馬
高 51.2 公分，直徑 26 公分
U. E. K. 卡爾女士捐贈
(1972, 0229.1.a–b)

（右圖）

**圖三　青銅貘底座**

這件青銅貘口鼻扁平，短尾，長
耳，臉部有複雜的紋飾。此類四
足貘形青銅器，可能原先是某件
銅盤的底座。青銅鑄造工匠模仿
貘的造型鑄造此器，四足足以支
撐重器。

東周・晉國

約西元前 500–400 年

山西侯馬

高 11.7 公分，長 21 公分

亨利・J・奧本海姆捐贈

(1947, 0712.333)

# 1│15 青銅器鑲嵌工藝

　　東周時期奢侈品的一大特徵就是有繁複的表面裝飾（圖二）。
王侯下令製作精美的金屬配件、器物及佩飾。匠人們就在機構龐
大、組織有序的工坊中編織幾何紋織錦紡織品，或製作紋樣複雜
交錯的漆器。東周的審美較西周發生了巨大變化，可能是與北方
民族或南方楚國交流所產生的影響，北方草原民族善作精細鑲嵌
的金屬製品，而楚人則擅長生產精美的漆器。考古學家在挖掘洛
陽金村東周王室家族墓葬的車馬坑時，發現了獸首形車轅飾（後
端有孔，用以將轅首固定在車轅上，圖一）。大英博物館的研究
人員檢測了一些東周青銅器，如圖三中的這件錯金銀翼虎形器，
揭示了當時的鑲嵌技術：先鑄製所見紋樣的凹槽，冷卻後將金、
銀、銅等貴金屬壓嵌入溝槽內，然後再進一步錯磨拋光。鎏金工
藝也用在表面裝飾，只是鎏金需要加熱烘烤，而錯金銀則不需要。
有些器物的工藝更令人驚嘆：如圖四中的這件青銅敦，器身環繞
以銀絲嵌飾的神獸紋，色彩斑斕的玻璃熔融後鑲入中間的圓孔中，
可惜這些裝飾物隨著時間而消逝，現在只留下些許痕跡。

**圖一　鑲嵌青銅車飾**

該車轅飾作獸首形，雙眼圓睜，
豎耳，飾錯金銀，鑲玻璃（多已
脫落），造型生動，圖案精美。
後部銎口可以套在木製戰車車轅
前端，再通過上、下兩個方形釘
孔固定轅頭。

東周
約西元前 500–300 年
長 17.5 公分，寬 21.5 公分
(1934, 0216.3)

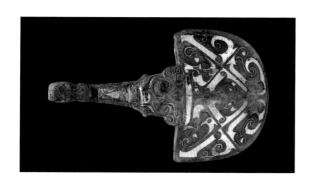

圖二　錯金銀青銅帶鉤

約西元前 700 年，周朝疆域之外的游牧民騎兵將銅帶鉤傳入了中原。金屬工匠用柔軟的金、銀鑲嵌這件帶鉤的鳥紋頭部和幾何圖案。有了帶鉤（固定腰帶），古人穿褲子就安全多了，而有著長長袖子的外衣，同現代的晨衣類似，裹於身上。

東周

約西元前 475–221 年

長 10.1 公分

(1936, 1118.113)

圖三　錯金銀銅翼虎

這件神化的虎形飾，用後腿支撐站立，爪子緊握，下顎大張。它原先可能是用於支撐銅盤或類似器物的四足之一。仔細觀察，虎身上有著金、銀、銅飾的鳥形和蛇形獸紋交織盤錯，這讓人聯想到同時期的漆器，當時漆器的裝飾工藝必定激發了金屬工匠的靈感。

東周

約西元前 475–221 年

高 23 公分，寬 9.5 公分，深 11.5 公分

奧古斯塔斯・沃拉斯頓・弗蘭克斯爵士捐贈

(1883, 1020.5)

圖四　錯銀幾何紋青銅敦（食器）

這件卵形青銅禮器上的錯銀圖案讓人聯想到東周出土的紡織品紋樣。鋸齒形的線條構成了紋飾外框，呈現出驚人的視覺效果。工匠再將銀絲嵌入預留的溝槽中。中間圓形的凹槽原先應該鑲嵌了彩色玻璃，但是隨著時間的流逝已遺失不存，只有在放大鏡下才能顯示出一些殘留的痕跡。

東周

約西元前 300–221 年

高 31.5 公分，寬 26.5 公分，深 25.5 公分

布魯克・休厄爾捐贈

(1958, 1015.1)

# 1│16 早期玻璃工藝

　　中國的玻璃製作工藝是從西北傳入中原的。現存戰國時期的玻璃主要以青銅或陶瓷器上的鑲嵌物（圖一）或者「蜻蜓眼」（圖二）的形式出現。因為淡綠色玻璃與珍貴的玉料看似相仿，所以在漢代，玻璃也被用作墓葬中玉的廉價替代品（圖四），如代替玉覆面和玉衣上玉片的玻璃片（圖三）；還有些小型玻璃製的動物、鳥和昆蟲，如蟬。

　　玉的琢磨成型需要很長時間（例如完成一件玉衣，至少需要10年），相比之下，玻璃可用模具加工塑形，簡捷、低廉。許多早期玻璃還用黃金裝飾，考古研究者確實在圖三中的玻璃殮服的另一面上，發現了黃金裝飾的痕跡。1977年，揚州西北面的甘泉山（王室劉氏）漢墓中發掘出了一套類似的玻璃「玉」衣。考古學家在「妾莫書」墓中也發現了一些約西元前48年的玻璃殮衣殘片。

圖一　鑲嵌玻璃陶罐

這個陶罐發現於河南，當時還一同出土了一組類似器物。它原先應該還有一個圓形頂蓋。這件粗紅陶，燒製後呈磚紅色。工匠用稀釋的泥漿塗在陶胎上，即陶衣，以掩飾粗糙的器身，美化胎面。之後再將玻璃熔化加以裝點，然而這些裝飾已經腐蝕。這種裝飾在當時應當十分華麗，它們也許是仿照珍寶設計的墓葬明器。

東周
約西元前 400–300 年
河南
高 9.5 公分
沃爾特・塞奇威克夫人捐贈
(1968, 0422.18)

## 圖二 陶及玻璃蜻蜓眼

周代匠人製作了這些五彩斑斕的玻璃珠，它們有著不同漩渦狀或層次的色彩，有的則像眼睛一樣凸起，中心猶如萬花筒般炫目。雖然這些珠子都是在中原製作的，但很有可能仿效了進口串珠式樣。

東周

約西元前 500–200 年

直徑約 3.1 公分

奧斯卡‧拉斐爾捐贈

(1938, 0524.632, 751, 753;

1940, 1214.5, 27, 34, 42—46, 75,

76, 78; 1945, 1017.165)

## 圖三 「玉」衣上的玻璃片

這組「玉」衣由 369 個火柴盒大小的玻璃塊組成，其中一些表面雕有四方神獸裝飾，即東青龍、西白虎、南朱雀、北玄武。玻璃塊的邊角上有穿孔，可以把它們串起來，或者縫在褙衣上。玉衣在漢代貴族墓葬中相當流行，而這套玻璃版「玉」衣製作成本相對較低，因為玻璃片可以用模具來生產。玻璃「玉」衣上還有一些金色裝飾和朱砂的殘留痕跡。

漢代

西元前 100–25 年

河南洛陽金村

高 5.3 公分，寬 3.5 公分（279枚）；高 8.5 公分，寬 4 公分（53枚）；高 8.7 公分，寬 4 公分（角沿 8 枚）；直徑 6.5 公分（環形12 枚）；高 9 公分（菱形 9 枚），所有玻璃片約 0.5 公分厚

(1934, 0313.1–369)

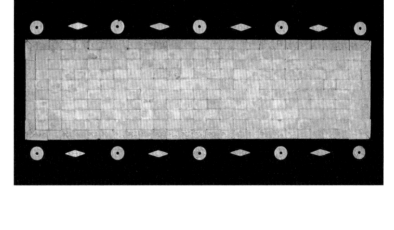

## 圖四 仿玉玻璃璧

清透的綠色玻璃，與玉相似又相對廉價，是替代玉——尤其是墓葬用玉的理想材料。這枚玻璃璧，表面布滿紋飾（谷紋或蒲紋），呈凸起。如果用玉來製作，修琢工藝相當複雜，但若以玻璃代之，就只需將玻璃熔液倒入陶瓷模具中就可以輕易獲得這種裝飾效果。

漢

西元前 206 年 – 西元 220

安徽

直徑 9.3 公分

(1935, 0115.3)

# 1│17 北方游牧民族：鄂爾多斯與草原

　　在西元前 1000 年，鄂爾多斯（青銅）文化集中在中國北部和西北部地區，與西伯利亞接壤，覆蓋了如今內蒙古大部分區域。斯基泰等歐亞游牧民族活動最東緣一直延伸於此（圖一）。這片疆域主要由草原和沙漠組成。鄂爾多斯文化屬於非定居文化，與同時期中原文化有著顯著差異。鄂爾多斯高原的草原不適合種植水稻，但是對於養育馬匹非常理想（圖二）。鄂爾多斯人善騎馬狩獵（圖三），他們使用人物、動物和鳥類青銅飾牌來裝飾腰帶或馬具。在中國北方、俄羅斯、蒙古也出土過類似青銅牌飾，通常裝飾有交錯繁縟的動物或鳥的圖案，且不少都有鍍（鎏）金修飾。

**圖一　握劍西伯利亞人牌飾**

西伯利亞騎兵以及鄂爾多斯地區人們的穿著風格與中原地區截然不同。此人像穿著闊腿褲，褲腿有圖案裝飾，搭配一件長束腰外衣、項鍊和靴子。他毛髮濃密，一臉鬍鬚令人印象深刻，碩大的鼻子下還蓄著小鬍子。原來該牌飾底部腳下的弧線應該是延伸出去，（與上部分外圈銜接）形成一個整體的橢圓形外框，並通過頂端的小圓孔懸掛。

約西元前 200–0 年
西伯利亞地區
高 6.8 公分，寬 4 公分
(1922, 0601.20)

**圖二 鄂爾多斯青銅馬**

戰爭中擁有良馬的一方通常占明顯優勢，馬匹可用於牽拉戰車或者作為騎兵的坐騎。千年來，中國的馬匹都是由西北引進而來。圖中這個小型青銅馬雕像來自內蒙古，造型優美，馬尾下垂，昂首引頸，腿和頸部肌肉鼓脹豐滿。

約西元前 500–200 年

內蒙古

高 5.7 公分，長 5 公分

奧斯卡·拉斐爾遺贈

(1945, 1017.214)

**圖三 鄂爾多斯虎噬群羊紋飾牌**

飾牌上雕鑄的線條生動地刻畫出了老虎的形態：後肢強健，尾巴蜷曲，雙目警惕，張牙舞爪。虎爪下踏兩隻野山羊，可能為一公一母，因為僅其中一隻有著長而彎曲的角。虎扭頭欲咬第三隻羊，而最後一隻羊有幸逃脫。

約西元前 400–200 年

內蒙古

長 8 公分

布藍達·塞利格曼夫人捐贈

(1973, 0726.90)

# 1│18 南方楚越文化

　　楚文化初起於漢水流域及長江中游地區，到戰國時期（西元前475-221年），楚國幾乎占據了整個中國南方地區，覆蓋河南省南部、湖北、四川、雲南、廣西和廣東等地。楚人的宗教文化中存在一系列奇特的人、動物或鳥合體的神祇或巫覡（圖一）。而楚文化中的來世觀及對神仙世界的構想，與之後的道教似有千絲萬縷的聯繫，促成了秦漢時期中國北方地區宗教信仰的變化和文化交融。

　　越國位於長江下游，大致在中國東南方的浙江和江蘇一帶，也是周王朝時期的諸侯國之一，最後在西元前221年隨著秦王朝建立而走向終點。也許是因為戰爭頻繁，越國製作兵器的技術冠絕一時，十分受中原地區的青睞。其中部分兵器並非用於實戰，而是作為裝飾佩劍或者餽贈之物（圖二）。

**圖一　楚人面鹿角鎮墓獸**
圖中這件漆木雕鎮墓獸由楚國工匠所製，結合了真實與想像，是一位強大的守護者。髹漆鹿角營造了一種鎮懾的氛圍，人面口吐長舌，像領帶一樣拖曳下來。

東周，戰國時期
約西元前 400–200 年
湖南長沙
高 43.7 公分
(1950, 1115.1)

**圖二　嵌綠松石銘文青銅矛**

根據矛上的鳥篆文銘文，此矛曾
屬於越王朱勾（別名州勾，西元
前 448 至 412 年在位 ）。吳越
兵器在晉、楚墓中也有發現，有
些可能為戰利品。越國的青銅工
匠技藝高超，其刀刃邊緣幾千年
後依舊鋒利。銘文顯示此為「越
王朱勾自作用矛」。

東周，越國
約西元前 448–412 年
長 28.6 公分
亨利・J・奧本海姆捐贈
(1947, 0712.426)

**秦　西元前221-前206年**

**漢　西元前206-西元220年**
　　　西漢　西元前206-西元8年
　　　新朝（王莽）西元8-23年
　　　東漢　西元25-220年

**三國　西元220-280年**

**晉　西元265-420年**
　　　西晉　西元265-317年
　　　東晉　西元317-420年

**十六國　西元304-439年**

**南北朝　西元420-589年**

**隋　西元581-618年**

**唐　西元618-907年**
　　　武周　西元690-705年

**五代十國　西元907-960年**

**遼　西元907-1125年**

# 2 帝國時代

西元前221–西元960年

西元前221年，秦始皇一統華夏，成為中國歷史上第一個皇帝（見第68-69頁）。在之前東周列國爭霸中，秦國獲得了勝利。我們可從對他陵墓的文獻記載，及陵墓周邊灰坑考古發掘的兵馬俑（圖一）和其他文物（圖二）中看出，當時人們對於來世的觀念有了巨大的變化。秦漢時期的墓葬不再以酒器、食器等儀式禮器為重，而變為隨葬各種實用性器物以及陶製或銅製的模型（明器），強調創造一個和現實生活相似的環境。如我們所見，南方楚文化對秦漢時期這種信仰和儀式體系的轉變有著重要影響。

雖然秦國統一了中國，但是秦王朝國祚僅15年。西元前206年，楚漢之爭開啟，經過幾番激烈的戰役，劉邦打敗項羽稱帝建立漢朝，史稱西漢（西元前206-西元8年），定都長安。爾後，叛軍主謀王莽篡「漢」建立「新」朝（9-23年），短暫統治數年後，漢室又重新建立了政權，定都洛陽，即東漢（25-220年）。漢朝留下的重要遺產之一便是其文武兼備的官僚機構，官僚體系轄境延伸從朝鮮至越南，穿越沙漠到中亞，跨過山區至四川。這一時期的文書檔案十分豐富，並以雋麗、緊湊的隸書書寫而成。文獻範疇眾多，比如士兵要求更多襪子的書信、手工作坊管理者對奢侈品製作工匠之名的紀錄，他們的名字用小字刻在漆杯的底部等。漢代的墓葬制度體現了漢代人們

**圖一　秦始皇陵出土彩繪兵馬俑**
這些陶俑尺寸比真人要大一些。盔甲、臉部特徵，甚至鞋底等細節都塑造得相當細膩。

高 122 公分
臨潼，秦始皇帝陵博物院，秦兵馬俑二號坑

**圖二　秦始皇陵出土彩繪青銅鶴**
K0007 陪葬坑共出土了 46 件青銅水禽，除了這件青銅鶴之外還有另外 5 件青銅鶴，以及天鵝、鴻雁等青銅水禽。

高 77.5 公分，長 126 公分
臨潼，秦始皇帝陵博物院，K0007 陪葬坑

**圖三　漢墓石闕**
中國古代早期地表建築多為木質
結構，很少能保存至今。此墩狀
門形建築形制稱為「闕」。

東漢，西元 25–220 年
山東嘉祥武氏家族墓群前（武氏
闕）
沙畹攝於 1900 年

**圖四　軑侯妻辛追墓朱紅菱紋羅
絲棉袍**
西漢，約西元前 206– 西元 25 年
湖南長沙馬王堆一號漢墓
長 140 公分（通袖長 245 公分，
腰寬 52 公分）
湖南省博物館藏

對於長生不老和宇宙萬物（圖三）的極高興趣。湖南長沙馬王
堆漢墓是已發現的西漢時期的最重要墓葬之一，其中的軑侯利
蒼妻子（辛追）墓（一號漢墓）不僅以內棺上覆蓋的帛畫而聞
名，還出土了許多保存良好的織物及服飾（圖四）。總體上，
漢朝持續了400多年（西元前206-西元220年，包括西漢、東
漢）。之後，與遙遠西方的羅馬相似，中國再度陷入了分裂的
局面，且南北（圖五）文化差異巨大，直到隋朝（581-618年）
才又重新統一。

佛教在漢代從印度傳入中國，但直到南北朝時期，統治者
才大興開鑿石窟寺群（圖六）。石窟寺是融合佛像、彩繪、壁
畫一體的藝術。其中最著名的就是位於甘肅敦煌的莫高窟（見
第78-79頁）。唐代（618-907年）倖存下來的佛塔，讓人不禁想
像當時佛教群體數量之多、分布之廣。最重要的發現之一，就
是法門寺佛塔地宮中唐皇室供奉的大量珍寶。通過來往長安
（今日的西安）的貿易路線和沿途綠洲諸胡人聚落，西域的建築
風格、裝飾藝術和思想也傳入中國。

音樂與詩歌藝術在唐代走上了巔峰，有的作品讚頌大唐長
安的生活，也有些抒發了出使在外、遠離故土的人們對家鄉的
思念之情。日本東大寺正倉院內保存著一些當時精美的紡織

品、樂器和珍寶，這些珍品是由日本光明皇后（在聖武天皇死後）獻予東大寺盧舍那佛。除了絕妙的唐代繪畫、漆器、玻璃器和銀器，她還供奉了藥物，其中也包括大黃這種在西方具有高價值但當時還未意識到的藥品。

安史之亂後，唐朝開始衰落，國內藩鎮割據、宦官專權。878年，黃巢起義爆發徹底摧毀了唐朝統治根基。907年，朱溫篡唐，唐朝滅亡，中國進入五代十國（907-960年）時期。同年遼國建立（907-1125年）（圖七）。

**圖五　武安王徐顯秀墓北壁壁畫**
這幅壁畫局部出自墓室北壁，描繪了墓主夫婦宴飲的場景。他們正欣賞著樂舞，兩側侍有僕從。墓主人身披貂裘外衣，其妻子穿著紅色長袍，二人用漆杯啜飲。

南北朝，約571年
2000–2002年在太原發掘

（對頁上）
**圖六　石鑿佛教石窟寺**
山西大同雲岡石窟

（對頁下）
**圖七　張世卿墓遼代壁畫**
1116年
河北下八里村

圖一　秦始皇兵馬俑　　　　圖二　秦始皇陵墓出土銅車馬
　　　　　　　　　　　　　　車輿主輿室封閉，兩側開窗，踞坐於車前的御官俑身佩短劍。

# 秦始皇：中國第一位帝王

秦始皇統一全國，建立了中國第一個大一統帝國，雖然他在位僅 11 年（西元前 221-210 年），但其功績和遺產極具傳奇性。他實行的許多政策制度都長遠影響著中國社會。他結束了春秋戰國以來諸侯割據紛爭的局面。除了軍事上顯赫的成就，秦始皇在推行並規範中央集權制度和官僚體系上也取得了巨大的成就。他統一文字、貨幣和度量衡，頒行法典。他投入大量人力物力於道路基礎建設，改善了全國各地之間的交通聯繫。他在位期間，連接和修繕了原先（戰國秦、趙、燕國）北部邊界的長城，修築秦長城，成為現在萬里長城的雛形。

秦始皇在眾多山岳上留下了刻石碑文，以頌揚自己的功德。他還多次精心組織巡遊四方，使各地民眾臣服，並在當地祭祀天地山川鬼神。秦始皇的野心並不局限於自己帝國的疆域，甚至也不局限於世俗世界，而是承天受命，欲統馭宇宙。

如今，他的陵墓讓他實現了不朽（圖一）。1974 年，一戶農民在距離秦始皇帝陵陵塚約 1 公里處打井時，偶然發現了一號兵馬俑坑遺址。考古學家經過進一步調查和發掘，發現了一個大型的兵馬俑坑，裡面擁有規模浩大的仿製軍陣，尺寸比真人略高大。一些彩繪陶俑約有 190 公分高，除此之外，還有車馬（圖二）和陶鞍馬。兵馬俑數量估計有 8000 多具，目前發掘了

2000 餘具，並已列入大規模國際保護計畫。兵馬俑已在陝西西安臨潼秦始皇帝陵博物院公開展出。

兵馬俑最迷人的地方，在於製作陶俑的工匠對於細節的追求。陶俑臉部並非整齊劃一的相似個體，而是透過使用不同髮型、鼻子、嘴、耳朵和眼睛的組合而成，如同現代警方所用模擬畫像的技術一樣，讓人覺得這支軍隊是由不同個體組成。此外，秦始皇陵中還發掘出了文官俑，以及樂舞、雜技等百戲俑之類的非軍事類陶俑。考古學家還發現了 46 只青銅禽鳥，體態由大到小分組擺放，包括天鵝、鶴、鴻雁等（樂隊可以馴化水禽，讓牠們「跳舞」，牠們的姿態正好映射在一旁的水池裡）。

約西元前 89 年，史家司馬遷描述了秦始皇陵的龐大，但是他並沒有提及駐守皇陵的兵馬俑以及陪葬坑內的文官俑、百戲俑和銅水禽等，只是描述了驪山山丘之下的方形地宮，設有防盜的暗弩，地宮內注灌了水銀。秦始皇陵的結構與過去那些結構簡單、入地很深的皇室陵墓完全不同。

儘管秦始皇痴迷長生不老藥，攝入了大量的汞，雇用了許多煉金術師，但他在年僅 49 歲時，就駕崩於巡遊途中。官員們沒有合適的對策來應對此事的後果，恐怕秦始皇死訊傳開後朝野動盪，於是祕不發喪，一直隱瞞消息，直到他們把秦始皇遺體運回首都咸陽。

# 2｜1 漢墓

　　雖然秦始皇完成了統一中國的重任，還統一了文字、貨幣和度量衡，改善了基礎設施，但是秦朝卻國祚不久。不過，秦朝為其繼承者漢朝 400 多年的統治奠定了良好的基礎。

　　秦漢時期，人們對於來世的信仰發生了巨大變化，墓葬形制也因此經歷了一場變革。漢代建築工匠以木材作為主要建築用材，卻多用磚、石建造地下墓葬及為生者所用的地上建物（闕）。這樣一來，他們便可透過宗教儀式與死者進行溝通。有些墓室的拱頂由小型磚塊砌成。似宮門般的大型石闕（圖二）坐落在墓室神道口，墓內則分為數個墓室。遺體一般安置於多重木棺之中，四川及其他一些南方地區則多用石棺（圖一）。墓葬內的隨葬品反映了墓主人生前的身分地位。隨葬品除了青銅器、漆器和玉器等實用珍寶，還有大量僕人和守衛的模型，以及一些體積太大而無法入葬的物品的模型（明器）。

**圖一　石棺局部，展現了一輛馬車正奔往城門**

這塊畫像磚是石棺的一部分。在它的最右端展現了一對石闕。類似的實例有現存四川雅安的高頤闕，高約 6 公尺，建於東漢時期。畫面中，僕人們正恭迎疾馳而來的兩輪馬車。東漢武梁祠內出土的畫像石上也有相似的車馬造型。漢朝境內缺乏優質牧場，無法培育優良馬種。那些四肢修長的馬匹均是從北亞和中亞引進而來。起源於中亞的費爾干納馬（大宛馬），受到人們的高度讚譽，在漢代文獻記載中有著「天馬」的美名。

東漢，25–220 年

四川

長 42 公分

湯瑪斯・陶然士捐贈

(1909, 1214.1)

## 圖二　灰陶立柱

工匠在這根陶柱的上部塑造了一個蹲踞的胡人守衛形象，底柱上刻有龍紋裝飾，可能作墓葬入口辟邪鎮墓之用。該陶柱發現於鄭州，在漢代，鄭州是重要的經濟中心。

漢，西元前 220– 西元 206 年
河南鄭州
高 114 公分
藝術基金會和約翰史派克公司捐贈
(1942, 1010.1)

# 2|2 隨葬釉陶模型

在奢華漢墓中隨葬的明器是漢代日常生活場景的縮影，如六博釉陶俑（圖一），有些則仿製那些無法入葬的大型事物，如陶樓（圖二）或陶魚塘（圖三）。這些明器用模具大量生產，通常以黏土製成，表面施綠釉或黃褐釉。釉料中含有助熔的鉛，可以降低焙燒時釉的熔點，從而降低燃料成本。釉色有時會受到埋藏環境中土壤水分的影響而改變，從原來深綠色變成銀白色。

漢代人相信人死後依然有部分靈魂存在，能繼續享用生前所擁有的奢侈品和娛樂活動，甚至包括看門狗（圖四）。這些明器都來自 20 世紀初發掘的多個沒有記載的墓葬，它們表現了人們休憩、遊戲、勞作的場景。我們透過這些文物可以想像當時封建莊園的富有，足以支持從事農業和手工業生產的大型社群。

**圖一　博釉陶俑**

圖中兩位拍著手的人物栩栩如生。他們正使用籌籌，進行六博遊戲。博局上標出的符號可能與卜卦有關。兩人所穿戴的寬袖長袍和別緻的冠帽都是東漢時期典型的服飾。

東漢，25–220 年

博局：高 6.8 公分，寬 29 公分，深 22.5 公分

人物一：高 19 公分，寬 13.5 公分，深 11 公分

人物二：高 19 公分，寬 15.5 公分，深 8 公分

大英博物館之友捐贈

（1933, 1114.1.a–c）

## 圖二　釉陶樓

中國建築以木結構為主，屋頂用陶瓦裝飾。這座三層陶樓模型十分精緻，陶樓上有人在窗邊眺望，表現了精巧的木結構建築及其陶瓦屋簷。陶樓轟立在一池塘之上，塘內有魚，表明這座樓閣更可能用來供人遊樂，而非防禦之用。

東漢，25–220 年
高 86 公分，寬 36 公分，深 36 公分
伊蒂絲・賈斯特・貝蒂女士捐贈
(1929, 0716.1)

## 圖三　釉陶魚塘

東漢時期經濟的繁榮，有賴於大型封建莊園制度的發展。田莊上，有農民、僕人和侍衛從事生產活動等。莊園經濟導致農業與手工業生產分工，幾乎所有必需品皆可在莊園內生產供給。這件明器展現了一個池塘中，人們或獵鳥，或捕魚的場景，說明莊園內有理想的大型漁澤。人死後的世界也需要新鮮活魚和家禽的供給。

東漢，25–220 年
高 35.5 公分，直徑 39.4 公分
(1930, 0718.1)

## 圖四　釉陶狗

人們飼養犬類用來守衛、捕獵，或當寵物，甚至作為畜肉食用。這件陶狗頸戴繩索，雙目警惕，尾巴緊緊捲曲，雙耳豎立，犬牙差互，應當是一條守衛犬。

東漢，25–220 年
高 30.6 公分，寬 35 公分，
亨利・J・奧本海姆捐贈
(1928, 0118.1 )

# 2|3 漢代漆器

在漢代，最奢華的漆器多出自國家設置並任命監管的官營作坊。在漆器製造過程中，具體參與製作的人名和內容被細緻地鐫刻在漆器上。如圖一的精美漆耳杯，底部周圍就刻有 6 名工匠和 7 位監造官吏的名字。未經處理的生漆汁液含有劇毒，從漆樹樹幹上採集生漆後，必須先加熱並著色才能使用。髹漆時，要在成型的木胎上塗抹許多層漆，且每遍上漆後都要歷經 24 小時陰乾及氧化過程，製作這樣一件漆耳杯需費時一個月。漆層就像天然樹脂塗層一樣，對器物有保護作用。圖二中這柄漆鞘鐵劍是漢代很少見的遺存，實際上現在鐵劍殘件僅靠漆鞘維繫。早期描繪宮廷婦女的繪畫（圖五）中也可見漆奩盒（圖三）及梳妝用品（圖四）。

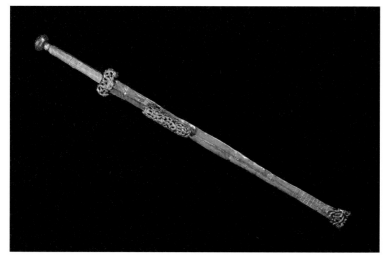

**圖一　鎏金銅耳銘文漆耳杯**

考古學家在朝鮮平壤發掘出了這件鳳鳥紋漆雙耳杯。漢朝曾在平壤地區設立郡縣。耳杯上有銘文：「元始四年蜀郡西工造乘輿髹洀畫木黃耳栝，容一升十六龠，素工口，髹工立，上工當，銅耳黃塗工古，畫工定，洀工豐，清工平，造工宗造，護工卒史章，長良，丞鳳，掾隆，令史口主。」

西漢，4 年
四川
高 6 公分，寬 17.6 公分，深 12 公分
P. T. 布魯克・休厄爾捐贈
(1955, 1024.1)

**圖二　漆鞘鐵劍**

這柄脆弱又珍貴無比的鐵劍因漆鞘的保護而保存了下來。楚地工匠因擅長透雕錯綜複雜的蟠龍紋漆木器而聞名於世，木胎上的漆層發揮了保護作用。

秦漢，約西元前 300–100 年
中國南方
長 85 公分
(1978, 1218.1)

## 圖三　漆奩盒

這件彩色漆奩盒上飾有動物和神獸紋樣，周圍圍繞雲氣紋，並鑲嵌銀和顏料。這件漆奩製造的同時代，道家思想受到皇室的推崇，它的紋飾讓人聯想到道教長生不老的思想。

東漢，約 100–220 年
江蘇海州
高 14 公分，直徑 21 公分
藝術基金會捐贈
(1940, 0605.1)

## 圖四　伍子胥畫像銅鏡

伍子胥是東周春秋晚期吳國的一位重臣。《史記》中記載了他的事蹟，為忠臣之代表。他曾將楚平王掘墳鞭屍，以報其父之冤仇。

約 200–300 年
紹興
直徑 21.1 公分
沃爾特‧塞奇威克夫人捐贈
(1968, 0422.8)

## 圖五　〈女史箴圖〉細節（全圖見第 76–77 頁）

圖上描繪了漆奩盒和鏡臺。

## 2|4 女史箴圖

　　〈女史箴圖〉是當今存世最早的中國敘事題材絹本繪畫作品。傳為顧愷之（約 344-406 年）所作，圖一為兩百多年後的唐摹本。畫卷呈現了 292 年（西晉）大臣張華為諷諫任性妄為的賈后而寫下的辭賦（即《女史箴》）。這首辭賦以女史口吻，利用歷代先賢聖女的典型事蹟，勸誡宮廷婦女，為她們設定了一種理想化的行為準則。

　　詩、書、畫相結合是中國藝術的基本特點之一。中國書畫家往往透過臨摹歷代大家的作品來提升技能，之後再融入自己的風格。這卷〈女史箴圖〉便是一幅摹本，約作於 5 世紀到 7 世紀間。畫卷上的印章證明了 1000 多年前北宋皇帝對它的珍愛。根據北京故宮博物院所藏的另一幅創作於 11 世紀的顧愷之作品（宋）摹本，我們得知，〈女史箴圖〉內容應有 12 段，然現存僅剩 9 段。所以我們只能從場景四看起，馮媛與熊：一頭熊在鬥獸表演中逃脫，直逼在座的漢元帝。其他後宮佳麗皆自顧逃離，只有馮媛挺身救駕，擋在漢元帝之前，讓侍衛得以將熊殺死。場景五描繪的是班

**圖一　〈女史箴圖〉（唐摹本）**
傳原作為顧愷之所繪。

卷軸，絹本設色
縱 24.3 公分，橫 343.7 公分
(1903, 0408, 0.1)

〈女史箴圖〉畫卷之後附有乾隆皇帝令鄒一桂作的山水畫。卷尾的跋，不論繪畫或文字，可增加作品的魅力或體現品鑒者、收藏者的身分。鄒一桂畫作的構圖專為乾隆蓋印留白，他勾畫了「四清」——松，石，竹，蘭，左側留白處由乾隆蓋上大印「太上皇帝之寶」，橢圓的印章則為「乾隆御覽之寶」，底部的小印為作者鄒一桂的印章。

紙本水墨
清，1736–1795 年
縱 24.8 公分，橫 74 公分
(1903, 0408, 0.1.b)

婕妤辭輦。班婕妤拒絕與漢成帝同輦是為了維護皇帝的名譽，聖君應有名臣在側，而不該為美色分心。場景六為崇山與獵人，與詩一起表達了世事往往盛極而衰，要防微慮遠的道理。場景七畫的是梳妝，強調了品德高貴比外貌美麗更重要。場景八的背景為臥房，教導婦女對人應誠實並善言相待。場景九描繪的是家庭場景，提醒宮廷婦女隨時要有良好的道德修養，即便是獨處或者居家時也不例外。場景十表現了拒絕，表達了「歡不可以瀆」的意思。場景十一描繪了一位婦女正恭靜自思。最後一個場景，表現了女史官在揮筆書寫，畫卷末端處有兩位妃子正向她走去。

圖一　莫高窟開鑿於荒漠戈壁邊緣　圖二　敦煌莫高窟北區石窟。
的崖壁上，現存共 492 窟，有壁畫
4.5 萬平方公尺、塑像超過 2000
尊。

# 敦煌莫高窟：千佛洞

敦煌是中國西北部沙漠中舉世矚目的綠洲。莫高窟就坐落於敦煌市東南約 25 公里處的鳴沙山崖壁之上（圖一），其中保有壁畫和彩塑的洞窟就共計 492 個。其中最早的洞窟開鑿於西元 366 年，最晚的鑿於 14 世紀（圖二）。千餘年來，敦煌都具有重要的戰略意義，它作為絲綢之路上的咽喉鎖鑰，既是軍事重鎮，又是宗教聖地。西元 755 年安史之亂後，唐朝失去了對西北邊陲的控制。事實上，在敦煌悠久的歷史中，曾有多個非漢政權統治過這一地區，如吐蕃、回鶻、西夏等。莫高窟作為佛教遺蹟，可能受到伊斯蘭教在該地的興起，逐漸衰落，走向沉寂。

直到 1900 年左右，看管「千佛洞」的道士王圓籙在第 17 窟發現了隱藏的藏經洞。這個封閉了數百年的小小窟室堆滿了經卷、手稿和繪畫。王道士需要經費修繕保護洞窟，外國考古學家斯坦因等人便以此勸說，最後王道士將這些珍貴的文物賣給了他們。於是，莫高窟引起世人矚目。此藏經洞中保存了四萬多件文獻手稿，包括中文、吐蕃文和其他「絲路」語言，其中有一些文本仍待譯解。經卷文書涵蓋了佛教、摩尼教、祆教、猶太教、景教等宗教文獻，由漢人、印度人、伊朗人和中亞地區的人書寫。不由讓人感到敦煌具有一種超越國界的屬性，還為不同宗教信仰的兼容並蓄提供了場所。經卷中最著名的就是目前世界上最早的雕版印刷刻本《金剛經》（868 年），現藏大英圖書館。

20 世紀早期和現在考古學者的研究成果，讓我們得以重建莫高窟遺址的輝煌。富裕的信徒出資在這座易碎的崖面岩體上開鑿洞窟。在開鑿新窟之前，供養人先要修持齋戒，以示虔誠。當地工匠在洞窟牆壁和窟頂繪製鮮豔的佛教題材壁畫，四周輔以小型千佛畫像，與龕內大型彩塑相得益彰。絲質幡畫可能是從長杆的鉤子上垂懸而下，可自由擺動，而透過清透的薄紗可以看到正反兩面的線條。供養人應該還捐贈過更大的懸掛幡。一些供養人形象也見於壁畫，並且隨著時代越往後，這些慷慨的供養人畫像尺寸也越大。

如果我們僅將「絲綢之路」定義為數千公里運輸進出口貨物的古代國際貿易道路的話，也許過於簡單模糊。近年來，一些學者認為大多數人還是以交易當地貨品為主。偶爾有些個體，如玄奘法師（602-664 年），會進行一些驚人的長途旅行。從莫高窟來看，雖然進口貿易並非主流，但是也不缺乏舶來之物，如繪製洞窟的顏料、來自西藏高原的藥物、犍陀羅（現巴基斯坦）的手稿。

# 2|5 佛教石刻

漢朝滅亡後，中國又進入了百餘年的分裂時期。漢代之後，中國就像羅馬帝國一樣，分裂成南方和北方等一系列王朝。西元386-534年，拓跋部統治了中國北方，即北魏。北魏曾定都山西大同，後又遷都河南洛陽。雖然佛教早在漢代就已傳入中國，但直到北魏統治者大加崇信之後，才大興成為國教，成為鞏固統治的一股力量。佛教造像是弘揚教義的一種方式（圖一）。北魏時期，人們開始在懸崖峭壁上開鑿石窟佛龕，先是在大同開鑿了雲岡石窟，後來又於洛陽開鑿龍門石窟。佛教之所以吸引大量信眾，是因為它為民眾提供了往生極樂的願景，這與古代對於祖先的信仰息息相關。另外，佛教還能普渡眾生，保佑現世之人擁有富饒的物質財富。中國早期的佛教造像，以淺浮雕為主，姿態僵硬，看起來較為平面化；身材修長，衣褶呈同心圓弧下垂。至北齊時期（550-577年），造像面部開始豐滿起來（圖二）。

北齊宮廷在山西天龍山和河北響堂山興建了石窟和寺廟。而這一時期最著名的造像出自山東青州（龍興寺）窖藏坑。佛像約塑造於西元529年至577年間。北齊結束後不久，隋朝（圖三）又再次統一了中國，儘管國祚短暫，但為唐朝的發展鋪平了道路。

（本頁）

**圖一　佛教砂岩造像碑**

佛祖，身帶光環，高髮髻，身著寬鬆長袍，坐於寶座之上，手施無畏印和與願印。兩側各有一頭戴寶冠脅侍菩薩，足下為中國傳統神獸。上部有飛天，表現了天界的概念。而造像碑下端分隔開的那部分圖案，一看即知為中國建築，屋面鋪瓦，飛簷向上翹起。建築底下為捐錢造像的供養人。碑上以漢字刻有捐獻日期及製作工匠的細節。

北魏，535年
高 96.5 公分
(1937, 0416.193)

（對頁左圖）

**圖二　砂岩觀音菩薩像**

原先這尊石雕上，應同兵馬俑和希臘雕塑一樣，有鮮豔的彩繪，讓佛像更栩栩如生。然而現在僅餘一些痕跡殘留。施色時用白色覆蓋石刻表面後，再用粉、黑、藍和紅來描繪臉部和妝容細節。長袍邊緣和臉部還用黃金裝飾以示供奉。菩薩穿戴著北齊宮廷風格的服飾和珠寶，瓔珞珠串（包括玉）一直垂曳至膝下。

北齊，約 550–577 年
高 167.6 公分
布魯克・休厄爾永久基金捐贈
(1961, 0718.1)

### 圖三 漢白玉阿彌陀佛像

這尊巨大的阿彌陀佛像來自河北某石窟寺。佛像由幾部分構成，腰部的接縫清晰可見，遺失的手臂原來應是安置於凹槽內。這尊雕像原有左右脅侍，為兩個較小的菩薩像，其中一尊現藏於東京國立博物館，另一尊下落不明。儘管佛像尺寸巨大，但袈裟褶紋等細節都刻畫得相當精妙細緻，衣褶處原應有彩繪及鎏金裝飾。

隋，585年
河北保定韓崔村崇光寺
高 5.78 公尺
民國政府於 1935–1936 年倫敦「中國藝術國際展覽會」期間捐贈
(1938, 0715.1)

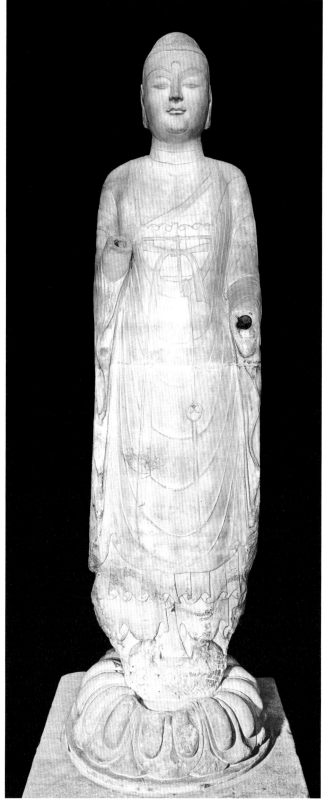

# 2│6 小型鎏金銅佛像

自西元 300 年起，鎏金銅佛像的鑄造遍布全國。人們偶爾會訂製小型佛像，捐奉寺廟。這裡所展示的小型雕像反映了唐代中原地區（圖一）、東北的遼國（圖二）和遠在西南的雲南大理國（圖三）等地迥然不同的佛像風格。南詔國之後，西元 937 年段氏建立了獨立政權，國號「大理」，但 1253 年，蒙古軍攻滅大理，將其納入統治。雖然佛教曾一度被尊為國教，但在一些時期也有當朝者反對佛教，而採取「滅佛」行動。例如，西元 842 至 845 年間唐武宗滅佛，大量佛像遭熔毀或損壞，寺院、尼姑庵被廢棄，僧尼被迫還俗。

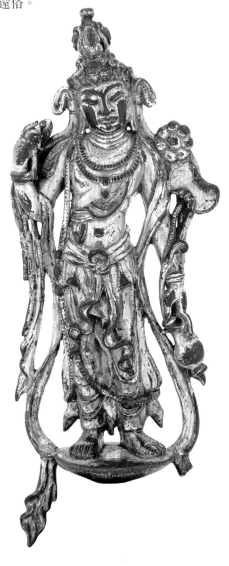

**圖一　蓮花手觀世音菩薩鎏金銅像**

這尊鎏金佛像頸環珍珠串飾，繒帶垂懸飄逸，為盛唐時期的造像風格，這種風格也常見於唐代佛教繪畫當中。菩薩冠頂中央飾一化佛，左手所持鳳首壺則具有薩珊王朝銀器的風格，而佛像婀娜多姿的姿態則受到印度佛教的影響。這類佛像，較中國早期體態呆板的造像有了巨大變化。

唐，約 700–800 年
中國北方
高 18.5 公分
(1970, 1104.2)

**圖二　彌勒菩薩坐蓮花座鎏金銅像**

這尊銅像的細節，如冠飾的小佛塔、背後的光環、衣袍上方的繒帶等，都體現了工匠對細節的關注和高超的技藝。由於銅像缺少供奉相關題刻，因此，研究人員一般採用類型學分析，將佛像同其他有確切年代的佛像進行比較研究。這尊佛像與大同下華嚴寺藏經樓（薄伽教藏殿）內的彌勒佛像頗為相似。下華嚴寺建於1038 年，西京大同府為遼代陪都之一。

遼，907–1125 年

中國北方

高 20.2 公分

布魯克‧休厄爾永久基金捐贈

(1959, 0713.1)

**圖三　佛教密宗鎏金佛像**

這尊佛像既不屬於漢族也不屬於藏族，而是出自大理國（今雲南地區）。這尊鎏金銅佛像代表了密宗護法大黑天，擁有九頭十八臂，手上分別持海螺、人骨、蟾蜍、龜、珍珠、頭顱和金剛杵，肩上方橫跨一伸展的肢體。七個頭上裝有骷髏冠飾，中間三個頭左右以蛇圍繞。他三足站立，足踩骷髏。

約 1100–1200 年

雲南大理

高 45.5 公分

布魯克‧休厄爾永久基金捐贈

(1972, 0301.1)

# 2｜7 絲綢之路上的絲綢和刺繡

自古以來，人們掌握了種桑養蠶的技術，將蠶繭蒸煮，抽絲，捲繞，再進行紡織。漢朝期間，約從西元 9 年起，中國絲綢就具有了貨幣功能，可作為報酬；到漢末，絲綢還充當過賦稅支付的方式。絲綢的價值促進了其產量的增長。我們知道，漢朝時期，絲綢已到達了古羅馬地區。古羅馬作家曾抱怨絲綢的昂貴，揚言這種薄透的材質有傷風化。由於絲織品比較脆弱，所以，儘管有時絲織品保存在特殊環境下，如沙漠中的乾沙中（圖一），但是遺留下來的絲織品數量比起陶瓷、玉器或青銅器還是要少得多。

莫高窟坐落於沙漠綠洲附近的朝聖中心，有一條間接連接中國到印度、中亞和中東地區的絲綢之路支線途經此地。洞窟密室中保存了許多織物、繪畫和手稿文書，歷經千年也未遭到環境的影響和破壞，直到 20 世紀初王圓籙發現密室。其中大部分織物都為佛教主題（圖二）或者與佛教經幡繪畫有關（圖三、圖四）。

**圖一　絹匹料，已斷為兩截**

考古學家在樓蘭—沙漠綠洲定居點發現了這批白色絹匹料。從考古發掘和文獻記載可知，2000多年前中國絲綢就已通過當地和國際商人的網路同歐洲、非洲、西亞、東南亞和中亞進行貿易。

絲織品
約 300–400 年
樓蘭
總長 47.5 公分
斯坦因藏品
(MAS.677)

**圖二　〈釋迦牟尼靈鷲山說法圖〉\*刺繡，背襯麻織物**

繡品中描繪了藍色華蓋之下的釋迦牟尼，左右脅侍菩薩和佛陀弟子。刺繡圖案先以水墨在絹地上勾勒草圖，再繡製主要輪廓線，最後填充細節。這幅繡品折疊處已有損壞，所以兩位佛陀弟子幾不可辨。底部右側為男性供養人，左面為女性供養人和一個孩童。

刺繡絹地畫，背襯麻織物
唐代，約 700–800 年
中國中部地區繡製
甘肅敦煌莫高窟第 17 窟
縱 241 公分，橫 159 公分
斯坦因藏品
(MAS, 0.1129, Stein no
Ch.00260)

\*譯注：一說為〈涼州瑞像圖〉

**圖三　佛坐蓮花幡頭**

這塊正方形的綾原先是一件幡頭，對折後成為三角形幡面，兩面各有一尊佛像。然後將它連接到卷軸（幡身）頂部，幡頭斜邊再用其他織物包邊。

彩繪白綾
900–1000 年
甘肅敦煌莫高窟第 17 窟
斯坦因藏品
(MAS.888)

**圖四　菩薩像幡**

此為莫高窟中保存狀況最好的幡畫之一。懸袢、三角形幡頭、幡手、幡足和懸板都保持完整。菩薩手持玻璃缽，內盛蓮花。特別的是，圖中的菩薩為側身像，只露出臉的側面。這件幡的設計是兩面都能看見圖像。如此精美的畫幡並不是懸掛在牆上，而是從某個物體頂部的勾子上懸掛下來，幡可自由飄動。

絹本設色
800–900 年
甘肅敦煌莫高窟第 17 窟
斯坦因藏品
(1919, 0101, 0.120)

## 2 | 8 佛教繪畫

　　敦煌莫高窟第 17 窟藏經洞內堆滿了文書、手稿和繪畫。它們
的重要性無需多言。除了這些珍貴的文物，鮮有其他唐代繪畫遺
存。

　　個人或者集體供養人將繪製的絹本或紙本設色繪畫（圖一）
捐贈給寺廟，作為一種供奉活動，以期積累功德通往極樂世界。
至唐代末期，供養人在繪畫中的形象越來越大，主導地位越來越
突出（圖二）。這類可移動的畫卷根據供養人的財力不同，有小
型紙本繪品（圖三），也有盛大的佛國場景（圖五）。在佛教儀式，
包括祭奠已故親屬的儀式中，這些畫作或掛於牆上，或從杆子的
鉤子上懸掛而下，自由飄動。而莫高窟及一些石窟寺內，如位於
新疆的焉耆明屋（圖四），也都繪有壁畫。

**圖一　引路菩薩絹畫**

此幅圖右側雍容華貴的婦人，身
著唐朝服飾，眉毛修描似蛾觸
角，烏黑的高髻大髮，髮上飾金
銀簪釵、梳篦。她垂眼下視，神
態端莊，雙手籠於寬大的袖子中
以示恭敬。在婦人身前，比她高
大許多的形象為一引路菩薩，右
手持香爐，赤足而行，接引婦人
去往極樂淨土。畫面左上方為雲
氣圍繞的淨土建築物，具有典型
中國城樓白牆、緋紅木門、飛簷
青瓦的特徵。

繪畫，絹本設色
10 世紀初
甘肅敦煌莫高窟第 17 窟
縱 80.5 公分，橫 53.8 公分
斯坦因藏品
(1919, 0101, 0.47)

## 圖二　觀世音菩薩像

從此幅觀世音菩薩絹畫的題記中，可以確認畫面左側手持焚香爐的人物為比丘尼嚴會。右側為張有成，他手捧托盤，盤內盛蓮花。他是委託作此畫之人的亡弟。題記顯示此畫所作年代為唐朝天復十年（910 年），但唐朝在 907 年就已滅亡且天復年號只存在了約四年。也許遠在中國西部的敦煌距離唐朝中心地區太過遙遠，消息阻隔至少有 6 年之久。

絹本設色
910 年
甘肅敦煌莫高窟第 17 窟
縱 77 公分，橫 48.9 公分
斯坦因藏品
（1919, 0101, 0.14）

## 圖三　行腳僧圖

畫面中的行腳僧並非普通僧侶，他身邊伴有一隻馴服的老虎，虎身形比他矮小。佛祖乘雲而來，指引著他。他背負裝滿經卷手稿的經笈，經笈用織物捆紮，並有（竹）木把手。隨著時間的推移，畫作原來的顏料已經腐蝕剝落，因此背景等細節已然模糊不清。一些學者認為圖中僧侶即為著名的玄奘。西元 629 年，玄奘翻山越嶺到達印度，帶回了佛教經書。旅途中危機四伏，他曾多次遭遇劫掠。他們跋山涉水，有三分之一的隨行者在途中死去。

紙本設色
唐，約 700–800 年
甘肅敦煌莫高窟第 17 窟
縱 41 公分，橫 30 公分（圖像）；
縱 56 公分，寬 40.7 公分（裝裱）
斯坦因藏品
（1919, 0101, 0.168）

（上）

**圖四　〈比丘聽授教法圖〉壁畫碎片**

左上角的碎片中，一位高僧倚坐於一把有踏腳的方凳上，四個小和尚跪坐在他腳邊。空中，飛天帶來了毛筆。這組壁畫是斯坦因在焉耆明屋遺址西北部的寺院內室東圍牆的下半部發現的。

700–900 年
新疆喀喇沙爾焉耆碩爾楚克明屋（明屋為「千間房」之意）遺址
斯坦因藏品
(1919, 0101, 0.279.D)

（對頁）

**圖五　報恩經變相圖**

圖中最上層為釋迦牟尼佛雙手結說法印，於二菩薩間結跏而坐，周圍建築風格為中式宮殿。下方舞臺上一舞伎在兩組樂伎的伴奏下翩翩起舞。畫面兩側的場景講述了悉達多太子本生故事。繪畫的細節十分出色，如倚靠在紅色宮牆上的梯子。最前方為盧舍那佛，左右以比丘與菩薩為脅侍。盧舍那佛袈裟上裝飾著日、月等代表天地宇宙的徽記。在繪畫底部為女性與男性供養人分列而坐。

絹本設色
唐，約 800–850 年
甘肅敦煌莫高窟第 17 窟
縱 168 公分，橫 121.6 公分（圖像）；縱 185.5 公分，橫 139.5 公分（裝裱）
斯坦因藏品
(1919, 0101, 0.1)

# 2|9 佛教建築

隨著佛教的傳入，各式佛教建築也應運而生。人們開鑿精妙絕倫的石窟寺綜合建築，裝飾以佛教主題藝術，並興建寺廟。除此之外，還有一些源於印度佛教建築而發展起來的新式建築形式。

例如，印度的窣堵波傳入中國後就演變成了中國的佛塔。這些建築大多以木結構為主，其中一些使用陶瓷磚瓦飾面，如修定寺塔（圖一、圖二），有些則採用石質元素裝飾墓道口（圖三）。修定寺塔坐落於河南安陽清涼山下，高 9.3 公尺，四面均寬 8.3 公尺。在唐太宗（627-650 年）時期＊，修建此塔，塔身由 3000 餘塊手工製作的形制各異的模制花磚嵌砌而成。

＊ 譯注：一說建於北齊時期，一說為唐代修建，尚無定論。

**圖一　獸面紋雕磚**

修定寺塔上的雕磚大多為菱形，也有矩形、三角形或五邊形。原本磚上應有彩繪，但現在幾無痕跡。20 世紀，許多塔磚被盜並出售。塔身雕飾的內容既有佛教也有道教形象，還有各種中國傳統的動植物圖案。另有一塊雕磚，與此塊圖案十分相似，但其獸面的口部是張開的，現藏於芝加哥藝術學院。在劍橋菲茨威廉博物館也藏有類似形象奇異的雕磚。紐約大都會藝術博物館所藏雕磚則刻有飛天圖案。

唐太宗時期，627–650 年
河南安陽清涼山修定寺塔
高 43 公分，寬 37 公分
布魯克・休厄爾永久基金捐贈
(1983, 0725.1)

**圖二　河南安陽清涼山修定寺塔**
此寺傳為僧人張猛於西元 493
年創建，於唐太宗時期大規模修
建。

**圖三　線刻西方極樂石制門楣**
這件大型入口之上的半月形石製
門楣，雕刻了西方極樂世界的場
景。阿彌陀佛位於畫面中間的華
蓋之下，兩側脅侍菩薩及隨從。
極樂世界畫面之下的框線中，分
別描繪了 8 位舞樂伎，他們正在
演奏笛、簫、琵琶、箜篌、笙和
鈸等樂器。細節放大展示的兩位
樂伎在演奏箜篌和笙。

隋或初唐，約 581–700 年
高 142.5 公分，寬 141 公分
(1937, 0716.153)

# 2│10 唐墓俑（唐三彩）

唐朝被認為是中國的黃金時代，帝國疆域東與朝鮮半島相鄰，西至阿富汗邊境。唐代盛行厚葬，隨葬品既有實用奢侈品，也有陶瓷明器，財富之豐厚令人側目。人們把人物、動物等明器與其他陪葬品埋入墓穴之前，會先行公開展示炫耀。官府控制的民間作坊大規模地製造這些明器，匠人先分別模製坯體，把部件接合固定在一起後施釉，再焙燒。色彩則有綠、褐、黃、白色，偶有藍色。人俑臉部通常直接在素坯上彩繪，不施釉，顯得更為逼真。劉庭訓墓中出土了一組精美的三彩俑。劉庭訓曾任忠武將軍、河南府、懷音府長、上折衝、上柱國（圖一）。根據墓誌，他去世於西元 728 年，享壽 72 歲。墓誌中把他描述成一位理想的人物形象，既是模範臣民，又戰功顯赫。西元 1920、1930 年代，在鐵路修築及其他工程中，出土了大量唐三彩墓葬俑，受到海外藏家爭相收藏。

**圖一　陶墓俑**

這組三彩俑包括鎮墓獸、天王俑、文官俑、武士俑、牽馬男俑和雙峰駱駝。最初一些釉陶馬裝飾有真馬的鬃毛和馬尾，駱駝則裝備有皮革駝韁。這些釉陶模型都施了三彩釉，在唐代墓葬明器中相當流行。

唐，728 年（劉庭訓卒年）
洛陽
最高 90 公分
(1936, 1012.220–232)

## 2│11 唐代的奢侈品

唐朝強盛的中央政府為橫跨中國的貿易路線和通信交流提供了保障。穩定的農業生產及經濟上的蓬勃發展保證了賦稅，而這種繁榮又促進了商品的交易和思想（文化）的交融。大量使者、朝覲者和商人把國外的奢侈品帶到了中國。有的來自東面的朝鮮、日本，或來自西面的伊朗、阿富汗和中亞，或來自南面的印度及東南亞。唐都城長安（今西安）內的人們也能欣賞異域音樂。商人將中國的絲綢和陶瓷經陸路和海路出口，可遠至非洲東部和北部。葡萄酒釀造技術也被引入了中國，酒具便隨之出現了新的形制，不過多為借鑒波斯和中亞的酒器。但異域貨品仍屬稀罕，只有貴族才能獲得；貿易往來主要還是交易中國本土貨物。

然而，唐代文物中充滿異域主題及形式，這些風格與漢文化融合的全新形式，至今仍引人入勝。例如，裝飾有胡人樂伎圖案的玉帶（圖一），中亞風格的銀葡萄酒杯（圖二），以及仿製薩珊酒具（圖四）的瓷質角狀飲酒器（圖三）。

**圖一　玉帶板**

此九塊玉帶板為玉帶的一部分，原先應是結綴在織物上形成一條腰帶。方形的玉帶板上飾有奏樂胡人的紋飾，樂器有琵琶、笙等。唐代樂伎涉獵的音樂類型廣泛，包括傳統的中國樂曲，到中亞、西亞和印度風格的曲調。長方形的玉帶板上織柔美麗的女子隨樂翩翩起舞。她們身著多彩絲綢服飾，帶有長長的水袖，可以籠起、拋揚，如同現代藝術體操的彩帶。

唐，約 618–907 年
長 5.3 公分，寬 5 公分（方形玉帶板）
(1937, 0416.129–137)

## 圖二　銀高足杯

中亞使節把精美的金、銀高足酒杯帶入了唐朝。由於此類進口奢侈品需求量大增，唐朝出現了許多仿照這些器物造型的銀質或陶瓷酒杯，供王公貴族享用。此件高足杯上的狩獵圖，刻畫了狩獵者搭箭在弦，策馬奔馳，追趕梅花鹿、野兔和飛鳥的場景，周圍點綴樹木花草，杯體布滿魚子紋。

唐，約 700–800 年
高 9.8 公分，直徑 7.7 公分
沃爾特・塞奇威克夫人遺贈
(1968, 0422.10)

## 圖三　陶瓷來通杯

這件仿薩珊銀質飲酒器風格的中國角狀杯，使用了較為廉價的陶瓷材料。酒杯從獅首飄逸的鬃毛和咆哮的下顎延伸出去，杯口口沿呈八邊形。串珠紋邊框內為身著中亞風格服飾的樂人，正在演奏琵琶和鼓。其兩邊還分別飾有一微笑、一皺眉的人面，外部以串珠形裝飾。

隋，589–618 年
中國中北部
高 8.6 公分，直徑 10 公分
沃爾特・塞奇威克夫人遺贈
(1968, 0422.21)

## 圖四　薩珊瞪羚首金銀角狀杯

波斯薩珊人借鑒、改良了早期文明時期傳統的角狀飲酒杯，之後又把它們引入了中國（儘管角狀杯在更早時期已出現在中國，如西元前 122 年南越王墓出土的玉質來通杯）。唐朝表現出對這些新鮮事物的喜好，並針對本土市場做出了改進和創新。

薩珊時期，300–400 年
伊朗
亞瑟・M・賽克勒捐贈，亞瑟・賽克勒藝廊
(S1987.33)

# 2 | 12 唐代銅鏡

　　鏡子是常見的隨葬品，人們認為鏡子可以守護靈魂。中國的銅鏡鏡形有圓形（圖一）、方形（圖四）、葵花形（圖二、圖三）、菱花形（圖五）等。拋光後的鏡面平整光亮，光可鑑人；鏡背鑄有紋飾，中央設鏡鈕，可穿繫絲條。稍大些的銅鏡可置於精心製作的銅鑄或漆木鏡架上。工匠製作了精美的奩匣，用於盛放銅鏡，匣內還有放置其他梳妝用品的小盒。銅鏡紋飾中融入了織繡、地毯等紡織物圖案的元素。保存下來的華麗銅鏡，大多裝飾有金、銀、漆或鑲嵌，有些還鑄有銘文（圖六）。

　　唐代奢靡之風盛行，因此，這也是銅鏡鑄造技藝發展的鼎盛時期。銅鏡和巫術、宇宙觀也有所關聯。一些唐代的詩人會將鏡子的意象用於詩歌創作之中。

**圖一　雙鸞螺鈿漆背鏡**

工匠在這面鏡子上髹漆（原先可能為紅色漆），將螺鈿裝飾包裹其中，漆地與圖案形成反差，愈加美觀誘人。螺鈿上紋飾線條的刻畫細緻入微。鸞鳥頭部、翅膀和尾部的線條不一，呈現出不同部位的羽毛有著不同類型和結構的細節特徵。可惜隨著時間的推移，鏡背的漆有些開裂，導致部分鑲嵌物遺落。

唐，約 700–900 年

直徑 29.2 公分

J. R. 瓦倫丁基金會捐贈

（1933, 1027.1）

這面小型荷塘鴛鴦紋飾銅鏡以螺鈿和瑪瑙鑲嵌。

唐，約 700–800 年
直徑 9.2 cm
(1936, 1118.265)

圖三　銅鏡

日本奈良東大寺正倉院藏有一批保存最完好且極為珍貴的唐代藝術品。756 年聖武天皇駕崩後，光明皇后將其珍愛的 600 餘件物品贈予東大寺，其中包括繪畫、書法、紡織品、樂器、棋盤、銀器和玻璃器。這面銅鏡就是這批珍寶的其中之一，它比圖二中大英博物館所藏銅鏡要大三倍。

約 500–750 年
中國
直徑 32.8 公分，厚 0.7 公分，
重量 3514.8 克
日本奈良東大寺正倉院藏

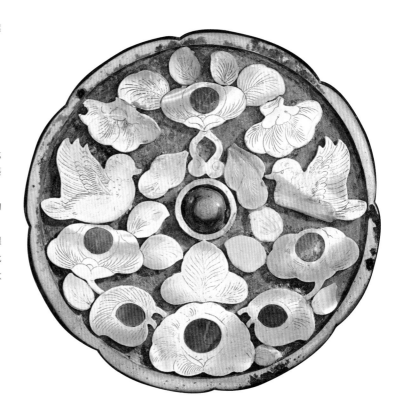

唐代著名詩人杜甫在〈江上〉一詩中，便借鏡子作為其感懷抒情的載體。

江上（杜甫）

江上日多雨，蕭蕭荊楚秋。
高風下木葉，永夜攬貂裘。
勳業頻看鏡，行藏獨倚樓。
時危思報主，衰謝不能休。

**圖四　金銀平脫獸鳥紋方鏡**

相比圓形銅鏡而言，方鏡數量要
少得多。這面方鏡相當罕見，銅
鏡背面以銀片修飾，其上再髹以
大漆。鏡鈕四周四獅相互追逐，
每頭獅子下方有一雀鳥。四個鏡
角處飾以蓮花形紋。這類紋飾讓
人聯想到了 7 世紀唐代精美的絲
織物。

唐，約 700–800 年
寬 12.8 公分
布藍達‧塞利格曼夫人捐贈
（1973，0726.62）

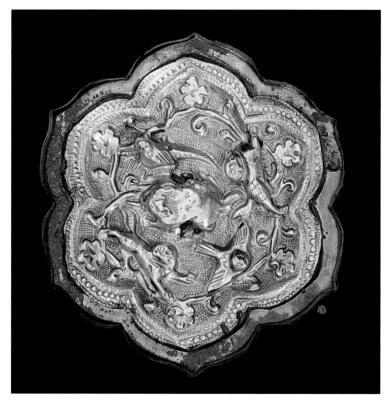

**圖五　銀背菱花形銅鏡**

梅花主題一般寓意春天的到來。
這面六瓣菱花形銅鏡，以及鏡背
上的 6 朵梅花紋飾反映了典型
的中式雅趣。蟾蜍形伏獸鈕周圍
有一雄一雌兩頭獅子，牠們之間
飾有一俯衝猛禽，可能為鷹，以
及一隻長足涉水的禽鳥，可能為
鶴或白鷺。獅子，原先是西方的
裝飾主題，在唐代也開始流行起
來。1989 年，在西安東郊發現
了一面與此極為相似的銅鏡。

**圖六　銘文花卉鏡**

這首銅鏡上的詩銘很易引人遐
想，它描述了一位年輕女子攬鏡
自賞，對鏡梳妝的情景：

清暉堪素，碧水澄鮮。
如河似月，粧樓旦懸。
分花臉上，竊咲臺前。
唯當獨立，對影爭妍。

唐，618–907 年
直徑 20.2 公分
布魯克・休厄爾永久基金捐贈
(1963, 0211.2)

# 2｜13 唐代的瓷器與外銷瓷

隨唐及五代時期，貴族喜欣賞高溫焙燒而成的瓷器。中國東南浙江省內的有些窯場就能燒製出一種瑩潤的青瓷。窯場的工匠會根據不同市場需求燒製不同品質的瓷器。其中越窯所產青瓷最負盛譽（圖一），臨近地區的工匠便競相仿燒其色調（圖二）。而北方窯場則盛產明淨的白瓷（圖三）。這些陶瓷器在唐代的文獻中有所記載，我們從而得知當時青瓷因似玉而尤其珍貴，白瓷類銀則是價值稍低的奢侈品。秘色瓷（釉料配方只有少數工匠知曉）為皇室專用，陝西法門寺塔地宮中就陳列著唐皇室供奉給佛祖的祕色瓷以及玻璃器、金銀器等。

相較而言，湖南長沙窯燒製的釉下彩瓷器（圖四），胎體粗糙、紋飾草率、品質低落而廉價。裝飾的線條似與書法關聯密切，不過並不具實際含義。長沙窯瓷器不僅在國內售賣，還遠銷海外，滿足從日本到埃及各國對於中國奢侈品日益增長的需求。例如，在印尼爪哇海域勿里洞島發現約西元 830 年左右沉沒的阿拉伯商船（目前以黑石號為人所知）中，就載有大量中國長沙窯瓷器。越窯也生產外銷瓷，在伊拉克、埃及等多國都發現了越窯瓷器。西元 2003 年，漁民在爪哇井里汶島北面海域發現了一艘西元 968 年的沉船，起獲的船貨中約有 20 萬件瓷器，燒造於五代十國時期統治南方江蘇、浙江一帶的吳越王國（907-978 年）。另外，船上還發現了來自廣東、廣西地區的南漢錢幣，以及北方白瓷和其他奢侈品。

**圖一 蓮瓣紋碗**

匠人在碗外部刻畫了重疊蓮瓣紋，蓮瓣作為佛教主題的一種，寓意純潔。當時的金銀器匠人也會製作類似形制的器物。唐代越窯匠人開始使用匣缽裝燒瓷器。匣缽能在燒製過程中保護器物，大大提高了瓷器的品質。事實上，「越窯」之名最早見於唐代文獻，文人雅士稱頌越瓷類玉，為品茶首選茶器。碗底刻有「永」字。

唐，約 850–900 年
浙江上林湖窯
高 6.5 公分，直徑 17.8 公分
亨利・J・奧本海姆捐贈
(1947, 0712.46)

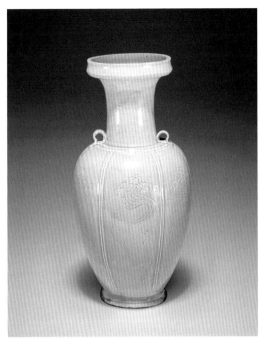

**圖二　雲氣紋瓶**

陶瓷工匠用草木灰、當地的瓷土和石灰等混合配製釉料來獲得這種瑩潤的釉色。工匠在半乾的小件坯體上試釉，調整釉料到最佳比例。在窯爐不同位置燒造出來的瓷器釉面呈色效果不一。窯爐依山而建，為典型南方柴燒龍窯。工匠間歇性投柴入窯，使燒窯溫度達到 1000℃ 左右。此瓶瓶身上刻畫了寫意雲氣紋。

五代，約 907–960 年
可能出自浙江龍泉
高 33.3 公分
(1924, 0616.1)

**圖三　白釉四繫罐**

隋唐時期，北方窯場以製作精緻的白瓷為主。這件精美的大型白瓷罐肩部有四繫，帶蓋。工匠將瓷坯體浸入純淨的釉中，其器身白色胎體質地已經足夠細膩，不用另罩化妝土。

隋或初唐，約 589–650 年
河南鞏縣
高 30.5 公分
沃爾特・塞奇威克夫人遺贈
(1968, 0422.23)

**圖四　釉下彩碗**

1998 年，漁民在印尼爪哇海域發現了阿拉伯商船的殘骸。船上貨品包括華麗的金銀器，及 6 萬多件陶瓷器。陶瓷器中，約有 5.5 萬件為與圖示中相似的長沙窯釉下彩。許多瓷碗飾有寫意紋飾或詩歌、動物、花草及幾何圖案等，與唐代織物圖案風格相近。

唐，約 800–850 年
湖南長沙
高 5 公分，直徑 15 公分
P. H. D. S. 威克拉馬拉納為紀念妻子南茜捐贈
(2000, 0131.1)

## 2｜14 唐代玻璃

　　中國的陶瓷工藝臻於完美，不過外來的玻璃製品也一直備受推崇，是十分稀有珍貴之物，且多與佛教有關（圖二、圖五）。東周時期，玻璃從西方傳入中國，主要用來製作蜻蜓眼，或用作陶瓷、青銅、漆器鑲嵌裝飾。到漢代，本土生產的模製玻璃成為玉的廉價替代品而入葬墓中。此時，中國也進口羅馬玻璃器，並出現了仿製品。漢唐時期（圖四），南方地區開始使用西方的技術製造玻璃，在同時期的文獻中已發現相關技術的紀錄。其中來自敘利亞和伊朗的玻璃（圖三）更是受到高度讚譽。陝西法門寺寶塔地宮內就供奉了精美的進口玻璃器（圖一）。為供奉佛祖指骨舍利，皇帝捐贈了大批非凡的珍寶，其中就包括 20 件玻璃器。舍利則保存在金、銀、漆等質地的多重寶函內。

**圖一　刻紋描金藍玻璃盤**

這件透明的藍玻璃盤為唐懿宗於西元 874 年供奉於法門寺的 13 件玻璃器之一。它原先可能是由來自伊拉克薩馬拉或者伊朗內沙布林的使臣進貢給唐朝皇帝的。

約 800–850 年
製作於伊朗或敘利亞
1987 年，法門寺地宮出土
高 2.1 公分，直徑 15.8 公分
陝西法門寺博物館藏

圖二 幡畫局部：描繪了立於華蓋之下的菩薩手捧一內凹圓飾的玻璃缽

儘管唐代也有類似形制的陶瓷器，不過我們能透過缽體見到菩薩的手部，可見這應當為一件玻璃器。在江蘇的某些唐代墓葬中也出土過此類內凹圓形裝飾的玻璃器，說明這些經過長途跋涉運送而來的玻璃器頗受珍視。

絹本設色
唐，約 851-900 年
甘肅敦煌莫高窟
瑪律‧奧賴爾‧斯坦因爵士捐贈
(1919, 0101, 0.139)

（右上）

圖三 薩珊透明玻璃碗

在中國，匠人用與透明玻璃相似的水晶來製作佛教舍利匣。但從地中海地區、敘利亞、伊拉克和伊朗進口的玻璃杯、碗則更受喜愛。中國傳統的鉛鋇玻璃要比進口的鈉鈣玻璃器腐蝕更快，隨著時間推移也會變得易碎。

約 500-750 年
製造於伊朗
高 8.5 公分，口徑 12 公分
日本奈良東大寺正倉院藏

圖四 帶蓋罐

科研人員一直在研究保護中國（鉛鋇）玻璃器的新方法。鉛鋇玻璃的含鉛量較高，因此其顏色和結構易腐蝕退變。例如圖中的帶蓋罐。看過此玻璃罐腐蝕後的樣子，便可想而知當時人們之所以更青睞進口玻璃的原因。

唐，約 618-907 年
罐高 4.6 公分
(1938, 0524.302)

圖五 玻璃佛像

這件飾有火焰紋背光的玻璃塑佛立像，原先應該是黑色，然而現在已經退變為淺米色。它可能為某大型玻璃器的一部分。玻璃質地的佛像非常罕見。

唐，約 618-907 年
高 5.3 公分
(1938, 0524.285)

## 2│15 遼代的奢侈品

　　唐滅亡同年，契丹族在東北建立了遼國（907-1125 年）其統治範圍從俄羅斯東部至蒙古，包括朝鮮北部和中國北部及東北地區。北京曾是遼國都城。在過去的 50 年裡，大量驚人的遼朝考古發現顛覆了我們原先對於遼代貴族文化的觀念。他們採用了征服的唐朝文化，用漢人進行行政管理，同時又仍然維持著自身契丹文化的傳統：契丹人間仍用契丹語交流，保留自己的服飾風格和飲食習慣，並繼續實行草原習俗。

　　內蒙古窯口燒造的遼地白瓷十分精美。有些胎體輕薄細白，只需要施透明釉即可製造出器身白淨的器物（圖二）。而有些器物雖造型優美，但胎質粗糙，施釉前要先在胎體上加一層白色化妝上，才能使器物表面光滑潔白（圖三）。墓室中繪製的華麗壁畫則呈現了遼國官吏富裕、奢侈的生活。

### 圖一　玉鳳珮

這件玉鳳珮喙部帶有穿孔，翅膀呈扇形，配以三葉形冠和流線型尾。小型人物、動物、昆蟲、禽鳥和神獸造型的玉器起源於新石器時代。後世收藏者極為崇尚白玉。

遼，約 907–1125 年
中國東北
長 7.2 公分
亨利・J・奧本海姆捐贈
(1947, 0712.489)

## 圖二　人首摩羯形壺

此壺呈美人魚形象，身體半覆蓋魚鱗，魚尾上翹，鰭呈翼狀。她頭部兩側頭髮都精心裝扮，腕戴珠寶手鐲，神情嫻靜，手置於胸前，捧著流口。美人魚並非中國傳統形象，這個具有羽翼的造型可能與唐代、遼代壁畫中佛教飛天形象有較為密切的關聯。她們都有祥和的面容和緊扣的雙手。

遼，約 907–1125 年
內蒙古林東窯
高 13.4 公分，寬 18.2 公分，深 7.3 公分
(1937, 0716.69)

## 圖三　白釉盤口瓶

監察御史張世卿墓（1116 年）保存良好，墓室壁畫上繪有類似的盤口瓶（見第 67 頁圖七），瓶口呈盤狀，細長頸，溜肩。張世卿墓葬的壁畫令人驚嘆，極具特色和價值，反映了他在河北張家口宣化地區富裕奢華的生活。這類奢華的瓷器為貴族所享用，燒造於內蒙古赤峰缸瓦窯。在內蒙古庫倫遼壁畫墓三號墓出土的白釉長頸盤口瓶，覆化妝土、罩透明釉，與本器特徵相似。

遼，約 907–1125 年
內蒙古赤峰缸瓦窯
高 46.7 公分
(1936, 1012.186)

**五代十國　西元907-979年**

**宋　西元960-1279年**

北宋　西元960-1127年

| 廟號 | 在位時間 | 姓名 |
|---|---|---|
| 太祖 | 960-976年 | 趙匡胤 |
| 太宗 | 976-997年 | 趙炅 |
| 真宗 | 997-1022年 | 趙恆 |
| 仁宗 | 1022-1063年 | 趙禎 |
| 英宗 | 1063-1067年 | 趙曙 |
| 神宗 | 1067-1085年 | 趙頊 |
| 哲宗 | 1085-1100年 | 趙煦 |
| 徽宗 | 1100-1125年 | 趙佶 |
| 欽宗 | 1126-1127年 | 趙桓 |

南宋　西元1127-1279年

| 廟號 | 在位時間 | 姓名 |
|---|---|---|
| 高宗 | 1127-1162年 | 趙構 |
| 孝宗 | 1162-1189年 | 趙昚 |
| 光宗 | 1190-1194年 | 趙惇 |
| 甯宗 | 1194-1224年 | 趙擴 |
| 理宗 | 1224-1264年 | 趙昀 |
| 度宗 | 1264-1274年 | 趙禥 |
| 恭宗 | 1274-1276年 | 趙㬎 |
| 端宗 | 1276-1278年 | 趙昰 |

**遼　西元907-1125年**

**金　西元1115-1234年**

# 3 帝王、文人、商賈

西元960–1279年

宋朝（960-1279年）皇帝對藝術發展史有著重要貢獻。宋徽宗趙佶（圖一）熱愛藝術和古物，而他本身書畫造詣深厚（圖二）。另外，他在遼國統治東北疆域，而金軍重兵虎踞北部之際，借由對藝術的推崇和收藏藝術品，來鞏固宋朝政權的正統性。

　　西元1127年，來自東北滿洲的女真族攻破了北宋都城開封（見第118-119頁），俘虜了宋徽宗和他的兒子。他的另一子宋高宗趙構只能拋下妃嬪奴僕和宮殿財富，南逃至杭州（見第128-129頁），建立新的都城。據此，歷史學家將宋朝分為北宋（960-1127年）和南宋（1127-1279年）。宋朝失去了對北方通往中亞陸路貿易路線的控制，為彌補由此帶來的損失，與日

**圖一　宋徽宗像**
軸，絹本設色
宋，約1126年
縱 188.2 公分，橫 106.7 公分
臺北故宮博物院藏

圖二 〈瑞鶴圖〉局部，宋徽宗御筆

北宋政和二年（1112 年）正月十六傍晚，一群仙鶴在都城汴京上空盤旋，宋徽宗目睹此景，興奮不已，作畫並題詩，以紀其實。

卷，絹本設色
宋，約 1112 年
開封
縱 51 公分，橫 138.2 公分（含題跋）
遼寧省博物館藏

圖三 鐵塔
宋，1049 年
開封
高 57 公尺

本、朝鮮和東南亞的海上貿易便迅速發展起來，這種趨勢在晚唐時期已見端倪。

宋代保留至今的建築多為佛教建築，包括建於西元1049年的開封鐵塔（圖三）。事實上，這座塔並非鐵鑄，而是通體貼有鐵褐色佛像磚（圖四）。許多宋代建造的寺廟和橋梁在之後的朝代都經過多次重建，原先的建築結構幾無保留。繪畫和墓室壁畫便成為反映宋代建築細節的重要資料來源（圖五）。宋代還出現了建築指導手冊，如李誡（1065-1110年）修編的《營造法式》，總結了建築規程、用材等詳細內容。

傳統上，貴冑和藩鎮的統治塑造了中國在宋代之前的政權體系。宋朝皇帝則通過科舉制選拔任命高層文武官員，改變了這種權力的平衡（圖六）。這些入仕之人相互提攜，漸漸掌握國家權柄。儒學也在當時復興起來，以強調自我修養和道德行為為主旨。現代有些學者認為宋代刻意漢化、講華夷之辨，以復古為要義。因此，從崇古、倡古的角度來說，宋代便成為中國的「文藝復興」時期，雖然比歐洲的文藝復興要早了300多年。

　　宋朝的稅收依靠絲綢、鹽、茶、酒的賦稅而迅速增長（圖
七）。農民透過種植新品種的農作物和發展耕種技術，來支撐
城鎮繁榮所伴隨的大量增長人口（圖八）。西元1100年以降，
中國的造船和航海技術便處世界領先地位。通過航海，中國商
品的貿易更為廣泛。中國人發明了航海羅盤，地圖繪製人員
所繪的航海地圖十分精確。船尾的船舵幫助人們更準確地駕馭
船舶。船上還有密封艙可以保存易腐壞的貨物。一些中東和
南亞的商人到中國沿海城市定居，如中國東部福建泉州（見第

**圖六　〈文苑圖〉局部，周文矩**
描繪了文人在松下吟詠的情景，
旁有一童子正俯身磨墨。

卷，絹本設色
五代，907–960 年
縱 37.4 公分，橫 58.5 公分
北京故宮博物院藏

**圖七　北宋墓室壁畫**
描繪了趙大翁和妻子相坐對飲熱
酒的場景，二人使用瓷壺斟酒。
此墓發掘於 1951 年河南省禹州
白沙

**圖八　〈文會圖〉局部，宋徽宗
御筆**
描繪了徽宗主辦的一場小型文人
雅士聚會。

卷，絹本設色
縱 184.4 公分，橫 123.9 公分
臺北故宮博物院藏

148-149頁）。儘管宋代看似繁花似錦，然而宋朝皇帝卻還一直
疲於抗衡強大的草原部落，捍衛自己的政權。最終，西元1271
年，忽必烈和他的蒙古軍隊掌握了政權，於1279年滅宋，將中
國納為廣大蒙古帝國的一部分。

# 3｜1 畫像磚

　　我們已欣賞過新石器時代幾何圖案的壁畫，以及漢代繪有宇宙和極樂世界的墓室畫像磚。從某種意義上說，宋代畫像磚繼承了這種用圖案、畫像裝飾墓室的傳統。最初，圖一這組畫像磚應與其他畫像磚一起排列在墓室之內，這六塊陶瓷磚描繪了墓主人奢侈的生活。也有許多場景直接繪製在施過化妝土的陶磚或牆上（圖二）。中國人相信來世是現世的鏡子，一個人在現世生活中享有的社會地位和擁有的財富，死後的靈魂也能繼續享受。通過在墓中展現現世生活的情景，人們寄望來世也能擁有同樣顯赫的身分地位。

**圖一　6 塊畫像磚，有彩繪殘留**

這 6 塊矩形的畫像磚組成了一幅畫面，展現了一對夫婦對坐於桌前。一旁有五位侍者，或端著食物，或提著酒，或捧著牡丹，往桌子走來。雕刻的線條略顯僵硬，不過，畫像磚上男女主人比例比侍從要大，階級差異顯而易見。

宋，約 960–1127 年
中國北方
高 60 公分，寬 163 公分，深 20
公分（含框）；高 53 公分，寬
26 公分（單塊磚）
（OA+.6966.1–6）

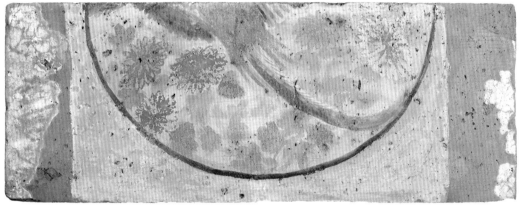

**圖二　12 塊畫像磚**

這組圓形紋飾的精美畫像磚十分
罕見，圖案包括真實和神話中的
鳥類、不同季節的花卉，還有葡
萄等水果。這種圓形紋飾的主題
在宋金時期陶瓷及紡織品上也可
以看到。

北宋或金，約 1000–1200 年
中國北方
高 6 公分，寬 24 公分，長 62
公分（單塊磚）
(2017, 3007.1.1–12)（1920–1940
年間，關於此組磚的檔案紀錄已
遺失）

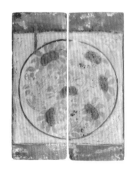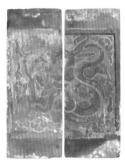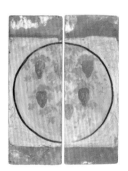

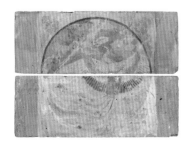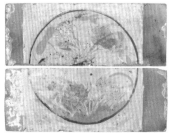

# 3│2 易縣羅漢像

　　易縣大型三彩羅漢組像倖存下來的僅 10 尊。西元 1912 年，人們在河北易縣的一個石灰岩山洞中發現了這組羅漢造像。其中 9 尊如今分別在加拿大、美國、俄羅斯、法國、英國的公立博物館（圖一）內，還有一尊收藏於日本一間私立博物館。藏於波士頓、多倫多和輕井澤的三尊羅漢像頭部均為補塑，而俄羅斯的一尊僅存頭部和手臂缺失的軀幹。這些佛陀弟子造像皆與真人一般大小，身披僧袍，坐在分開燒製的陶瓷底座上，底座似露出地面的岩石層。一些陶瓷史和陶瓷科技研究人員近來提出，這些造像可能為北京西部山區龍泉務窯燒造。該窯在金後期（1115-1234 年）已停產。在龍泉務附近的琉璃渠窯，建於 1263 年，至今還在生產磚瓦和建築構件。

　　琉璃渠現代燒造工藝表明，羅漢像應是先於 980℃ ～ 1010℃ 的溫度下素胎焙燒，然後再在表面施以獨特的三彩鉛釉，並在眼睛和嘴唇部用黑、紅點彩，之後再二次低溫焙燒。這些羅漢像與眾不同之處在於他們格外逼真的臉部、手和皮膚質感。他們看上去像僧侶的個人肖像，正仁慈地凝視著。

**圖一　易縣羅漢組像**

金，約 1200–1234 年

北京龍泉務窯

1 大英博物館
　高 123 公分（含底座）
　藝術基金會捐贈
　(1913, 1221.1)

2 美國堪薩斯城納爾遜－阿特金斯博物館
　高 118.1 公分，寬 92 公分，深 88.9 公分

3 美國賓州大學博物館
　高 120.6 公分（含底座）

4 加拿大皇家安大略博物館
　高 126.5 公分，寬 101 公分，深 91 公分

5 美國紐約大都會博物館
　高 104.8 公分（不含底座）

6 美國紐約大都會博物館
　高 127 公分（含底座）

7 法國巴黎吉美博物館
　高 123 公分（含底座）

8 美國波士頓美術館
　高 120.7 公分，寬 91.4 公分，深 87.6 公分

9 俄羅斯聖彼得堡冬宮博物館
　高 54 公分

| 1 | 2 | 3 |
| 4 | 5 | 6 |
| 7 | 8 | 9 |

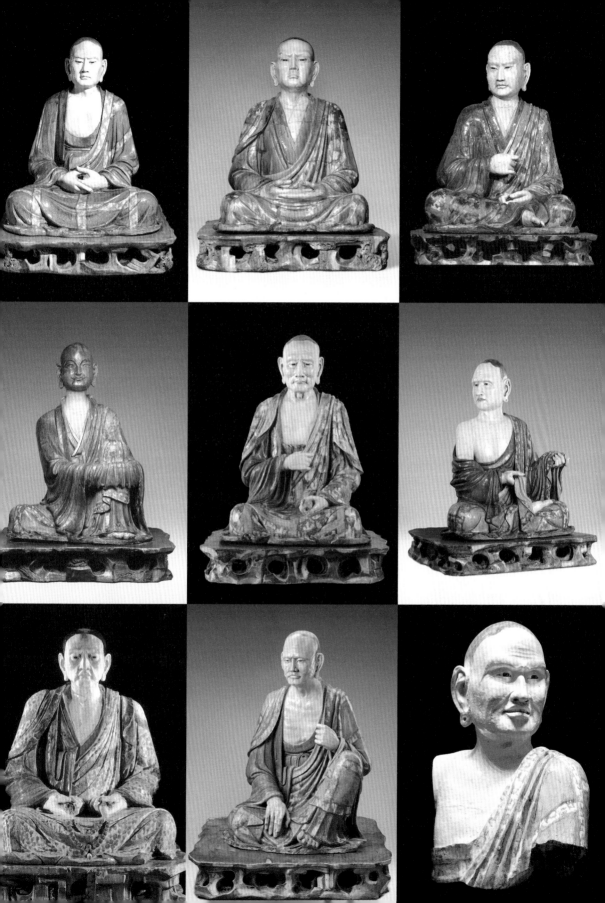

# 3 | 3 觀音造像

觀音是佛教菩薩 Avalokiteśvara（梵文）的中文名字。祂可能是中國民間最受崇拜的菩薩。菩薩是大慈大悲，有覺悟，將來能成就佛果位的修行者。祂們不知疲倦，無私地幫助眾生理解佛法，以達到完全頓悟。我們可以將造像頭飾上的小佛像作為判斷其是否為觀音像的依據。觀音菩薩能聽到世間苦難的聲音，被視為大慈大悲的神。觀音造像中，包括一些寺廟中大型木雕造像，為木塊以動物膠黏結而成（圖一、圖三）；也有一些小型鑄銅鎏金（圖二）或拋光（圖四）的佛像。原先這些木製的雕像上會覆一層灰泥，再繪上鮮豔顏色，但是如今只能在他們具有動感的服飾和自然寫實的臉上找到一些殘留的彩繪痕跡。供奉者會出資贊助佛像製作，他們認為這能幫助他們得償所願。

圖一　彩繪木觀音像

這尊造像的某些部分是活動的，可以拆卸，雕像內部可能曾放置過佛經等文書或珍貴的文物、珠寶之類的供奉品。

金，約 1115–1234 年
山西
高 170 公分
藝術基金會捐贈
(1920, 0615.1)

圖二　鎏金自在觀音像

這尊自在觀音一膝屈起，一手置於膝上。該造像通體鎏金，而唇部等細節可能曾有彩繪以使造像更具真實感。

宋或金，約 1000–1200 年
高 28.7 公分
亨利・J・奧本海姆遺贈
(1947, 0712.392)

**圖三　木雕觀音像**

這尊自在觀音木雕像，是為寺廟雕刻而成，曾繪有紅、黃、綠、藍等鮮豔色彩，也許還曾鎏金。可惜現在只有頭飾上還殘留著一些顏料痕跡。這尊雕像原本可能和另一尊佛像一起陳列在寺廟中，但現已散佚。造像一般安放在佛教場景彩繪壁畫前方。

宋或金，約 1000–1200 年
中國北方
高 54 公分，寬 30 公分，深 21.5 公分
布魯克・休厄爾永久基金捐贈
(1964, 0716.1)

**圖四　觀音銅像**

14 世紀，一位正在探求覺悟的和尚供奉了這尊銅像，上有銘文：「後至元己卯，曾□丘智淨抽資造七寶觀音，直頂奉，直至恭成佛道。」造像上飄逸的綬帶和清晰分明的珠寶裝飾細節，都體現了當時高超的工藝。觀音普渡眾生，神情慈悲。

元，1339 年（至元五年）
高 36 公分
(1991, 0719.1)

# 開封：北方都城

河南開封是北宋時期（從西元 960 年起直到 1126 年金軍將其攻破）的都城。宋代第一位皇帝宋太祖趙匡胤（960-976 年在位）建都於此，即汴京。他曾奉後周之命率兵北擊進犯遼軍，但隨後其部隊發動兵變，趙匡胤輕而易舉地拿下開封，登基為王。開封在唐朝滅亡和北宋建立之間的五代十國時期也曾作為都城。

現藏於北京故宮博物院的張擇端〈清明上河圖〉長卷（圖一），為我們瞭解汴京城內外人們的生活景象提供了十分重要的圖像證據。12 世紀，汴京約有超過百萬人口。〈清明上河圖〉生動紀錄了清明時節汴京城內外和汴河兩岸各個階層人民的生活面貌。清明節，是人們上墳祭祖的時節，人們清掃墳墓，供奉食物以祭奠親屬。如今，每年 4 月 4 日或 5 日，清明習俗仍在繼續。畫中人物從事的活動範圍十分廣泛，如在酒肆宴飲，在河岸或成排的商鋪中進行買賣交易，還有正離開汴京的駱駝商隊。就連河中所泊各類船隻和陸地上馬車的細節，畫家都給予了細膩的描繪。將畫放大之後，我們就可以獲得 1000 多年前北宋時期都城繁榮生活的具體細節。宋代雕版印刷的發展繁盛，使書籍印刷業也繁盛起來。西元 1023 年，北宋政府建立了紙幣（官交子）發行機構，在益州（今成都）設交子務。

與畫中巨細靡遺的細節表達相比，如今的開封幾乎沒有留下什麼建築可以真正反映北宋時期的風貌。唯有建於 1049 年的（開封）鐵塔（見第 109 頁），歷經千年，依然矗立不倒。雖然當時中國工匠確實已經可以鑄造複雜的鐵質塑像，如（山西太原）晉祠內的鐵人，但開封鐵塔並非鐵鑄，而是在塔外表面鋪設了鐵褐或琥珀色釉磚。其餘建築，如北宋皇宮遺址等，都為後代重建。開封現在還有北宋時期伊朗（波斯）猶太人所建社區的遺存，可惜沒有紀念碑等文物留下。另外，開封曾有內、外城牆，外城牆有門 18 座<sup>*</sup>；內城牆有門 12 座。不過，我們今天所見的城牆都為後來修建。造成這種結果一是因為黃河經常氾濫，二是中國古代建築多為木結構，壽命比磚石建築要短得多。

譯注：關於外牆城門現有三種說法，即數量有 18、21、24。

圖一 〈清明上河圖〉局部，張
**擇端**
展現了汴京商業繁榮的景象。

卷，絹本設色
縱 24.8 公分，橫 528 公分
北京故宮博物院藏

# 3｜4 汝窯和張公巷窯瓷器

　　西元 2000 年，在河南省寶豐縣偏遠的清涼寺村發現了 15 餘處窯爐遺址。在兩個作坊遺址附近，還發掘出了窯渣和陶瓷殘片堆積層。這些遺址為西元 1086 至 1125 年間短暫又密集的汝窯燒造史提供了有力的證據。如今，現存的汝窯瓷器不超過百件（圖一至三），它們釉色呈藍—灰色調，器表有極為微妙的細碎開片。汝窯瓷器為北宋宮廷所壟斷。宋代文獻記載汝瓷以瑪瑙粉末入釉，在清涼寺窯址附近便發現有古代開採瑪瑙的礦坑。一些現代研究人員證實，汝瓷這種藍色調呈色機制主要與溶解（於釉層玻璃態物質中）的氧化鐵及微量的二氧化鈦有關。類似的瓷器在離清涼寺不遠的張公巷窯址也有出土。圖四中這只瓷碗曾為慈善家威廉・克萊維利・亞歷山大擁有，雖然經過較大程度的修復，但仍不失為精美宋瓷的典型代表。

### 圖一　汝窯瓷瓶

汝瓷的釉色很難透過照片或者螢幕圖像來展現，只有肉眼才能捕捉到這種融合了藍、灰、綠的複雜色調。在瑩潤的釉面上還有細密的開片裂紋，應是匠人在焙燒時有意控制而形成的。這些細小開片並沒有形成規律的圖案，每件瓷器的開片都是獨一無二的。

北宋，1086–1125 年
河南寶豐縣清涼寺
高 20 公分
R. A. 霍爾特捐贈
(1978, 0522.1)

## 圖二　汝窯瓷盞

汝窯瓷器採用了細小的芝麻支釘，當瓷器從窯爐中取出時，支燒的位置就留下了無釉的細小痕跡。汝窯約在宋哲宗和宋徽宗統治期間為北宋宮廷專享。當金軍入侵並攻下開封後，部分宋皇室成員逃往南方，最後在杭州重新建立了新的政權。一些汝瓷匠人也隨之到了新的都城。但之後，再無人可以完美燒製出原來汝瓷那種釉色了。

北宋，1086–1125 年
河南寶豐縣清涼寺
高 7.6 公分，直徑 16.2 公分
加納爵士夫婦捐贈
(1971, 0921.1)

## 圖三　汝窯瓷洗

這件淺口盤形的筆洗為擱在案桌上清洗書畫用筆之用。12 世紀，為高麗宮廷燒造上等瓷器的匠人，使用了化學成分與汝瓷類似的釉料，仿燒出了同汝瓷相當接近的瓷器，表明了早期就存在工藝技術的國際交流。

北宋，1086–1125 年
河南寶豐縣清涼寺
高 3.7 公分，直徑 13.6 公分
阿爾弗德‧克拉克夫婦捐贈
(1936, 1019.1)

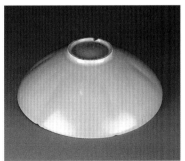

## 圖四　「亞歷山大」瓷碗

威廉‧克萊維利‧亞歷山大（1840–1916 年）是一位偉大的英國慈善家。他的女兒瓊和瑞吉兒從他那兒繼承了這只碗，並於 1920 年贈予大英博物館。儘管該碗曾修復過，然而六瓣形器身、乳白色胎體和開片的如玉釉面，仍可謂宋代最精美的瓷器之一。這件瓷碗為河南省張公巷窯所製，年代約 1100–1125 年。科學分析結果證明，此碗釉層特徵與汝瓷十分接近。

北宋，1110–1125 年
河南汝州張公巷窯
直徑 24.3 公分
瓊‧亞歷山大及瑞吉兒‧亞歷山大女士捐贈
(1920, 1211.1)

# 3｜5 早期鈞瓷

　　鈞窯瓷器器身粗厚，釉層色澤呈現乳濁色藍、紫甚至綠色調。而圖一中這種釉面呈潑灑狀的紫斑，則是因為陶瓷工匠在乾燥未燃燒的釉料中添加了富含銅的顏料。鈞瓷表面那些隨意揮灑的圖案，與其他窯口上有具象意義的紋飾或者題詞更是完全不同。而到器物邊緣，釉層逐漸稀薄處，釉色又會轉而呈現一種半透明的橄欖綠色，尤其在那些模仿金屬器器形的瓷器上，常常會出現這種效果（圖三）。在約西元960至1435年間，鈞州（今禹州或禹縣）轄區內諸多窯口都有燒造鈞瓷。鈞瓷有著相對粗糙的胎體，因此被認為是大眾化產品而非皇家用瓷（圖四）。

　　英國陶藝工作室的陶藝家們，如查爾斯·維斯欣賞鈞瓷簡樸的造型和濃郁的藍、紫色調，並由此激發了創作靈感，將這種表現方式融入到自己的作品創作中（圖二）。20世紀初，西方陶藝家偶爾能在曼徹斯特、倫敦和斯德哥爾摩等地的藝術市場或大型展覽會上，邂逅這些中國瓷器。

**圖一　鈞窯瓷罐**

富銅的著色劑吹散在瓷罐的釉漿上形成圓斑，焙燒之後，釉色便呈現漂亮的茄紫色，與周圍天藍釉色形成了迷人的對比。器身形狀就是普通的罐，小圈足、腹部飽滿、頸部略窄。這個瓷罐原先應該有蓋。

北宋或金，約 1100–1234 年
河南禹縣
高 9 公分
(1936, 1012.151)

**圖二　查爾斯・維斯瓷罐**

查爾斯・維斯（1882–1971 年）
是一位英國陶藝家，來自史塔佛
郡產瓷區的一個家庭。他住在緊
沿切爾西堤岸的夏納步道時，其
鄰居恰巧是希臘航運大亨喬治・
尤摩弗普洛斯。尤摩弗普洛斯把
自己房子的一部分改建成展示遠
東藝術和古文物的博物館。當維
斯前去拜訪時，他被宋代瓷器的
釉色深深震撼，產生了很多創作
靈感，也嘗試在陶瓷罐上重現這
種多姿多彩的效果。圖示的這件
瓷罐就是直接受到圖一鈞瓷罐的
啟發，當時該鈞瓷罐為尤摩弗普
洛斯所藏。

約 1930 年
倫敦切爾西
高 13.5 公分，直徑 15 公分
W. A. 伊斯梅藏品
約克美術館

**圖三　（十瓣花瓣式）鈞窯瓷盤**

這件花瓣形瓷盤的天藍色釉面中
有飛灑的紫色斑紋，器形可能模
仿自同時代的銀器或者漆器。盤
子邊緣厚重，分隔花瓣的線條棱
角分明，與銀器或其他宋瓷有相
似的形制特徵。另外，邊緣和分
界的稜線都泛出綠色，可能是由
於釉層到這些凸起的線條處變得
稀薄的緣故。

金，1115–1234 年
河南禹縣
直徑 14 公分
(1936, 1012.258)

**圖四　鈞瓷蓋盒**

這件扁平的蓋盒盒身和蓋子邊緣
都有兩個圓形凸起。當它們對齊
之時，表示盒蓋安置到位。像這
種小型蓋盒通常用來存放化妝
品、印泥或焚香料。蓋子銳利光
滑的邊緣和銀器相似。

金，1115–1234 年
河南禹縣
直徑 9.5 公分
亨利・J・奧本海姆捐贈
(1947, 0712.112)

# 3|6 定窯瓷器

　　定窯白瓷出自黃河以北的河北省曲陽縣，採用煤窯燒造（圖一、圖二）。曲陽自唐代始就屬定州所轄，定瓷因之得名。定州所處位置得天獨厚，蘊藏著豐富的製瓷原料資源，如煤炭等燃料，靈山地帶有天然的優質瓷土，附近水路網絡則為瓷器運輸提供了便利。定窯製瓷工藝在北宋及金時期達到了巔峰。至元代，隨著景德鎮製瓷業發展起來成為製瓷中心，定窯走向衰落。

　　定窯製瓷工匠將刻畫或印模裝飾的盤、碗固定在快速旋轉的輾轤上拉坯成型，再批量加熱焙燒。輕薄的器壁讓人聯想起精美的銀器。匠人採用覆燒工藝，將器物倒扣在支圈式匣鉢上，支圈內側有墊階，依次上疊，節省窯內空間，大大提高了燃料利用率。（覆燒法燒成的）器物口沿無釉澀口，針對這個缺陷，器物的口沿常用銅等金屬包鑲（圖三），金屬裝飾也增加了瓷器的價值。除了白釉，定窯還兼燒綠釉、黑釉（又稱為綠定、黑定，圖四）等作品。在製瓷過程的不同工序中，工匠有專業化分工。雖然當時陶瓷工匠社會地位低下，鮮有文獻會提及他們，但是一些出土的工具上會有他們的名字。

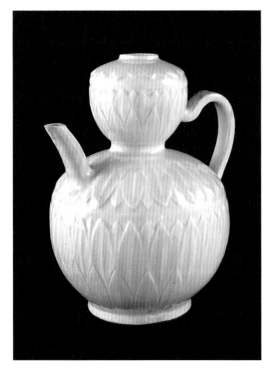

**圖三　定窯鑲銅白釉盤**

工匠使用模具來提高生產效率，也兼而使用雕刻工具。這件精美的瓷盤就是先在轆轤上拉坯成形，之後刮薄器壁，塑造出錐形器身和精緻的器足。盤內印刻嬰戲圖紋，有三個嬰孩手握瓜藤和荷葉。

金，1115–1234 年
河北曲陽
直徑 21.3 公分
亨利・J・奧本海姆捐贈
(1947, 0712.62)

**圖四　定窯黑釉茶盞**

北方窯口主事白瓷生產，也兼燒黑釉、醬釉和綠釉。定窯以其牙白色的白瓷最為著名，不過這件斑點紋黑釉茶盞是少見的黑定產品。在瓷坯已施富含鐵份的黑釉層上，再增加鐵元素，焙燒後就產生了黃褐色斑點的裝飾效果。

金，1115–1234 年
河北曲陽
直徑 19.3 公分
(1937, 0716.52)

# 3|7 北方風格瓷器

北方民間瓷窯燒製出了不少醬（黑）釉和白釉瓷器，供平民百姓使用。相鄰的商業瓷窯間相互競爭，爭相使用當地瓷土生產日用品。這種情況下，瓷器樣式很容易複製，因此在包括今河北和河南省範圍內的很大一片區域出現了大批相似的器物。可能其中最為普遍的就是各種形制、對比鮮明的白地黑彩瓷器。圖三這件熊紋瓷枕，枕面先上一層流體狀白色化妝土，等表面乾燥後再上富含鐵份的（黑）釉，然後繪出熊和其他紋飾的大致輪廓，再剔去黑釉露出白底來表現熊的皮毛等細節。陶工還會在瓷枕（圖一）和瓶（圖二）上用一端為空心圓的工具，在施過化妝土的表面上壓印出一系列宛如蛙卵或魚卵般的小圓圈（稱為魚子紋或珍珠地）。

**圖一　磁州窯系帶銘枕**

這件瓷枕上刻有四個大字「家國永安」，表達了對國泰民安的美好期盼。另外還刻有「熙寧四年三月十九日畫」和「元本冶底趙家枕永記」的字樣。

北宋，1071 年

河南密縣

高 13 公分，寬 19 公分，深 12 公分

(1914, 0413.1)

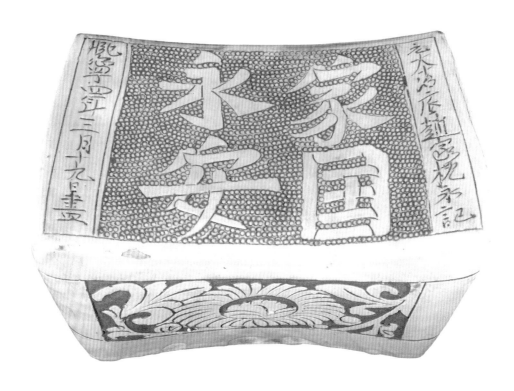

**圖二　磁州窯系帶銘梅瓶**

這組瓷瓶的裝飾風格同圖一的瓷
枕很相似，不過出自河南另一個
窯址。瓶上有三個醒目的大字，
闡述了儒家美德：「清」、「淨」、
「忍」。

北宋，960–1127 年

河南魯山段店

寬 19 公分

布藍達・塞利格曼夫人遺贈
(1973, 0726.245)

**圖三　熊紋瓷枕**

在這件瓷枕枕面中央是一隻跳舞
的亞洲黑熊，拴在一根木樁上，
爪中握著一根凹凸不平的手杖。
中國東北地區為亞洲黑熊分布地
區之一，觀看狗熊表演是當時一
項流行的娛樂活動。

北宋，960–1127 年

河北磁縣

高 23.4 公分， 寬 33.5 公分，
深 29.2 公分

(1936, 1012.169)

此夏圭西湖柳艇圖頁
絹本墨淋漓雲烟遠
態然不上文沈當論者
多謂西圖之丰姿亦大
見夫真與日月城高蓋
不可禦斯□
　　　　　天瓶鄭光

南屏山北陽堂
西折色波光堂
淡送家昌向年
約句愛綠陰十
里向家堤或
學屏遊裁長虹
西湖春色耐遊
治軍猶不為溪
山好親愛民情
在眼前
　主辰仲夏月
　　　佛□□

城郭園東山護西平湖烟水空
危迷别何那鏡忽今雨雨有中
間一道隆　又泛湖心綠魚船
任其陰拍住泗沿神僧為玉圖
中景偕和今人慕怯前
　甲辰莟吾瘞前鬆沈起題

湖光綠畫來東西
禹王凌塔橋之坐
一直龍睡柳荆外
句瀆漾虛桂紅綠
年繡
平平上湖船楊柳
風遠東湖烟
大湛猶詩成劉曲
層□荻清地宮平
□轅陸庭祭巍和

# 杭州：南方都城

西元 1120 年，宋徽宗與東北方的金國聯盟，以共同滅遼。不幸的是，這項決策卻導致了災難性的結果。聯金滅遼反而讓金國更為強大，最終，金兵揮師圍困並占領了北宋都城汴京，俘虜了宋徽宗趙佶和他的兒子宋欽宗趙桓。宋徽宗和宋欽宗被金兵擄走，此時，宋徽宗另一子趙構一路南逃，最後在浙江杭州落腳，建立了南宋，是為宋高宗（1127-1162 年在位）。

由於失去了北方陸路交通的控制權，宋朝將貿易重心轉移到與東南亞、環印度洋及更遠區域的海上貿易路線。這些貿易路線早在唐代就已建立，但是在宋代才迅速蓬勃地發展起來。造船技術的改進和航海技術的發展，使南宋經濟空前繁榮。杭州也由此從一個相對較小的聚落一躍成為熙熙攘攘的城市，擁有將近 200 萬人口。商賈的地位也有所提高，他們擁有大量財富，能夠享受各種奢侈品。

馬可・波羅曾讚譽杭州為世界上最華美的城市。如今，杭州仍是一個風景如畫的地方，在城區中心有著名的西湖（圖一）。1089 年，宋代著名詩人蘇軾，率眾疏浚西湖，使之恢復往日景觀，並築成一條縱跨西湖的長堤。如今，長堤仍臥於湖上。蘇軾是一個聰明有才幹之人，卻為一些當權者所不喜。之後也由於其直言不諱的性格，被貶至湖北黃州任團練副使。在反省自己的罪責時，他寫到：「自笑平生為口忙，老來事業轉荒唐。」幸有蘇軾主持西湖疏浚之力，宋代西湖之上才既能泛舟遊湖，又有水上食肆，還有漁舟來往。

南宋朝廷原本只將杭州作為臨時都城，他們總認為有一天能收復北方失地。然而隨著時間的推移，希望越來越渺茫。隨著南方的城市逐漸繁榮起來，海盜襲擊頻繁發生。同時北方蒙古日漸強大，最終奪下了金國政權。西元 1276 年，杭州也歸蒙古治下。

圖一　〈西湖柳艇圖〉，夏珪（創作高峰期 1195–1224 年）
軸，淺設色畫
南宋，約 1200–1233 年
縱 107.2 公分，橫 59.3 公分
臺北故宮博物院藏

# 3|8 官窯和仿官窯瓷器

　　宋室南遷之後，思念故土的皇帝下令仿燒柔潤的藍—灰色釉汝瓷。圖一這件精緻的梅瓶是典型的官窯代表作，燒造於杭州西湖附近。梅瓶胎土呈黑褐色，有所謂「紫口鐵足」的特徵，這種特徵在 12 世紀的文獻中就有記載。陶瓷工匠已熟練掌握胎、釉受熱後，在冷卻過程中釉面開裂的規律，有意操控開片的效果。圖二展示的官窯瓷碗底部有款「寶用」二字。如此獨特的款識表明此碗原先為清代皇帝所藏。清朝歷代皇帝（1644-1911 年）將他們收藏的古玩分成不同的等級，並有一套分類系統。高品質的官窯瓷器相當受皇帝們的珍愛。南宋時期，浙江龍泉一帶的陶瓷工匠，也會燒造仿官窯瓷器（圖三）。

**圖一　官窯梅瓶**（灰青色，開片）
將手置於這件梅瓶的瓶身上，用手掌和指尖感受釉下表面的起伏。工匠用特有的手法所製造的這種胎釉變化的動態感，是現代仿品所無法複製的。那些釉面布滿粗、細交錯裂紋（開片）的官窯瓷器，似是更能滿足鑑賞家、收藏家的喜好。

南宋，1127–1279 年
浙江杭州
高 32 公分
(1936– 1012.148)

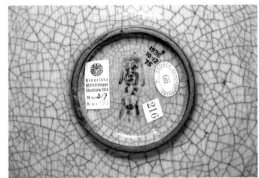

## 圖二 官窯瓷碗

這件六瓣花口碗釉面布滿密集開片紋，碗底的款識說明這曾為清代皇帝所收藏。其餘標籤則是收藏者將此碗公開展覽時所貼。其中第一個標籤來自 1914 年在斯德哥爾摩舉辦的中國藝術展，還有一個是 1935–1936 年在倫敦英國皇家藝術學院舉辦「中國藝術國際展覽會」時所留下。

南宋，1127–1279 年

浙江杭州

直徑 21 公分

(1936, 1012.75)

## 圖三 仿官窯瓷瓶

這件瓷瓶出自龍泉。龍泉，位於杭州西南約 250 公里，是官窯之鄉。工匠們利用不同的原材料在龍泉仿燒同時期官窯類型的瓷器。兩者最顯著的區別在於南宋官窯胎體多呈黑褐色，這個特點在當時的文獻中也有記載，而龍泉窯瓷胎則以灰白色居多。

南宋，1127–1279 年

可能出自浙江龍泉溪口窯

高 22.8 公分

(1936, 1012.66)

# 3|9 宋代敍事畫

宋代敍事畫類型多樣，包括墓室壁畫，寺廟和宗教繪畫，表現歷史故事和詩歌的畫作，以及山水畫。山水畫中的人物多是用來襯托山川大地的壯麗不朽，或者具有某種道德教義。書畫家通常先通過臨摹前輩的作品來磨練自己的畫技。圖一〈洛神賦圖〉摹本便是模仿顧愷之的畫作。歷來，繪畫都受到人們的珍愛和收藏，宮廷常以餽贈書畫作品作為政治籠絡的一種手段。

宮廷畫師往往受到同時代和前代藝術家的鼓舞，參與創作諸如名作〈陳風圖〉（圖二）這樣長篇巨帙的繪製。手卷與西方繪畫形式完全不同，可同時欣賞卷軸上一到兩個場景，每個場景尺幅約有臂長。繪畫通常與題跋文字相伴出現，而詩、書與畫間的關係能讓我們更深入理解畫作。

過度曝露於光線中，以及卷軸開合、卷放給紙張纖維帶來的張力，都會給繪畫作品帶來災難性的後果。因此，在博物館和畫廊裡，中國繪畫的展出時間不能太長。專業的文物保護人員經過數十年的不懈努力，修復畫作，以期能讓後世的人們依然得以欣賞到這些作品。

**圖一　〈洛神賦圖〉摹本，佚名**

〈洛神賦圖〉原是東晉畫家顧愷之根據《洛神賦》而繪就的一幅手卷。這首由曹植在西元222年寫下富有浪漫主義色彩的辭賦，描述了作者在洛河邊上與洛神邂逅的故事。這幅長卷中隸書文本呈矩形排列。所謂的洛神即中國神話中伏羲之女，溺死洛水，遂為洛水之神。這幅手卷的標題和題跋（書畫擁有者或品鑒者好於作品上題書詩文，增添詩情畫意）已缺失。不過，能將約1000多年前的絹本，保留至今已是難能可貴。畫作遠處峰巒起伏，雲氣繚繞，美不勝收；而那些建築、馬車、小舟等細節的筆觸也令人嘆為觀止。

宋，960–1279 年

縱 53.7 公分，橫 832.8 公分（畫芯）；縱 54.7 公分，橫 1190.3公分（卷軸）

藝術基金會捐贈

(1930, 1015, 0.2, Ch.Ptg.Add.71)

### 圖二 〈陳風圖〉，馬和之

馬和之（創作高峰期約 1131–1162年）根據《詩經·國風·陳風》的十篇詩歌作此畫卷。《詩經》是中國古代的一部詩歌總集，收錄了西周至春秋中期的詩歌、雅樂、頌歌和祭祀樂歌等共計 305 篇。孔子編訂《詩經》，並推崇其為道德行操的典範。作為四書五經中的「五經」之一，《詩經》歷來都是體現儒家核心價值的經典。所有文人都將詩經熟記於心，並根據當代社會的實情加以闡釋運用。這幅手卷為宋高宗詔馬和之所畫，是當時宮廷畫院作品之一。這項繪製全部 305 篇插圖的任務，堪稱工程浩大。著名繪畫理論家（明）董其昌（1555–1636 年）和（清）乾隆皇帝（1736–1795 年在位）都在畫幅後方添加了跋文。

卷·絹本設色
南宋，1131–1162 年
可能繪於杭州
縱 26.7 公分，橫 739 公分（畫芯）；
橫 1369 公分（卷軸）
布魯克·休厄爾永久基金捐贈
(1964, 0411, 0.1, Ch.Ptg.Add.338)

毛詩國風
陳宛丘

宛丘刺幽公也淫荒昏亂游蕩無度焉

子之湯兮宛丘之上兮洵有情兮而無望兮
坎其擊鼓宛丘之下無冬無夏值其鷺羽
坎其擊缶宛丘之道無冬無夏值其鷺翿

宛丘

衡門誘僖公也願而無立志故作是詩以誘掖其君也

衡門之下可以棲遲泌之洋洋可以樂飢
豈其食魚必河之魴豈其取妻必齊之姜
豈其食魚必河之鯉豈其取妻必宋之子

衡門

東門之楊刺時也昏姻失時男女多違親迎女猶有不至者也

東門之楊其葉牂牂昏以為期明星煌煌
東門之楊其葉肺肺昏以為期明星晢晢

東門之楊

防有鵲巢憂讒賊也宣公多信讒君子憂懼焉

防有鵲巢邛有旨苕誰侜予美心焉忉忉
中唐有甓邛有旨鷊誰侜予美心焉惕惕

防有鵲巢

墓門刺陳佗也陳佗無良師傅以

株林刺靈公也淫乎夏姬驅馳而往朝夕不休息焉

胡為乎株林從夏南匪適株林從夏南
駕我乘馬說于株野乘我乘駒朝食于株

株林

澤陂刺時也言靈公君臣淫於其國男女相說憂思感傷焉

彼澤之陂有蒲與荷有美一人傷如之何
寤寐無為涕泗滂沱
彼澤之陂有蒲與蕑有美一人碩大且卷
寤寐無為中心悁悁
彼澤之陂有蒲菡萏有美一人碩大且儼
寤寐無為輾轉伏枕

# 3│10 宋代銅鏡

　　中國銅鏡以圓形居多，鏡面光可鑒人，鏡背裝飾圖案紋飾（圖一）。一般鏡背皆有一凸起鏡鈕，可穿繫絲帶。不過絲線一類有機材質易腐壞，很難保存下來。宋代城市化的發展，使物質消費進入鼎盛時期，從銅鏡等奢侈品的交易增長就可窺一斑；同時，酒肆飲食及飲茶風氣也迅速增長。

　　圖二這件精緻的包銀漆鏡匣原本內部也有塗漆或絲綢內襯，為富家女子所有。除了銅鏡之外，女子還會將裝有口紅、胭脂、髮飾、梳篦和小玉飾的小盒也放在鏡匣之中。帶長柄的鏡子最早出現在中東地區，約在 12 世紀引入中國，後來又傳到了朝鮮和日本（圖三）。

**圖一　刻花銘文銅鏡**

這面大型銅鏡最初可能置於木質鏡架上使用或展示。此鏡的價值不僅在於它尺寸較大，還因鏡背鏨有「猗氏縣驗官」字樣，表示該銅鏡經過當地官方驗證並允許出售。證明金代銅禁相當嚴格。

金，1115–1234 年
直徑 36 公分
(1991, 1028.23)

**圖二　包銀漆鏡匣**

此鏡匣有蓋，且內部有一層托盤。匣上刻有一作畫女子，身邊圍有樂伎演奏，十分精緻。實際上，宋代貴族女性遠不如唐代女子自由。

宋，960–1271 年或之後
直徑 21.5 公分
沃爾特・塞奇威克夫人捐贈
(1968, 0422.12)

**圖三　雙魚紋長柄鏡**

這面銅鏡上的鏡鈕周圍以雙魚紋環繞，寓意豐收有餘。高浮雕雙魚紋四周裝飾水波紋，水流湍急。略成錐形的長柄上則以蔓草紋裝飾，在內蒙古出土的金杯上也有類似的紋飾。很難斷言，這些銅鏡究竟是作為梳妝工具，還是有宗教用途。

金（1115–1234 年）或元（1271–1368 年）
中國北方
長 20.6 公分，直徑 11 公分
(1980, 0128.2)

# 3│11 焚香和化妝品

宋代女性流行在額頭和臉頰貼花鈿，以模仿酒窩和強調髮際（圖一）。花鈿材料有黑光紙、玉片、金箔等，並用魚膠黏貼。點唇的口脂則由丹砂、蠟和動物脂膏等原料製成。女性眉妝式樣豐富，有「鴛鴦眉、五嶽眉、柳葉眉、拂雲眉、掛葉眉、蝴蝶眉」等。唐代詩人李白〈怨情〉一詩中就描寫了一位畫著蛾眉的美麗女子：「美人卷珠簾，深坐顰蛾眉。」古時女子會在瓷（圖二）或銅香爐中焚燒香丸、香粉。

考古學家在福州發掘出了南宋時期的粉餅，粉餅會壓印成特定形狀，如方形，或者印有梅花、蘭花、睡蓮等圖案。各地窯口都燒造陶瓷粉盒。有鳥形雙聯粉盒（圖三），還有堆塑梅花紋三聯瓷盒。三聯粉盒有三個獨立的部分，可以分開盛放不同類型的化妝品（圖四）。而圖五中這個龍泉青瓷粉盒內部則有三個小碟，可以放置塗唇、畫眉和抹面的紅、黑、白色化妝顏料。

**圖一　仁懷皇后像**

仁懷皇后頭戴嵌有黃金和其他珍寶的釵冠，面部飾珍珠妝，臉頰、前額都貼有珍珠花鈿。

冊頁，絹本設色

北宋，1102–1127 年

縱 56.2 公分，橫 45.7 公分

臺北故宮博物院藏

**圖二　青白瓷焚香爐**

宋代銀匠會用銀片等材料製作熏香爐，爐蓋上鏤空成卷草紋的樣式。位於繁華的景德鎮周邊窯場的陶瓷工匠們迅速嗅到了商機，仿照這些貴重銀器燒造廉價的瓷器。這件青白瓷香爐爐身周圍的線條，彷彿香丸燃燒時升起的縷縷青煙，欲從鏤空的爐蓋上散逸而去。

宋，960–1279 年

景德鎮

高 6.4 公分

亨利‧J‧奧本海姆遺贈

(1947, 0712.60)

### 圖三　青白瓷鳥形雙聯粉盒

成雙成對的禽鳥是中國古人偏愛的主題。盒蓋上兩隻鳥尾羽翼豎起，頭部扭轉。盒蓋和底座分別連起，當使用者將鳥從「巢」上移開，就會顯露出盒內盛有化妝品的小碟。

南宋，1127–1279 年

江西

高 2.5 公分，長 9.6 公分

亨利‧J‧奧本海姆遺贈

(1947, 0712.41)

### 圖四　青白瓷堆塑梅花三聯盒

三聯盒的每個小盒都可以盛裝不同的化妝品，例如點唇的紅色口脂、畫眉的黛墨或者敷面的白粉。或是放一些裁剪好的紙、玉片、金箔等裝飾臉部用的花鈿。

南宋，1127–1279 年

江西

直徑 8.5 公分

(1936，1012.126)

### 圖五　青瓷粉盒（內有三個小碟）

此件扁淺的青瓷圓盒蓋上裝飾有刻劃蓮花紋（先刻再上釉）。盒內有三個小碟，其中一個中間粗糙無釉，可能用於研磨化妝品；另兩個則滿施南宋時期典型的淡雅青釉。

南宋，1127–1279 年

浙江龍泉窯

直徑 10.6 公分

亨利‧J‧奧本海姆遺贈

(1947, 0712.12)

# 3│12 青白瓷

　　景德鎮曾被譽為世界上最早的工業城鎮之一。在北方定窯的陶工使用煤窯燒造出牙白色白瓷的時候，位於南方景德鎮的工匠們則使用柴窯燒造白中透青的瓷器。景德鎮燒造出來的瓷器質地細膩，胎壁薄，器形上則保有一些葵口、瓜稜等多瓣形式樣，形制與較為精緻、貴重的銀器相仿。這些實用性的瓷器被稱為青白瓷，胎白，釉泛青調，故名。

　　雖然葡萄酒早已被引入中國，但是人們通常還是以喝稻米等穀物釀造的米酒為主。米酒較烈，加熱後用小酒杯飲用，佐以珍饈和小食。〈韓熙載夜宴圖〉（宋摹本）所繪宴飲場景內就有青白瓷器物（圖一）。畫中的酒壺、溫碗注子、杯盞等都和青白瓷的實物相似（圖二、圖三）。景德鎮也製作略笨重的儲酒器（圖四），相對而言稍遜雅致，不過這些儲酒用具原本也不會放置在漆木家具之上，在繪畫作品中它們通常都擱於地上。

圖一　〈韓熙載夜宴圖〉（宋摹本）局部，原作為顧閎中（創作高峰期為 937–975 年）

正如我們在這幅畫上所見，當時富裕的商人和文人雅士也使用青白瓷。人們將瓷器、銀器、漆器一起放在漆木桌几上使用。

卷，絹本設色
12 世紀
縱 28.7 公分，橫 335.5 公分
北京故宮博物院藏

**圖二　青白釉溫碗注子**

在南宋的繪畫和墓室壁畫中都出現過類似成套的酒器。考古學家在浙江海寧東山宋墓中也發掘出一套溫碗注子，說明此類酒器在當時相當常見。

南宋，約 1127–1200 年

江西景德鎮

高 20 公分

(1936, 1012.153)

**圖三　青白釉盞托**

這件盞托胎壁很薄，讓人聯想到捶打出來的銀器。從口邊一直延伸到杯底的曲凹也與一些銀器的形制相仿。這件盞托極為精緻，有種半透明的質感。

南宋，約 1127–1200 年

江西景德鎮

盞口徑 10.5 公分，托直徑 14.5 公分

布藍達・塞利格曼夫人遺贈

(1973, 0726.343–344)

**圖四　青白釉梅瓶**

梅瓶上半部分刻了吉祥的牡丹紋飾，拉坯成型，小口短頸，下部逐漸收斂至足部。在宋代，人們會用牡丹來釀酒。

南宋，約 1127–1200 年

江西景德鎮

高 32.5 公分

(1936, 1012.255)

# 3|13 飲茶

晚唐和宋時期，佛教僧侶對於茶文化的傳播功不可沒（圖一）。他們飲啜濃茶，為坐禪修行時提神益思。在浙江遊歷的日本僧人經寧波回到九州，把茶碗和閩茶帶回了日本。

在宋代，飲茶方法也有新意，隨之出現了新式的飲茶器具（圖二），如剔犀漆盞托（圖三）等。宋人並不是直接煮飲茶葉，而是將茶碾成粉末，在沸水點沖後，以茶筅擊拂出泡沫，再行飲用。人們經常舉行茶會、茶宴，品茗之餘，還要賦詩填詞。這一時期，產自福建的綠茶越來越受喜愛。飲茶時，配以漆、銀或瓷碟裝的果品小食一起品嘗。存放茶粉的黑釉茶入和飲茶用的黑釉茶盞也都出自福建當地的建窯（圖四）。這些烏亮的黑釉茶盞能夠襯托出茶湯茶沫的色澤。許多建盞口沿都有包銅扣，宋代建盞還常用金扣或銀扣。建盞燒造已達到了工業化的規模，既能滿足國內市場的需求，還兼銷往海外。之後，到了 15 世紀，日本陶瓷工匠也開始仿燒這些建窯瓷器。

配製富鐵的黑釉料相對較為容易取得。吉州窯的匠人燒造黑釉瓷器時，會用樹葉、剪紙貼花等各種手法加以裝飾（圖五）。北方各窯口也會使用當地原料仿燒這些黑釉瓷器。

圖一 〈五百羅漢圖〉中飲茶細節局部，周季常
這幅圖表現了四位羅漢吃茶的情景，他們用瑩澤光亮的黑釉茶盞啜飲浮著細沫的綠茶，這些茶盞可能出自福建建窯。每位羅漢雙手捧著朱漆盞托，盞托上擱黑釉茶盞，更顯雅緻。

卷，絹本設色
南宋，1127–1279 年
縱 110.3 公分，橫 51.7 公分
京都大德寺藏

圖二 〈茶具圖贊〉，審安老人
這幅白描畫展現了多種茶具，如漆盞托，與圖三的盞托有些相似。

木刻墨印本
1269 年
中國國家圖書館藏

## 圖三　漆盞托

這件剔犀漆盞托外部的如意雲紋在南宋和元代十分常見。雲紋呈對稱式樣，紋飾頗具美感。內部表面平滑，用來承托茶杯、茶盞，且杯、盞顏色通常會與盞托形成鮮明對比。

南宋，1127–1279 年
中國南方
高 6.2 公分，口徑 16 公分
布魯克・休厄爾永久基金捐贈
(1967, 0216.1)

## 圖四　建盞

茶盞釉面有不同的紋理效果。這件茶盞特別之處在它有著烏黑的外表和茶色內壁，可以襯托出浮著細沫的茶湯。它還有一金扣，很可能是南宋時期燒造時便包鑲上去的。這類茶盞在日本很受歡迎。

南宋，1127–1279 年
福建建陽
口徑 12.7 公分
(1936, 1012.84)

## 圖五　黑釉木葉紋茶盞

吉州窯陶瓷匠人使用剪紙和真的樹葉在黑釉或醬釉瓷器表面創造出與釉色相對比的別緻圖案。吉州窯茶盞器形口沿比建盞要敞開一些，建盞多束口，更易持握。

南宋，1127–1279 年
江西吉州
直徑 14.9 公分
布藍達・塞利格曼夫人遺贈
(1973, 0726.279)

# 3│14 仿古

　　有學者認為,中國的「文藝復興」發生在宋代,當時尚古復禮思潮盛行,推動了古物研究。如圖一這件宋代陶瓷琮式瓶,與圖二新石器時期玉琮的形制一致。兩者都出自東部沿海的浙江省,年代卻相距 4000 年之久。古青銅器和古玉的著錄刻本始見於宋代。還有仿青銅禮器形制的瓷器(圖三),不過尺寸略小,且功能也從禮器(圖四)轉變成了香爐。這些新式的仿古器並非用於墓葬,而是文人桌案上或者家中祭奠所用的器物。這些仿古器在中國,以及鄰近的日本、朝鮮和越南也十分流行。潛水夫在一艘西元 1323 年沉沒在朝鮮半島西南部新安海域的商船上,發現了一批這類仿古青瓷。這艘船從浙江寧波出發,途經朝鮮,目的地是日本。沉船上 1 萬 7000 多件瓷器中,一半以上產自龍泉。本節中所列的幾件瓷器也皆為龍泉窯燒造。

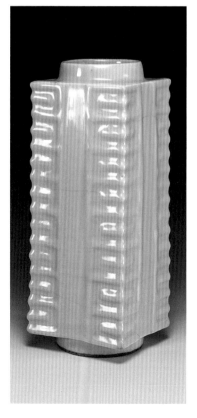

## 圖三 青釉簋式香爐

這件器形優美、釉色典雅的香
爐，圈足較高，有神獸形雙環耳。
器形與商周時期青銅禮器簋一
樣，但不見古青銅器上的紋飾細
節。

南宋，1127–1279 年
浙江龍泉地區
直徑 20.3 公分
亨利・J・奧本海姆捐贈
(1947, 0712.114)

## 圖四 青銅簋

西周
約西元前 1100–1000 年
河南
高 14.8 公分，寬 26 公分
布魯克・休厄爾永久基金捐贈
(1984, 0531.1)

# 3｜15 梅花意象

　　在中國，梅花是殘臘初春之際首先盛開的花朵，寓意著希望、純潔和堅忍。梅花是中國古代藝術中反覆出現的審美意象，宋代文人雅士更是對梅花青睞有加。許多宋代詩人都寫下過詩句讚美梅花的美麗和儒士品德。此外，在宋代文人繪畫中，特別是在小型繪畫，如扇面或冊頁上，也經常出現梅花主題。約在 13 世紀中葉，宋代詩人、畫家宋伯仁編寫的《梅花喜神譜》木刻畫譜問世。按照古代文人傳統，他在梅花圖邊上還配以相應詩句。此書和其他類似典籍中的梅花造型流傳甚廣。

　　圖一的浙江龍泉瓷盤，雖然器形仿自圖二的銀器，但是梅花紋飾卻是從文人繪畫中汲取了靈感。同樣地，還有嵌螺鈿漆盤（圖三）和梅花紋銀盃（圖四），都是將文人繪畫中的梅花圖案應用到器物上的典型案例。

圖一　月影梅花紋瓷盤

這件特別的瓷盤受到宋代銀器器型的啟發，盤口呈五瓣梅花狀，盤內刻有梅枝。白色泥漿和深色瓷泥在已施釉的坯體上製成梅枝和奇石的圖案，燒成後在釉面之上就形成了這種特殊的剪紙般裝飾效果。

1200–1300 年
浙江龍泉地區
口徑 12 公分
(1936, 1012.184)

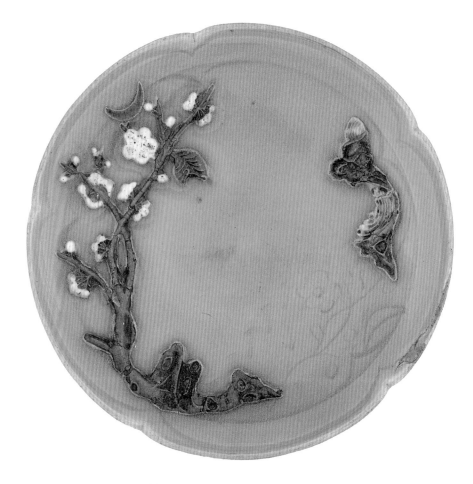

## 圖二　梅花紋銀盤

這件銀盤出土於南京市浦口區黃葉嶺南宋墓。它的器型與圖一的龍泉瓷盤一樣，盤口呈五瓣梅花形，兩者主題也同為月影梅花。基本上，這類紋飾皆來源於中國水墨畫。

南宋，1127–1279 年

江蘇南京

高 1.9 公分，口徑 14.6 公分

南京市博物館藏

## 圖三　嵌螺鈿木芙蓉梅花紋漆盤

早期鑲嵌的漆器很少能完好保存下來。這件漆盤非常罕見，雖然其表面已經嚴重開裂，但是我們仍能夠看到盤中木芙蓉的紋樣，中間還有含苞待放的花蕾；而內部圍繞口沿一圈的則是梅花紋樣，全都為螺鈿鑲嵌而成。

南宋，1127–1279 年

直徑 30.5 公分

布魯克‧休厄爾永久基金捐贈

(1968, 0726.2)

## 圖四　月影梅枝紋銀杯

這件精緻的五瓣梅花形銀酒杯當初應為一件高足杯。梅花和新月可能象徵著春天和青春。

南宋，1127–1279 年

口徑 9 公分

(1983, 0603.1)

圖一、圖二　泉州清淨寺（清真寺）遺蹟內外　　　圖三　基督教八思巴文墓碑石，墓碑主人為葉氏女性

泉州海外交通史博物館藏。

# 泉州：馬可‧波羅筆下的世界港口

泉州是南宋及元代重要的港口城市，位於中國東南沿海福建省，與臺灣隔海相望。東南亞、印度、中東等各國商賈都來到這個繁華的世界貿易中心，他們的到來對這座城市的各方面產生了不同影響。他們不僅帶來了新穎的思想、習俗和飲食文化，在這樣一個多元文化的環境下，宗教自然也呈現出多元性。除眾多佛寺和道觀，穆斯林還在泉州建造清真寺（圖一、圖二），闢有豎立阿拉伯文碑銘的墓地；來自南印度的商人建造印度教寺廟供奉濕婆神；天主教及景教的信徒也留下了刻有其宗教符號的墓碑（圖三）。在泉州東南的晉江還發現了摩尼教佛龕遺蹟。摩尼教起源於伊朗（波斯），先知摩尼（216-276年）的教誨融合了瑣羅亞斯德教（即祆教）的思想。

趙汝适西元1225年在兼任泉州市舶司時完成了《諸蕃志》的編撰，書中描述了泉州這座世界性港口，有些描述真實準確，有些則難免帶有幻想色彩。外國旅行者也在遊記中寫下了他們在泉州的經歷。義大利商人馬可‧波羅（1254-1324年）1275年至1292年間就居住於泉州，摩洛哥探險家和作家伊本‧白圖泰（1303-1368年）也在1345年到過泉州，他們都在自己的遊記中談到了這座城市的風土人情和經濟繁榮。還有安德列‧佩魯賈（?-1332年）來中國傳教，也到過泉州，並最終長眠於此。此外，天主教方濟各會修士鄂多立克‧波代諾內（1286-1331年）等其他歐洲人也寫過關於泉州的遊記。

除了遊記中的相關記載，不少考古發掘中也有沉船出水。12世紀以降，中國造船和航海技術已世界領先。1973年，考古學家在泉州發現了一艘幾乎完整的船舶，沉沒於1277年，現保存於泉州海外交通史博物館內。考古學家還發掘到了宋代和元代的沉船，包括泉州法石商船，再遠一些的寧波東門口沉船，還有山東聊城發掘的漕船，韓國新安沉船等。

泉州售賣的貨物可以方便地運往東南亞、朝鮮、日本，甚至跨越印度洋。泉州的繁榮，使福建瓷窯也隨之興盛起來。建窯和吉州窯的黑釉瓷在日本頗受歡迎。白瓷和青瓷器物也大量外銷，這些瓷器全都經過捆紮，由大型船隻轉運出口。針對不同的客戶，各瓷窯能迅速燒造出不同的器形，滿足市場需求。

## 3│16 外銷瓷

　　宋朝陶瓷生產品質達到了很高的水準,有許多瓷器專為外銷燒造。如圖一這件在廣東燒造的鳳首壺即為外銷至東南亞市場的瓷器。鳳首壺胎質細膩,壺身深剔牡丹紋。

　　中國商人為各國客商製造不同產品,效率極高。13世紀至14世紀,福建的窯口燒造了大量瓷器,既有銷往全國各地的,也有專供出口到東南亞的外銷瓷。有些器形非常特殊,如圖二這件一側有流的軍持。也有些瓷器紋飾仿效貴重的奢侈品,如圖三這件卷雲紋白釉蓋盒,便與一些剔犀漆器有著同樣的紋飾。

**圖一　鳳首壺**

這件鳳首壺流部缺失,現在只留下殘損部位。鳳首造型優美。中國北方遼國玉器上也有相似的鳳鳥圖案。在廣東省廣州西村窯也發現了類似器物的瓷片。

約 900–1100 年

廣東

高 39.5 公分

(1936, 1012.206)

**圖二　陶瓷壺**

雖然這兩件壺器形和釉色完全不同，但是都出自福建，可能是泉州附近的窯口，為元代出口到東南亞而製。其中一件為綠釉釉下褐彩渦旋紋有耳執壺，另一件則為琥珀色軍持。

元，1280–1368 年
福建
高 19.3 公分，17.5 公分
戴爾・凱勒夫婦捐贈
(2010, 3007.41; 2010, 3007.39)

**圖三　雲紋白釉蓋盒**

這件蓋盒上的紋飾仿製了捶鍱銀器或者貴重的剔犀漆器上的卷雲紋。元代福建燒造的瓷器有一部分焙燒溫度略有不足，而無法獲得景德鎮那種呈現半透明的釉色。

1260–1368 年
福建安溪
高 13.4 公分，直徑 20.6 公分
布魯克・休厄爾永久基金捐贈
(1961, 1113.1)

## 元（孛兒只斤氏）　西元1271–1368年

| 廟號 | 在位時間 | 年號 | 姓名 |
|---|---|---|---|
| 世祖 | 1260–1294年 | 中統/至元 | 忽必烈 |
| 成宗 | 1308–1311年 | 元貞/大德 | 鐵穆耳 |
| 武宗 | 1295–1307年 | 至大 | 海山 |
| 仁宗 | 1312–1320年 | 皇慶/延祐 | 愛育黎拔力八達 |
| 英宗 | 1321–1323年 | 至治 | 碩德八剌 |
| 晉宗 | 1324–1328年 | 泰定/致和 | 也孫鐵木兒 |
| 興宗 | 1328年 | 天順 | 阿速吉八 |
| 文宗 | 1328–1330年 | 天曆 | 圖帖睦爾 |
| 明宗 | （3個月） | | 和世琜 |
| 文宗 | 1330–1332年 | 至順 | 圖帖睦爾 |
| 寧宗 | （2個月） | | 懿璘質班 |
| 惠宗 | 1333–1370年 | 元統/至元/至正 | 妥懽帖睦爾 |
| 昭宗 | 1370–1378年 | 宣光 | 愛猷識理答臘 |

## 明　西元1368–1644年

| 廟號 | 在位時間 | 年號 | 姓名 |
|---|---|---|---|
| 太祖 | 1368–1398年 | 洪武 | 朱元璋 |
| 惠宗 | 1399–1402年 | 建文 | 朱允炆 |
| 成祖或太宗 | 1403–1424年 | 永樂 | 朱棣 |
| 仁宗 | 1425年 | 洪熙 | 朱高熾 |
| 宣宗 | 1426–1435年 | 宣德 | 朱瞻基 |
| 英宗 | 1436–1449年 | 正統 | 朱祁鎮 |
| 代宗 | 1450–1456年 | 景泰 | 朱祁鈺 |
| 英宗 | 1457–1464年 | 天順 | 朱祁鎮 |
| 憲宗 | 1465–1487年 | 成化 | 朱見深 |
| 孝宗 | 1488–1505年 | 弘治 | 朱祐樘 |
| 武宗 | 1506–1521年 | 正德 | 朱厚照 |
| 世宗 | 1522–1566年 | 嘉靖 | 朱厚熜 |
| 穆宗 | 1567–1572年 | 隆慶 | 朱載坖 |
| 神宗 | 1573–1620年 | 萬曆 | 朱翊鈞 |
| 光宗 | 1620年 | 泰昌 | 朱常洛 |
| 熹宗 | 1621–1627年 | 天啟 | 朱由校 |
| 思宗 | 1628–1644年 | 崇禎 | 朱由檢 |

# 4 元明之際

西元1271–1644年

忽必烈（圖一）為成吉思汗之孫，於西元1271年建立元朝。但元朝直到1279年，才攻滅南宋最後一位幼帝。忽必烈結束了宋、遼、金、夏對峙局面，重新統一了中國，並全部納入元朝治下。之後，元朝疆域橫跨歐亞大陸，從今日的韓國到奧地利，成為世界歷史上版圖最大的帝國。對於游牧的蒙古人來說，定居在當時以農業為主的中國，可享有豐富的勞動力、商品和稅收來源。

元朝（1271-1368年）曾有三個首都，其中兩個位於今天中國境內，即大都（北京）和上都（內蒙古自治區），另一個位於西伯利亞東南部貝加爾湖以南的哈剌和林。元朝採取兩都巡幸制，元朝皇帝往來於大都和上都之間。建造者根據傳統關廂格局設計了皇城，在周邊御苑搭設蒙古包（蒙古氈帳篷）。御苑既是圍獵場，有時也是戰馬放牧之所。

透過元朝遺留下來的器物和繪畫來重現元代風貌並不容易，因為許多有重要價值的物質文化遺產已不存於世，諸如蒙古包（圖二）、精美的馬具、兵器、織物和服飾等文物，僅有一小部分倖存至今。不過，我們還是可以通過這些少量遺存，

圖一　〈元世祖出獵圖〉（局部），劉貫道（創作高峰期1275–1300 年）

我們從畫中可以看到，忽必烈與帝后察必預備騎馬打獵的場景。元朝皇帝穿著中式絲質龍袍，龍袍上繡有金龍，而外面套著一件蒙古裘衣。這類裘衣一般是金和蒙古貴族的傳統服裝。

軸，絹本設色
約 1275–1300 年
北京
縱 182.9 公分，橫 104.1 公分，
臺北故宮博物院藏

圖二　〈觀見蒙古大汗圖〉（局部）

這幅 14 世紀的畫作展示了鐵木真坐在蒙古包中，群臣正為他呈上尊號「成吉思汗」。蒙古包是蒙古人搭建的圓形臨時帳篷，裡面掛有顏色鮮豔的氈毯和其他紡織品。

法國國家圖書館藏

以及數量眾多的青花瓷、漆器和繪畫，研究和詮釋在元朝統治下的中國。

　　元朝建立不到一個世紀之後，朱元璋擊敗蒙古人，成為明朝開國皇帝。朱元璋的一生充滿戲劇性：他曾貧困至極，只能乞地以葬父母。後又因生活所迫，走投無路，投奔寺廟當了和尚。西元1368年，他登基成為天子，建立明朝，後人統治中國近300年。朱元璋在南京建立了明朝第一個首都，並將皇陵建於此地，通向他陵寢的神道至今猶存。

　　永樂皇帝（見第172-173頁）繼位後決定將首都從南京遷往北京，這個決定引發了群臣爭議。鑑於永樂皇帝於「靖難之役」中廢黜親侄之前，其根基勢力俱在北京，且遷都有利於對

抗蒙古人，具有重要的戰略意義。因此，永樂皇帝在皇后徐氏
（圖三）去世後，並沒有將她葬在孝陵所在的南京，而將她的
陵墓建在北京（見第188-189頁）。

在60年內營建南京和北京兩都，為經濟帶來了巨大壓力。
中國廣大地區的森林遭到砍伐，許多農戶搬遷到城市居住。今
天，位於北京的皇宮紫禁城（圖四）仍然是國家的象徵，是世
界上參觀量最大的旅遊景觀之一。此外，紫禁城只是明代宮
廷建築的一部分，各地還建有藩王府邸。明朝實行藩王制，皇
子一旦年滿10歲，便要前往自己的封地就藩。北京除了給藩王
發放俸祿外，還會為藩王府的營建提供必備物資，其中包括書
籍、服裝和家居陳設等配套的皇室物品。

明代初期，永樂、宣德兩位皇帝在遠洋航海上耗費鉅資，
展示了其在亞洲、中東和非洲的影響力。他們派遣忠信並重的
宦官鄭和負責遠航，七下西洋，建立了貿易和朝貢網路。「下
西洋」之舉促進了人口流動、貿易活動和思想交流。人們以多
種語言進行交流，促進了明朝與世界其他地區的聯繫。

明朝的繁榮持續了近300年。到明代中後期（1487-1644
年），宮廷之外的民間經濟日益繁榮，從私人大量建造的美麗
園林（見第208-209頁）、林立的宗教及世俗建築中，可見一
斑。這番大興土木的浪潮還包括大修長城和京杭大運河。隨著
刻本小說和戲劇的流行，文學的普及，繪畫、印刷和陶瓷等

視覺藝術的表現形式也出現了新的氣象。15世紀初，官方商業一直是貿易活動的主導者，但從15世紀中期後，私人商業開始崛起。城市擴張與經濟繁榮，相輔相成。從1516年開始，明朝與葡萄牙商人及西班牙、荷蘭和英國探險家，建立了直接的貿易關係，刺激了明朝與歐洲海上貿易（圖五）的發展。儘管如此，到明朝末年，政府國庫在經歷了多年的軍事戰爭、鋪張浪費（圖六）和貪汙腐敗後，消耗始盡。最終明朝滅亡，中國最後一個皇朝——清朝（1644-1911年）登上了歷史舞臺。

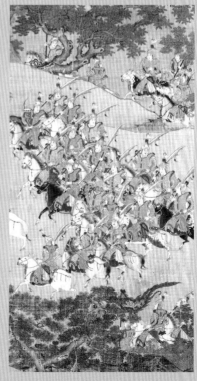

# 4│1 雜劇和磁州窯陶瓷

　　雜劇是一種由唱詞、科介、賓白結合起來的戲曲藝術。廣受民眾喜愛的北方雜劇，題材廣泛，或反映社會現實，或描寫曲折的愛情。雜劇幾乎總有一個「大團圓」結局，但喜劇的背後往往伴隨著悲劇色彩。其中最著名的作品就是王實甫（1260-1336 年）所作的《西廂記》。已知的雜劇作家中包括許多蒙古族、女真族、維吾爾族和其他中亞民族的作者。刻書坊在刊行木刻本雜劇時，會在卷首處印製主要人物圖像。當時的陶瓷工匠借鑒了這些戲曲形象，並將其描繪於瓷器之上，如景德鎮的青花瓷、中國南方龍泉窯的青瓷，和中國北方磁州窯的白地黑彩瓷都有這類以戲曲故事為裝飾的作品（圖一至四）。

　　過去 100 年間，「磁州」一詞所指範圍相當寬泛。從 10 世紀至今，中國北方許多不同民窯燒造的瓷器（非官窯）都被稱為磁州窯系類型陶瓷。其特點在於，北方陶瓷工匠會使用饅頭窯來燒製器物，而非南方的龍窯，且以煤作為窯爐的燃料。

**圖一　雜劇瓷枕，《漢宮秋》中「昭君出塞」場景**

隊伍中間騎馬的女子戴著別緻的、高聳的冠飾（即罟罟冠），一般為蒙古貴族婦女所戴。這一場景可能來源於馬致遠（約 1250–1321 年）編寫的雜劇《漢宮秋》。《漢宮秋》為歷史劇，表現的是西漢時期王昭君出塞的場景，皇帝把王昭君嫁給匈奴單于以鞏固政治聯盟。畫中她正穿著當時蒙古族風格的服飾。

元，約 1260–1300 年
河北磁縣，古相張家造
長 41.6 公分，高 15.2 公分，深 17.6 公分
(1936, 1012.165)

**圖二　雜劇瓷枕，《西廂記》中「僧房借廂」場景**

這個瓷枕上刻有「漳濱逸人製」字樣，漳是渭河的主要支流。場景中，兩位僧人立於寺廟前，身後懸有一口鐘。一名男子背著一口鍋，拿著一把刷子或湯匙，向兩位僧人走去。

金，約 1200–1234 年
河北磁縣，王壽明氏造
高 16.7 公分，寬 42.7 公分，深 16.8 公分
(1936, 1012.219)

**圖三　擒賊圖瓷枕**

此雜劇瓷枕所繪騎馬之人手持的
長矛獨具一格（鐵鞭），由此可
以判斷此人應是尉遲恭將軍（如
上圖所示）。瓷枕上刻有「相地
張家造艾山枕用功」字樣。

金，約 1200–1234 年
河北邯鄲
布藍達・寒利格曼夫人遺贈
（1973, 0726.259）

**圖四　陶瓷酒壺**

瓶肩上開光內寫有「羊羔酒」三
個字，可能產於山西、河南或浙
江。它的器形較大，說明它是專
門為酒館製作的。酒瓶上還有題
字「金鐙馬踏芳草地，玉樓人醉
杏花天」。酒瓶上畫的情景來自
雜劇：一面是西漢司馬相如昇仙
橋題柱，另一面畫的是尚仲賢
《柳毅傳書》中的故事場景。

元末明初，1280–1398 年
白山賈家造
高 43 公分，寬 37 公分，直徑
11.2 公分
（1936, 1012.166）

## 4｜2 景德鎮陶瓷

　　景德鎮位於江西南部，是世界上最早的工業城鎮之一。景德鎮陶瓷製造約有 1000 多年的歷史。其他窯口都沒有景德鎮這般長期、連續的製瓷歷史。元朝諸帝最初在景德鎮窯建立官署瓷局，令當地燒製龍紋陶瓷器（圖一至三）。

　　青花瓷發展過程中的關鍵是從透明的青白釉（圖三）轉變為失透的卵白釉或樞府釉（圖四）。景德鎮的陶瓷工匠還創燒了釉裡紅和釉下藍彩青花瓷器（圖五至九）。工匠把陶土在轆轤拉坯成型後晾乾，然後將研磨好的鈷料溶於水，再對乾燥的坯體上色。中國本土的鈷料所繪花紋顏色暗淡，因此品質最上乘的青花瓷所用鈷料皆是從中東進口。坯體上所繪顏料乾燥後，工匠再施以透明釉，裝入以柴為燃料的窯爐內焙燒，溫度需高達 1200℃。燒窯需要七日，冷卻再七日，瓷器方能燒成。隨後，經過包裝行銷海內外。「大維德對瓶」（1351 年）標誌著青花瓷製造的巔峰。青花瓷是有史以來第一件全球化產品，從東京到廷巴克圖都爭相仿製。

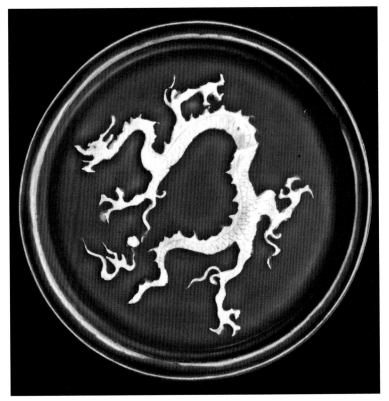

**圖一　藍釉露胎浮雕盤**

此瓷盤由於使用了通施藍釉結合白色紋樣這一極罕見的技術而聞名。而盤上這條龍紋也許原先曾經使用過描金工藝。這件瓷盤淺而平的造型，可能參照金屬器而成。根據瓷盤的品質推測，這是為元朝宮廷製作的一套器物中的一件。

元，約 1330–1368 年
江西景德鎮
高 1.5 公分，口徑 15.2 公分
亨利・J・奧本海姆遺贈
(1947, 0712.231)

圖二 〈霖雨圖卷〉（局部），張羽材（創作高峰 1294-1316 年）
在中國，人們相信龍能通過水控制天氣。因此，龍常出現在雲彩或者波浪之中。最終，龍成為皇帝權力的象徵。

卷，紙本水墨
元，約 1294-1316 年
縱 26.8 公分，橫 271.8 公分
大都會藝術博物館藏，道格拉斯·狄龍捐贈
(1985.227.2)

### 圖三　青白瓷龍柄壺

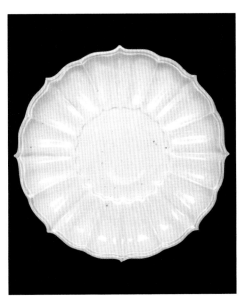

此壺壺身似葫蘆，提梁為仿金屬器形的高浮雕龍紋。龍口即壺嘴，可傾倒液體。此壺或許為硯台磨墨時加水之用。北京元大都遺址曾出土過和這個器型類似的瓷壺。

元，1280-1368 年
江西景德鎮
高 12.7 公分
(1937, 0716.48)

### 圖四　白釉菱花口盤

此盤造型靈感來自元代同時期的金屬器形，採用模製成型。這種厚實、失透的白釉瓷器是元代才發明的。陶瓷工匠減少了釉料中草木灰的含量，在較厚的胎體上施釉後採用更高的溫度燒製。

元，約 1330-1368 年
江西景德鎮
高 5.5 公分，口徑 30 公分
(1915, 0409.85)

**圖五 青花帶蓋梅瓶**

此瓶瓶身中央環龍紋，足周以蓮葉紋裝飾。肩周環如意紋，其中滿飾植物紋樣。這種圖案也出現在裝飾蒙古包內外的織品和絲綢衣袍上。

元，約 1330–1368 年
江西景德鎮
高 44.5 公分（帶蓋），寬 22 公分
布魯克・休厄爾遺贈
(1972, 0620.1)

**圖六 孔雀紋青花罐**

1964 年，在河北保定元代窖藏中出土過這種器形的瓷罐。阿德比爾神廟也藏有類似的青花罐。神廟位於裏海西邊約 50 公里處，距離中國 6400 公里。阿拔斯一世在 1611 年將他所有的 1162 件中國瓷器捐贈給了阿德比爾神廟，包括青花瓷、青瓷和白瓷，因此器物應製作於 1350 年至 1610 年間。

元，約 1330–1368 年
江西景德鎮
高 30.2 公分，寬 33.4 公分
布魯克・休厄爾永久基金捐贈
(1961, 0518.1)

## 圖七　青花魚龍耳鑲銀口大罐

這件大罐為釉下藍彩，裝飾有魚龍形耳及牡丹紋。肩飾神話中的麒麟和鳳凰，周圍環繞纏枝蓮紋。16 世紀時，土耳其匠人在該器物瓶頸鑲上了銀質配件。

元，約 1330–1368 年
江西景德鎮
高 48 公分，寬 37 公分
布魯克・休厄爾永久基金捐贈
(1960, 0728.1)

## 圖八　藍地白菱花口大盤

此類大盤既外銷中東地區，又在整個蒙古帝國內廣泛使用。盤上繪有藍地白蓮花。尖瓣為模製成型。

元，約 1330–1368 年
江西景德鎮
直徑 45.8 公分，高 7.6 公分
奧古斯塔斯・沃拉斯頓・弗蘭克斯爵士捐贈
(Franks.1670)

## 圖九　藍地白菱花口大盤

從此盤可以看出元代景德鎮陶瓷裝飾紋飾種類繁多，每個盤子都獨一無二。而在其後的明代，宮廷訂燒的瓷器傾向於更為標準化的生產。這類大盤往往配有半球形金屬網罩或金屬蓋，與我們在一些繪畫中所見一致。

元，約 1330–1368 年
江西景德鎮
直徑 42 公分，高 7.4 公分
羅伯特・查理斯・布魯斯捐贈
(1951, 1012.1)

# 4|3 元代漆器

元代漆器裝飾工藝有平漆（圖一），嵌螺鈿，及剔紅（圖三）、剔黑（圖四）等雕漆工藝。漆器上的動植物紋飾，與陶瓷、紡織品和金屬器一樣，源自於水墨畫。我們只有把漆器側身正對光線，才能欣賞到雕刻的精妙之處。以圖二中的漆盤為例，所雕岩石由多色漆層堆疊而成，精細雕刻的同心波紋線表示水，而天空則以水平線來表現，所有的花卉和植物都是立體的。

元代，工匠的地位較前代有所提高。這是因為蒙古統治者非常重視整個帝國的能工巧匠，促成工匠的高度流動。從朝鮮半島的新安沉船我們可以知道，元代漆器也曾遠銷海外。西元 1323 年，該船原計畫從中國開往日本，中途沉沒於朝鮮半島的新安海域，船上裝有雕漆漆器，其中就有一個牡丹紋蓋罐。

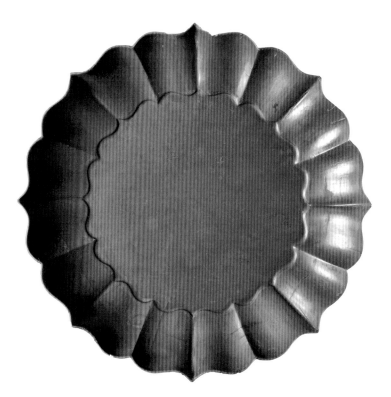

**圖一　菱瓣紅漆盤**

甘肅漳縣元代汪世顯家族墓出土了與這個漆器相似的紅色平漆盤，同時出土的還有一個與之配套的蓋托。

約 1200–1300 年
中國南方
寬 21 公分
布魯克・休厄爾永久基金捐贈
(1968, 1219.2)

## 圖二 水景天鵝雕漆盤

與宋代相比，元代漆器紋樣與當時的繪畫聯繫更為密切，也更複雜、更寫實。在這裡，朱漆表示水面，刻工用循環往復的曲線表示水面的漣漪起伏。口沿一圈紋飾，9個葵瓣口沿各刻有一種不同的花，一圈共刻有9朵不同的花卉。

約 1250–1350 年
中國南方
直徑 43.1 公分
布魯克‧休厄爾永久基金捐贈
(1962, 0716.1)

## 圖三 孔雀牡丹紋雕漆盤

立體感較強的雕刻紋飾是元或明早期雕漆的特徵。葉子邊緣、花卉和雌雄孔雀羽毛線條圓滑。工匠通過不同的線條，來表現不同的質感，例如，孔雀身上緊密的羽毛和鳥翼上的長羽。

1300–1400 年
中國南方
高 3.9 公分，直徑 32.6 公分
加納爵士夫婦捐贈
(1974, 0226.14)

## 圖四 蓮池水禽紋剔黑漆盤

這件漆器層層剔刻，直至露胎。成對的禽鳥、花卉和植物，都是元代最流行的主題。盤外側有卷雲紋，盤底部有紅色款識。

1300–1400 年
中國南方
高 3.2 公分，直徑 30 公分
加納爵士夫婦捐贈
(1974, 0226.13)

# 4|4 古畫收藏

　　元代末年，王淵（創作高峰期約 1328-1350 年）創作了一幅令人賞心悅目的〈水墨梔子圖〉（圖二）。200 多年後，富商項元汴（1525-1590 年）收藏了含有此畫的冊頁。項元汴是浙江北部嘉興一位著名的收藏家、鑒賞家。他收集了千餘件作品，並把自己擁有的畫品記錄成冊，還記下了收購價格。書畫家紛至沓來，欣賞其收藏品，融入他們自己的繪畫風格，推動了摹古、復古的潮流。謝楚芳（創作高峰為 14 世紀）在 1321 年所繪精緻的手卷〈乾坤生意圖卷〉（圖一）是英國人收藏的第一幅中國傳統繪畫作品。當時英國國王喬治三世派馬戛爾尼帶領使團訪華（1792-1794 年），覲見乾隆皇帝。這幅畫也許是 1794 年由馬戛爾尼使團從中國帶回英國的。畫面看似花草旺盛、昆蟲靈動、春意盎然，卻暗藏著枯萎、被蠶食的植物和潛窺巧伺的捕獵者。

**圖二 〈水墨梔子圖〉，王淵**
這幅畫原為植物冊頁，畫上有多位收藏者的題跋和鈐印。透過這些文本內容，我們可以瞭解王淵是如何構思這幅作品，同時代文人對畫作的評價，以及在他死後這幅畫作的流轉情況。

冊頁，裝裱成掛軸，紙本水墨
約 1328–1350 年
縱 38 公分，橫 62.6 公分
(1983, 0705, 0.1, Ch.Ptg.
Add.441)

**圖一 〈乾坤生意圖卷〉，謝楚芳**
這幅特別精緻的花蝶圖是謝楚芳所作的已知、現存的唯一一幅作品。跋尾展現了這幅畫作隱含的意義，大自然生機勃勃，而一派美景之下隱藏著為生存而進行的醜惡鬥爭。根據文字記載，這幅畫作自 1797 年起就收藏於英國。

卷，絹本設色
元，1321 年
縱 28.1 公分，橫 352.9 公分
布魯克・休厄爾永久基金和藝術基金會捐贈
(1998, 1112, 0.1.CH, Ch.Ptg.
Add.704)

何處香風開六出
小枝橫玉亞窗斜
分明奪得浮勝巧
細擷玄雪涼雪花
希孔

夏花較似春花瘦
一白可人香更多
往是滿林開舊葡
此枝猶似映江波
伯成

# 4|5 佛像

蒙古大汗認為自己是宇宙的統治者（轉輪王），在世俗和精神世界都無所不能。因此，元朝皇帝對各種宗教相容並蓄，尤其與藏傳佛教僧人關係密切。佛教、伊斯蘭教、印度教、摩尼教和也里可溫教（基督教各派）與地方信仰並存。今天，宗教造像（圖二）仍是我們了解元朝多元化宗教觀的最佳媒介。這一時期，直到 1400 年間，中國曾有大量清真寺、教堂和佛教寺院存在，但是保留下來的極少。例如，元大都（北京）原有一百多座寺廟，但其中只有尼泊爾建築師、藝術家阿尼哥（1245-1306 年）營造的妙應寺（俗稱白塔寺）保存至今。我們已無法完全了解這些宗教建築的規模和內部陳設的富麗堂皇（圖一、圖三），也很難理解完整萬神圖像的存在（圖四）。除了佛教和道教之外，「四神」等一些遠古信仰，也融入了當時的信仰體系。

**圖一　〈十八羅漢圖〉之第十三位羅漢因揭陀，佚名**

阿羅漢（arhat）為梵文術語，中文即「羅漢」，是佛陀身邊得道的修行者。羅漢活在凡間，啟發和幫助人們更深入理解佛法。有些羅漢造像不似中國人，表示他們來自佛教發源地印度。〈十八羅漢圖〉可能繪於寧波，其中之二現藏於上海博物館，還有一幅被美國弗利爾美術館收藏。

軸，絹本設色
元，1345 年
寧波
縱 126 公分，橫 61.5 公分
布魯克・休厄爾永久基金捐贈
(1962, 1208, 0.1)

**圖二　羅漢木雕像**

此僧人身著長袍，耳垂厚重，這在佛教中象徵著智慧。由此可見，這尊造像應當為羅漢像。他雙目微斂，眉毛突出、濃密。造像前側可以開啟，裡面可藏經書或供品。

元，1280–1368 年
高 53.3 公分，寬 37.5 公分，深 24 公分
P.T. 布魯克・休厄爾遺贈
(1969, 0722.1)

# 4|6 河北、山西民窯

　　從 10 世紀到今天，中國北方一直存在眾多民窯（非官窯）。景德鎮地區所產瓷胎施透明釉，即可燒製出白淨釉色。而北方的黃土顏色偏暗沉，必須在坯體上施白色化妝土後，才宜在表面繪畫和題字（圖一）。陶瓷工匠也會在存儲酒、醋等大型器物上施含鐵量高的黑釉（圖二），並在厚厚的釉層上剔刻出生動的人物或花卉圖案（圖三至五）。

**圖一　八思巴文美酒銘四繫瓶**

八思巴文，是蒙古人的書面語，並用於轉寫漢文，由西藏喇嘛八思巴（1235–1280 年）創製。在八思巴文創制前，蒙古曾用畏兀兒字母書寫蒙語。此四繫瓶上的褐色斜體八思巴文的意思為「一瓶美味的葡萄酒」，讓人聯想起廣告語。

元，約 1271–1368 年
山西或河北
高 26.7 公分
喬治‧尤摩弗普洛斯捐贈
（1927, 0217.1）

**圖二　黑釉瓶**

這件黑釉瓶可通過耳部穿繫於馬鞍上進行運輸，其底部模糊的題字指示了它的容量。工匠在釉料中加鐵至飽和來獲得這種厚而有光澤的黑釉層。

金或元，1115–1368 年
山西
高 32 公分
法蘭西斯‧戈爾丁遺贈
（2016, 3041.1）

### 圖三　黑釉剔花持荷童子紋瓶

這件球形黑釉瓶上剔刻持荷童子
和牡丹紋，並剔出年代款識「大
德八年七月」（1304年）。圖
二與此瓶皆為山西製造。而山西
以釀酒和醋聞名。

元，1304年
山西大同
高 25.4 公分
（1936, 1012.168）

### 圖四　黑釉剔花罐

山西陶匠在黑釉上剔花，露出白
地，對比鮮明。他們從自然界中
獲取紋飾的靈感。特別的是，器
身環繞卷草紋和花卉紋，且紋飾
毫無重複。此罐可能為儲酒所
用，可將布捆繫於頸部加以封
口。

元或明，1300–1400年
山西
高 36 公分，直徑 33.3 公分
哈威·哈登捐贈
（1930, 0719.56）

### 圖五　黑釉剔花大罐

此罐大而厚重，為拉坯成型。罐
體由兩部分組成，工匠用稀釋的
陶土將上下兩坯體黏在一起後再
行燒製。考古學家在河北張家口
宣化區挖掘出一件類似剔花器
物，但是器形較小。

元或明，1300–1400年
山西
高 35 公分，直徑 36.5 公分
（1911, 1025.11）

# 朱棣：永樂皇帝

永樂皇帝朱棣（1360-1424 年）自西元 1402 年至 1424 年 1 月 19 日在位，他無疑是明代中實力最強，影響最大的一位皇帝之一。他是明朝開國皇帝朱元璋和馬皇后的四子。永樂皇帝以忽必烈為楷模，渴望開創蒙古帝國般的盛世。當朱棣還是燕王時，他在南京長大，後就藩燕京（北京），居住在 100 年前建造的元大都舊宮殿內。

永樂皇帝曾多次參與和不同蒙古勢力的戰爭，成長為一名身經百戰的統帥和成熟的軍事戰略家。1399 年至 1402 年，朱棣發動了血腥的「靖難之役」，他打著「清君側，靖國難」的口號，從他的侄子建文帝朱允炆手中奪取了皇位。朱棣登基後，便採取措施，使自己符合倫常祖制的天子地位。永樂皇帝統治時期，實行中央集權制，進一步強化皇權。他在位期間還營建了諸多規模浩大的皇家工程。

永樂皇帝統治期間，中國的首都從南京遷移到北京。遷都北京有利於鞏固國家北部邊防。此後 600 多年，北京一直是中國的首都。他主張南征越南北部和廣西（即安南），

又五次御駕親征漠北蒙古諸部（分別在 1410、1414、1422、1423 和 1424 年），最後死於北征途中。他還改善了與東面朝鮮、日本和琉球群島的關係，並與西部一些中亞國家建立外交關係。除了戰場上的功業，他大力支持前往東南亞、中東和非洲的海上使團，派遣鄭和（1371-1433 年）等人開闢通往西洋的航線，擴大了明帝國的影響力。

在永樂皇帝畫像（圖一）中，他是一位威風凜凜、體格健壯的軍事英雄。根據 1420 年一位中東特使對永樂皇帝的描述：「朱棣身高中等；他的鬍子長短適中，而中間兩三百根鬍鬚形成兩三撮卷，拖曳到他所坐的椅子上。」在畫像中，他坐於大殿的寶座之上，戴著黑色紗帽，穿著窄袖黃色龍袍，龍袍前後和雙肩上繡有金龍。這些龍紋的中央恰與皇帝的頭部正對。在畫中他身著便服，而在重要的官方場合則需穿戴禮服。

在文化上，永樂皇帝樂於接受外來事物，具體表現在內宮選召、飲食、音樂、建築、宮廷陳設、服裝以及信仰方面。在畫像中，他就佩戴著鑲嵌進口珠寶的金腰帶。寶座下的地毯裝飾不僅吸收了中亞、藏式和伊斯蘭藝術元素，而且還有中國團龍紋飾和藏傳佛教吉祥八寶紋飾。

**圖一　永樂皇帝畫像**
軸，絹本設色
明，約 1403–1435 年
北京
高 220 公分，寬 150 公分
臺北故宮博物院藏

# 4│7 明代貨幣

明代紙鈔（圖一）一般由桑樹皮和其他植物纖維製成，非常有韌性。紙鈔較大，為方便日常使用可折疊起來。中國紙鈔也流傳於境外，這部分紙鈔由官方使節，如鄭和在下西洋航行期間，分發至各國。但這些紙鈔只能在中國消費或購買中國物品。雖然1400 年至 1450 年紙鈔的價值急遽下跌，但是直到 15 世紀末依然在流通。明代初期，朝廷一年分夏、秋兩季徵收糧食作為稅賦。到 1436 年，政府開始以銀兩形式徵收江南的土地稅（圖二）。除了小規模交易，紙鈔已失去作用。中國鑄造錢幣有標準劃一的錢面文字，如圖三的「永樂通寶」銅錢。「永樂通寶」大約在 1410 年，明朝遷都北京後，才開始鑄造，但發行極廣。錢幣用模板大量鑄造，可用繩串在一起。官員的俸祿以糧食兼以寶鈔、錢幣支付。這一政策在貨幣制度穩定且沒有通貨膨脹時，還可確保通行。

**圖一　紙鈔**

明早期發行的大明寶鈔以標準化印行，鈔面加蓋朱文官印。大明寶鈔都署洪武年號，即使在後來的永樂和宣德年間也是如此。

明，1375 年發行
江蘇南京
高 34.1 公分，寬 22.2 公分
艾米莉・喬治娜・辛格利捐贈
(1942, 0805.1)

## 圖二　刻字銀錠

雖然白銀對明朝政府來說至關重要，但多由地方銀局經營開採。鑄成的銀錠可以支付稅收等。此銀錠上鑄「內承運庫　花銀伍拾兩　嚴一等」字樣（1865.9克），出土於湖北鐘祥梁莊王（1411–1441年）和他的妻子魏妃合葬墓。

銀（99.5% 純銀）
約 1424–1441 年
湖北
長 14.8 公分，寬 11 公分，深 5.2 公分
湖北省博物館藏

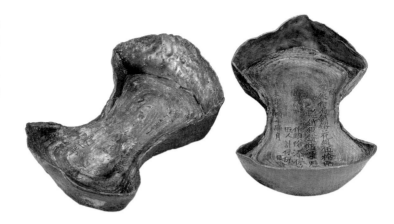

## 圖三　銅錢

考古學家在肯亞也發現了類似 15 世紀初的銅錢。銅錢也許是由中國船隻運到非洲，或者經中東商人之手，幾經輾轉到了那裡。

明，1403–1424 年
北京
直徑 2.5 公分，重量 3.23 克
（GC.370）

# 4|8 真武大帝，蕩魔天尊

　　真武大帝是明代受到大眾祭祀的神祇，又稱「元聖仁威玄天上帝」*。人們普遍認為，真武大帝是北方之神（圖二），並因其所具蕩魔終劫的能力而得供奉。圖一這尊大型青銅真武像，身披盔甲戰袍，胸甲上刻龍紋，戴寶石腰帶，赤腳，披髮。永樂皇帝把自己在靖難之役中取得的成功歸功於真武大帝的庇佑，並因此建造了諸多寺廟來供奉他，其中包括湖北武當山頂宮觀廟堂建築群（圖三）。而人們在那些地方看到的真武大帝容貌與永樂皇帝頗為相似。永樂帝透過瑞應景象確立了自己統治的正統性。後來，嘉靖皇帝對武當山進行過大規模整修。道教其他受普遍信仰的神像，也經常出現在山形神龕上（圖四）。

**圖一　真武大帝青銅造像**
這是現存最大的真武大帝銅像。
真武大帝是明朝護國安邦之神。

明，約 1416–1439 年
江蘇南京
高 133 公分
山中株式會社捐贈
(1908, 0725.2)

* 譯注：真武大帝有許多尊號，此為其尊號之一。

**圖二 真武大帝陶瓷像**
對真武大帝的崇拜不僅限於宮廷，也是民間的普遍信仰。真武大帝又稱北方之神、玄武大帝，龜蛇相繞是其重要標誌。

明，約 1522–1600 年
中國北方
高 20.8 公分
奧古斯塔斯・沃拉斯頓・弗蘭克斯爵士捐贈
(Franks.2441)

**圖三 武當山真武大帝銅像**
明，約 1522–1566 年
高 117 公分，寬 112 公分
(1990, 1219.1)

**圖四 龍泉窯青瓷道教神龕**
此神龕中，真武大帝、三清和道教諸神一起出現。在民間信仰中，認為這樣能同時受到這些神靈共同的庇佑。此神龍泉窯在元代至明代早期（1271–1450 年）曾燒製神龕。這尊令人印象深刻的神龕上刻有「永樂丙戌楚節吉旦」（1406 年）字樣。

明，1406 年
浙江龍泉窯
高 50.3 公分，長 25 公分，寬 17.5 公分
大維德爵士捐贈
(1929, 0114.1)

# 4|9 紫禁城

　　明朝時期，北京的皇宮是世界上最大的宮殿建築群，占地約 72 萬平方公尺，即紫禁城（圖一）。它是明朝的政治中心，是皇帝舉行朝會、大典的地方，同時，也是皇帝和家眷的住所。經過多年的規畫，紫禁城的建設工程最早開工於西元 1417 年。永樂皇帝仿照其父親位於南京的皇宮，在北京元大都宮殿舊址基礎上進行了擴建、改建。1421 年，北京正式成為首都，那一年，紫禁城宮殿建築因失火而遭到嚴重損毀。直到 1445 年，才完成全部修繕工程。

　　紫禁城的建築木材來自四川、山西、江西、湖南、湖北和浙江等全國各地。在北京當地設立瓦廠和磚廠，並從全國各地徵集匠役，其中還包括安南戰爭中所獲 7000 名戰俘。室內陳設則來自全國各地作坊和其他國家的進貢。出生於大越國（今屬越南）的宦官阮安（1381-1453 年）主持參與了紫禁城的營建工程。

圖一　〈北京宮城圖〉，朱邦（創作高峰 1480–1520 年）

紫禁城沿南北縱軸線建造，前三大殿，後私人區域（即後三宮）。幸有這幅紫禁城俯瞰圖，讓我們可以從大殿南面的鐘鼓樓方向向遠處望去，直到祥雲遮蔽的建築物，那裡便是皇帝的居所。

軸，絹本設色
豐溪款，加蓋「朱邦之印」和「甜駒無夢聞章」
明，約 1480–1580 年
縱 204 公分，橫 114 公分
日本收集
(1881, 1210, 0.87.CH)

# 4│10 紫禁城園藝

新建成的紫禁城內陳設有各窯口生產的陶瓷器。如永樂和宣德皇帝下令河南禹縣鈞窯製造的玫瑰紫花盆（圖一至三）。園丁們在這些鼓釘紋花盆中種植小型植物和花卉，裝點室內外。圖四這幅 15 世紀的手卷表現的正是皇帝在皇宮賞花行樂，侍從和宮女服侍在側的場景。而畫中就有類似花盆。花盆底部一般都刻有數字，可能是標記尺寸，也可能有助於將它們與相應的花盆托進行匹配。

**圖一　鼓釘紋花盆，刻數字「七」**
15 世紀初發明了用雙模來製作花盆的新技術，與當時御用紅釉瓷器一樣，花盆釉以氧化銅為著色劑。

明，1403–1435 年
河南禹縣
高 7 公分，直徑 18.8 公分
喬治・尤摩弗普洛斯捐贈
(1920, 1027.1)

## 圖二　長方鼓釘紋花盆，刻數字「十」

雖然在中國境內外考古發掘中從未發現此種器形的花盆，但類似花盆卻存世不少。花盆上面常有18世紀的銘文，從而可知花盆原來安置的宮殿。這表示花盆為皇家訂製，在各宮花園裡留存了數百年。

明，1403–1435 年
河南禹縣
高 14.8 公分，寬 20.5 公分
(1937, 0716.56)

## 圖三　葵花式鼓釘紋花盆托，刻數字「九」

200 多年來，曾有學者認為用玫瑰紫釉鈞窯花盆種植花草的傳統始於宋代。然而，上海和深圳的研究人員用熱釋光技術對器物進行了年代鑒定，確定器物年代為明代早期。因此，對這些花盆的分析研究成為一個很好的案例，即考古與科學技術相結合可以改變學者傳統斷代和判斷歸屬的方式。

明，1403–1435 年
河南禹縣
高 6.1 公分，寬 20.5 公分
洪基貞（音）捐贈
(1925, 0717.1)

## 圖四　〈四季賞玩圖〉（局部）中的鈞窯花盆，佚名

明朝皇帝喜歡盆栽植物和園林花境，正如這幅卷軸局部表現的宮廷中季節性的消遣娛樂。畫面前部中間為景德鎮製青花花盆，兩側藍色花盆為鈞窯官窯所製。

卷，絹本設色
明，約 1426–1484 年
縱 35 公分，橫 780 公分
私人收藏

# 4｜11 明代佛教寺廟

　　明代朝廷與佛教寺院之間一直過從甚密。明朝的建立者洪武皇帝朱元璋曾在約 17 歲至 24 歲之間出家為僧。因此，朝廷後來大量贊助支持佛教寺廟整修（圖一）。

　　皇室對佛教的提倡，促進了新的宗教習俗及宗教形象的形成，有些一直延續到今。明代寺院僧尼眾多：西元 1440 年，有 5 萬 1 千多僧尼，到 1451 年時又新增了 5 萬人。15 世紀中葉，僅在北京就有千餘座佛教寺院。明朝初期，朝廷遵循元朝先例，仰承藏傳佛教傳統，為佛教神祇的呈現創制了多種表現形式（圖二）。比如，明代職業畫師們就為寺院繪製了成套色彩明亮的羅漢圖絹畫（圖三）。

**圖一　三菩薩壁畫**

河北行唐清涼寺建於金大定（1161–1189 年）時期。西元 1485 年的碑刻記載，壁畫由五台山一寺廟的僧人所繪，始繪於 1424 年。後又分別於 1437 年和 1468 年進行過繪製。

明，約 1424–1468 年
河北行唐
縱 403 公分，橫 400 公分
喬治・尤摩弗普洛斯捐贈
(1927, 0518, 0.8)

**圖二 布袋和尚琉璃像**

布袋和尚穿著鬆垮的黃色僧袍，
右手提綠色布袋似乞丐模樣。布
袋和尚世傳為彌勒菩薩或彌勒佛
之應化身。座上有銘文：「成化
二十年仲秋吉日造信士人黨成惠
氏化主道濟匠人劉鎮」。

明，成化年間，1486 年
河南
高 119.2 公分，寬 65 公分，厚
41 公分
約翰‧史派克公司捐贈
(1937, 0113.1 )

**圖三　〈四羅漢和侍從〉，佚
名**

整幅畫作上四位身穿中式長袍，
帶有頭光的人物，可判斷為羅
漢。他們立於山坡上的竹林中，
身側有一身穿米黃色長袍僕侍。
左下角是兩個前來獻禮的印度
人，身披綾羅綢緞，手持一支象
牙和一座山子。應還有另三幅
畫，與此畫共同組成十六羅漢
圖。

軸，絹本設色
明，約 1400–1450 年
可能繪製於寧波
縱 170.5 公分，橫 88 公分（畫芯）
縱 301.2 公分，橫 117 公分（掛幅）
(1983, 0705, 0.2, Ch.Ptg.
Add.442)

# 4│12 鎏金銅佛像

明初之後，佛陀造像表現幾乎沒有變化（圖一、圖二）。朝廷遵循元代舊例，在創作佛教造像時，仰承藏傳佛教的傳統。圖一這尊佛立像，可追溯到西元 1396 年，據記載：周府委託製作 48 件青銅器，以報四恩（對母親、父親、如來和教義）。而瓔珞、華美至極的頭冠和臂釧元素則是藏傳佛教造像的特徵（圖三、圖四）。元代和明初的統治者對藏傳佛教青睞有加，因此，允許僧侶參與政治政務。

**圖一　阿彌陀佛鎏金銅立像**

這座精緻的鑄像有著佛陀的標誌性特徵。他有像寶石堆積成的螺髮；長長的耳垂象徵著佛陀無窮的智慧；身著衣褶優美的袈裟；掌心向外的手勢，右手自然下垂，左臂彎曲做禪定印。

明，1396 年
江蘇南京
高 23 公分
布藍達・塞利格曼夫人遺贈
(1973, 0726.81)

**圖二　阿彌陀佛鎏金銅立像**

有些佛像供奉於寺廟中，也有一些由皇帝賜給前來觀見的高僧。這尊雕像的右手臂特別長，象徵接引靈魂通往西方極樂世界。佛像長袍邊緣裝飾圖案與明初瓷器上的紋飾相似。

明，1467 年
北京
高 32 公分
藝術基金會資助購買
(1942, 0417.1)

### 圖三　釋迦摩尼鎏金銅像

這種鎏金銅光環或曼陀羅式樣與1400–1450年間木刻版畫中的佛像一致。最近大英博物館的科學研究顯示，曼陀羅和底座是由不同的金屬製成，為乾隆時期所另接。這尊造像上刻有「大明永樂年施」字樣，表示銅像曾賜給西藏朝貢使團或供奉於明代寺廟。

明，永樂年款，1403–1424年
曼陀羅和底座為乾隆年間，
1736–1795年
南京或北京
高59公分（寶座），
高37公分（佛像）
(1908, 0420.4)

### 圖四　四臂文殊鎏金銅像

智慧之佛文殊菩薩像左手捧蓮花，上托《般若波羅蜜多（大智慧）經》及弓。右上方的手持劍，低處的右手空握（原應拿著箭）。在元代，忽必烈被視作文殊菩薩化身，永樂皇帝也自稱文殊菩薩顯身，為萬邦之君。

明，永樂年款，1403–1424年
南京或北京
高19公分
沃爾特·利奧·希爾伯格捐贈
(1953, 0713.4)

# 4｜13 佛教儀式用品

　　西元 1407 年，西藏高僧噶瑪巴（哈立麻）一行受邀來到南京主持法事，永樂皇帝賜予他兩根法杖，用於法事。法杖上的金銀紋飾採用了大馬士革金屬鑲嵌工藝（圖一）。這種鑲嵌工藝從中東經西藏或蒙古傳入中原。雖然圖二的鎏金筆套和圖三的嘎烏盒是在西藏製造，但是深受明朝審美影響。嘎烏盒內裝有咒符和冬蟲夏草。

　　1410 年，永樂皇帝下令用漢語和藏文刊印《甘珠爾》。西藏薩迦寺宗教領袖在 1413 年至 1414 年期間到南京覲見永樂皇帝時，永樂皇帝便將這套裝在朱漆盒（圖四）內的佛經賞賜給了他。佛典道書的編製和印刷意味著，官方認同的宗教修行和傳教活動可在民間推行流傳。朝廷刊刻佛、道經書，以示虔誠，透過這種皇家與宗教之間的聯合，使更多的民眾有機會獲得官方認可的文本。

**圖一　金銀鑲嵌鐵製法杖**

這柄鐵製法杖曾在南京舉行皇家法會時使用。後來永樂皇帝將它賜給了主持儀式的西藏高僧哈立麻（即第五世噶瑪巴）。如此奢侈的禮物當由皇帝詔命製造，杖上銘記了永樂年號，年代約為 1403–1424 年間。該法杖使用大馬士革鋼技術打造，所嵌精緻的金、銀紋飾讓人聯想起綾羅綢緞。

明，永樂年款，1403–1424 年
南京或北京
長 44 公分
布魯克・休厄爾永久基金捐贈
(1981, 0207.1)

**圖二　龍紋鎏金鐵筆套**

西藏人寫字不用毛筆，而用竹筆。這個長圓柱形鏤空筆套上刻有精美的龍紋。由於當時明朝、蒙古、西藏在工藝、材料、紋飾上有著深度的交流，因此，我們很難判斷這枝筆的製造資訊。紋飾細節，如龍角、眼睛、舌頭和藏式摩伽羅似的鼻子都雕刻得很精緻。

明，1400–1450 年
可能為西藏東部的德格
長 42.4 公分
查理斯・阿爾弗雷德・貝爾爵士捐贈
(1933, 0508.34)

永樂皇帝曾出於政治和信仰上的
考慮，向西藏高僧尋求建議，並
由他們舉辦法會。1420 年代至
1440 年代之間，北京的藏傳佛
教僧人數量在 1000 人至 2000
人左右。兩地的金屬製品藉由禮
物交換相互流通。

明，1400–1450 年
四川德格
高 9.2 公分
約翰尼斯・尼古拉斯・施密特和
瑪麗塔・米德捐贈
(1992, 1214.8)

**圖四　紅漆戧金八吉祥紋經文夾
板**

1410 年，永樂皇帝下令刊印漢文
和藏文《甘珠爾》（《大藏經》）。
刊印宗教經文是一種虔誠的表
示。1413–1414 年，西藏薩迦寺
宗教領袖觀見永樂皇帝。皇帝賜
予他一套《大藏經》，就裝在紅
漆戧金八吉祥紋經文夾板內。
1416 年，又將另一套 108 函《甘
珠爾》賜予色拉寺，但不及前者
精緻。每一對紅漆經文夾板可以
保護一函佛經。在上護經板內面
陰刻漢、藏文字的佛經名。

明，1410 年
江蘇南京
長 72.4 公分，寬 26.7 公分，高
3 公分
布魯克・休厄爾永久基金捐贈
(1992, 0129, 0.1.CH)

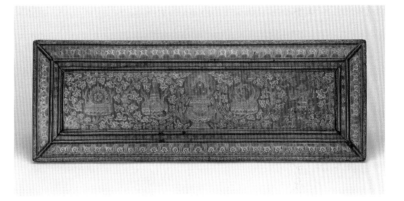

圖一　北京明十三陵神道旁的武官石像生。

# 明代墓葬：皇帝陵墓

明朝 16 位皇帝中有 13 位死後埋葬在位於北京西北郊的陵園中，即今天的明十三陵。明朝皇帝陵墓是世界上最令人驚嘆的皇陵建築群之一，占地約 40 平方公里。在永樂皇帝宣布遷都北京前 10 年，他就計畫在那裡修建皇宮和陵墓。因為北京在他奪取皇權之前，就是他的封地，且更靠近北元統治的區域。北元對明朝一直虎視眈眈。當他的皇后徐氏在西元 1407 年去世時，永樂帝沒有將她埋葬在當時的首都南京（也即他的父親明朝開國皇帝洪武帝和馬皇后的陵墓所在地），而是詔令官員在北京尋找合適的陵墓區。兩年後他們最終選定一塊青山環護，溪水分流的風水寶地作為建造皇陵的區域。

明代還有兩位皇帝並未埋葬於此處：一位是建文帝（永樂皇帝奪取了他的皇位，因此建文帝沒有帝陵）；另一位是景泰帝，死後葬於北京西郊。瓦剌俘虜了其長兄英宗皇帝後，景泰帝登上皇位，之後，英宗獲釋，復登皇位，廢景泰帝號，因此景泰帝去世後沒有入葬明十三陵陵寢。

西元 1540 年，嘉靖皇帝在陵區入口建造石牌坊，以大理石雕刻而成，六柱五間，上飾彩繪，還有浮雕龍、獅圖案。如今，石牌坊上的彩繪已剝蝕殆盡。最初，整個建築群還有外牆保護，如今也已不存。在石牌坊 1 公里外還有另一個裝飾性的入口——「大紅門」。皇陵附近有一塊 10 公尺高的大型石碑，1425 年所製，切割自整塊岩石，置於 4.5 公尺長的石龜背上。它永久標示著永樂皇帝長陵的位置。

十三陵地上和地下部分的營建都有如宮殿一般，通過一條鋪石神路（神道）可進入陵區。神道兩旁列有成對的石雕像（圖一）。有武臣、文臣和功臣立像，還有 12 對或蹲坐或佇立的石獸，石獸有獅子、獬豸（馬身獅首）、駱駝、大象、麒麟和馬等真實或神話動物形象。

目前，明十三陵中，只有萬曆皇帝長眠的定陵已完全發掘，且其地下陵墓可供人們參觀。此墓中絕大多數物品如紡織品、珠寶和陶瓷器已經移走。只剩下龐大的陵墓和無數的長明燈。長明燈把陵墓照耀得猶如生前的宮殿一般燈火輝煌。長陵（永樂皇帝陵墓）的外部建築已在原址重建。其上有木柱和黃色琉璃瓦頂，類似紫禁城一樣，建在南北軸線之上。位於南京的明孝陵（洪武皇帝陵墓）也可供人們參觀。

# 4│14 明代景泰藍

　　景泰藍（圖一）是一種用銅絲掐成花紋填入琺瑯色料裝飾金
屬器物的技術。工匠們首先用筆墨將紋飾勾畫在銅胎上，從銅片
上剪下銅絲再將其固定到胎體上，形成花紋。在花紋空隙中填充
有五彩斑斕琺瑯質色釉，燒成後表面即鮮豔奪目。燒製過程中，
先將器物放在溫度約 600°C 的窯爐裡焙燒，冷卻時釉收縮，在花
紋的空隙再次填入琺瑯釉料，再行焙燒。這個過程要重複大約四
次。最後，拋光器物，鎏金銅絲。雖然景泰藍是明代宮廷專用的
裝飾技術，但是明代墓葬中卻未發掘出任何一件景泰藍器物。圖
二至四中的景泰藍器皿可能在皇宮內的祭祀儀式場所存放了數百
年之久。

**圖一　景泰藍雲龍紋蓋罐**

此罐（現知僅有兩件，這是其中
之一）口沿上的款識「大明宣德
年製」、「御用監造」，記錄了
該罐的主人和製作地。此罐為宣
德皇帝獨享，罐上精美龍紋，是
帝王的象徵。

明，宣德年款，1426–1435 年
北京
高 62 公分，寬 55.9 公分
(1957, 0501.1)

**圖二　景泰藍蓋盒**

透過分析景泰藍釉料的色彩、結構和濃度，可判斷該器物的年代。明代整體所施的顏料層相當厚重，主色調鮮明；而明代早期器物的胎體比之後的器物更為厚重。與青花瓷紋飾相比，景泰藍紋飾範圍十分有限。與其他金屬器的比較，也有助於景泰藍的斷代。

明，約 1400–1450 年
北京
高 8 公分，直徑 15.6 公分
布魯克・休厄爾永久基金捐贈
(1974, 0916.1)

**圖三　景泰藍香爐**

明代景泰藍的銅絲是用銅錠鍛造而成。其中的銅絲被焊接在一起，因為銅質脆，所以掐絲容易縱向斷裂。景泰藍表面常因加熱過程中產生氣泡而留有砂眼。

明，約 1400–1450 年
北京
高 14.5 公分
布魯克・休厄爾永久基金捐贈
(1971, 0923.1)

**圖四　景泰藍賁巴壺**

這件盛水禮器一直到 18 世紀仍保存在皇宮裡，底座在乾隆時期更換過。雖然在西藏壁畫中出現過器形相似的水器，但是景泰藍似乎僅限於皇家御用。

明，宣德年款，1426–1435 年；
基座，清，乾隆年款，1736–
1795 年
北京
高 20.3 公分
加納夫婦為紀念東方部保管員白瑞特退休，購買後捐贈
(1977, 0718.1)

# 4│15 明代御用瓷器

　　皇帝會在皇宮內代表國家社稷、黎民百姓舉辦儀式，祭祀祖先、天地，以及向眾神禱告。大型祭祀常涉及數百人，需精心籌畫規程並準備祭祀用品。明朝開國皇帝洪武帝打破傳統，規定「祭器皆用瓷」，以瓷器來取代青銅禮器。在瓷器上以帝王年號作為款識始於永樂皇帝（圖一）。使用的字體如同古老的甲骨和青銅器上的銘文一般。

　　永樂帝為紀念父母，於西元 1412 至 1431 年間在南京建造大報恩寺。他邀西藏高僧舉辦大齋，法會上就使用了仿西藏金屬器造型的白釉僧帽壺（圖二）。還有盛放祭天食物酒飲的紅釉碗（圖三）、盤、紅釉高足碗（圖四）等。高足碗（圖五）通常配有金質或銀質的蓋和托。

**圖一　甜白釉暗龍碗**

「永樂年製」年款由宮廷書法家沈度（1357–1434 年）用篆書書寫，與甲骨文和商朝青銅器上的金文一脈相承。喚起了與古老歷史之間的連接，從而確立永樂皇帝統治的合法性，滿足了他長期以來的願望。

明，永樂年款，1403–1424 年
江西景德鎮
高 7 公分，直徑 21.8 公分
奧古斯塔斯・沃拉斯頓・弗蘭克斯爵士捐贈
（Franks.1）

**圖二　甜白釉劃花僧帽壺**

僧帽壺延續了元代器形風格，西藏金屬器中也發現有類似器物。永樂皇帝下令製作這批瓷器，用於其父母的普渡大齋。他邀第五世噶瑪巴（哈立麻）在南京舉行普渡大齋，為明太祖和馬皇后薦福，並冊封他為「大寶法王」。

明，永樂年款，1403–1424 年
江西景德鎮
高 19.4 公分，寬 19.2 公分
（1952, 0512.1）

## 圖三　鮮紅釉碗

永樂年間，官窯銅紅釉燒製技術
臻於完美，代表了永樂時期禮用
瓷中的最高等級。據我們所知，
只有在明代的永樂和宣德年間燒
製的紅釉才有如此純正的色調。
到正統年間，就已不見鮮紅釉瓷
器。最近有研究認為，這種釉色
不是以純氧化銅為呈色劑，而是
在釉料中還加入了銅屑。這類銅
紅釉的燒製技術在西元 1450–
1700 年間已經失傳，後來才又
得以恢復。

明，宣德年款，1426–1435 年
江西景德鎮
高 8.5 公分，直徑 18.5 公分
亨利・J・奧本海姆遺贈
(1947, 0712.321)

## 圖四　釉裡紅暗花紅地白高足碗

永樂年間，景德鎮官窯督陶官工
對陶瓷品質的控制非常嚴格。考
古學家在景德鎮珠山挖掘出數塊
高足碗殘片，其紋飾、形狀均與
所展示的這件高足碗類似，可惜
它們的紅釉色呈色失敗。此杯內
壁有暗花紋，紅地上留白雙龍戲
珠紋飾，在龍眼睛部位點鈷藍。

明，永樂年款，1403–1424 年
江西景德鎮
高 10 公分，直徑 15 公分
布魯克・休厄爾遺贈
(1968, 0423.2)

## 圖五　青花藍地白高足碗

該碗外壁上飾有神話傳說中的 9
種海獸，騰躍在深藍色的波濤
中，足飾波浪紋。這些海獸的描
述見於劉向（西元前 77–6 年）
編訂的《山海經》，和藏傳佛教
也有關聯。

明，宣德年款，1425–1436 年
江西景德鎮
高 13 公分，直徑 15.6 公分
白蘭士敦捐贈
(1938, 0712.1)

# 4 | 16 明代御用金、銀和寶石

　　當時的中國會從緬甸和斯里蘭卡進口紅寶石、藍寶石和綠松石，然後由宮廷工坊銀作局負責珠寶鑲金。銀作局是在宮中製作珍貴金銀器飾的機構。明朝宮廷男性和女性都佩戴珠寶，如戒指、手鐲、腰帶、耳環、珠寶裝飾的帽頂（圖四）、髮釵和頭飾等等。這些寶石也用來裝飾奢侈品，例如，鑲嵌金器（圖一），或裝飾皇帝寶座，甚至縫於絲綢枕頭兩側的枕頂（圖三）。梁莊王是宣德皇帝之弟。從湖北梁莊王朱瞻垍（1411-1441 年）和王妃魏氏（1414-1451 年）（圖二）合葬墓中出土了許多這種寶石鑲金的珠寶器物。其他王侯墓裡也出土過類似的器物。

　　明初，朝廷控制黃金的供應，用嚴格的法令限制皇親國戚對黃金的使用。大多數金器出土於貴族墓（圖二）和他們最親密的隨從墓中。明晚期，朝廷減少了對黃金的控制，金器的使用範圍就變得廣泛一些。銀器（圖五）與金器造型相似，但用銀所受限制較少。隨著時間的推移，工匠還把金、銀器熔化，可能重鑄成新式的器形或者用來製作其他珠寶等物品。因此，相對而言，今天遺存的金、銀器物相對較少。

**圖一　鑲寶石金執壺**

這件金器陰刻五爪龍，在凸起部位鑲嵌半寶石。皇帝們喜歡絢麗的物品和建築，這種審美品味與之前元朝蒙古貴族相似。

明，宣德年款，1426–1435 年
南京或北京
高 21.7 公分，寬 20.8 公分
費城藝術館藏，約翰・Ｔ・莫里斯基金購買
(1950–118.1)

**圖二　金執壺**

梁莊王和王妃魏氏是這件金執壺的主人。由銀作局用純度 86.73% 的黃金打造。

明，1425 年
江蘇南京
高 26.2 公分，口徑 6.4 公分，足徑 9.2 公分，重 868.4 克
湖北省博物館藏

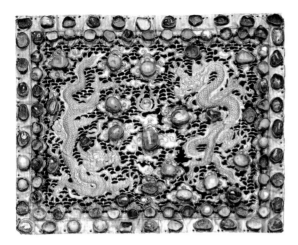

**圖三　鑲寶金枕頂**

這是一對枕頂中的一個，雲紋中飾兩條金龍和一顆火紅珍珠。枕頂邊緣穿孔，方便枕頂繫在枕頭上。枕頂紋飾用鏨刻、鏤雕手法製造出浮雕效果，並鑲嵌有從南亞地區進口的半寶石。

明，宣德年款，1426–1435 年
北京或南京
高 14.4 公分，寬 18 公分
(1949, 1213.1–2)

**圖四　金鑲藍寶石帽頂**

15 世紀早期，皇族男性的珠寶裝飾也十分華麗。此帽頂原先應縫於帽子上端。精緻的金底座上鑲嵌了一顆巨大的藍寶石原石，周圍以其他寶石點綴。嵌有小型寶石的底座為金色如意卷草紋，此類紋飾也出現在元青花上。

明，約 1424–1441 年
南京或北京
高 3.9 公分，底徑 5.1 公分
湖北省博物館藏

**圖五　銀盞托**

這個銀盞托中央刻有精美的靈芝紋，四周環繞著四季花卉。在1500–1600 年期間，在景德鎮瓷器中也不時出現相似的紋飾。

明，約 1500–1600 年
直徑 15 公分
奧斯卡·拉斐爾遺贈
(1945, 1017.195)

# 4│17 漆雕

　　大漆是從漆樹樹幹部位收集的樹液或樹脂，朱漆（圖一至圖四）則是用一種常見的汞礦石，即朱砂加入大漆著色而成。明代的剔紅雕漆需要刷漆達 100 餘層。雕刻完成後，紋飾邊緣還要使用獸骨、角或陶土研磨成的粉末進行拋光。曾有約 5000 名中國南方漆器工人入京，為宮廷漆器作坊「果園廠」勞役四年，這是當時明初稅制的組成部分。「果園廠」設立後，由浙江嘉興西塘人張德剛掌管。另一名來自嘉興的包亮也在宣德年間主持過該作坊。

**圖一　人物題字剔紅漆盤**

在這個蓮瓣形盤中央，一名男子正帶著僕人走向一幢建築。兩名僕人一人手持燈籠，另一懷抱古箏。樓宇中的男子則享受著溫暖的美酒。僕人在火盆處溫酒，旁邊的桌子上擺著酒杯和水果。遠處一派美景，盤沿刻有四季花卉。背面刻有「內府甜食房」字樣和永樂年款。但大多數漆器上，都沒有留下使用場所和用途信息。

明，永樂年款，1403–1424 年
直徑 34.8 公分
加納爵士夫婦捐贈
（1974, 0226.20）

**圖二　露台人物剔紅漆盒**

明代宮廷設有 24 個衙門掌管內廷事物，其中至少有兩個部門——內官監（管理宦官）和御用監（管理皇室物品）生產高品質的剔紅漆器。內官監有 10 個工坊，其中之一就負責製作精美的漆器，如家具和奩盒。明初期的繪畫中就繪有皇家郊遊時，宦官捧著這種裝有食物的大漆盒。

明，永樂年款，1403–1424 年
高 15.5 公分，直徑 37 公分
（1939, 0621.1）

## 圖三 竹節剔紅花瓶

中國雕漆在日本受到高度讚譽，並逐漸成為日本茶道用具的一部分。據文獻記載，永樂皇帝曾將漆器作為禮物賞賜日本室町幕府。西元 1403 年，中國曾贈送日本織品、戧金漆家具和 58 件剔紅漆器。這 58 件剔紅漆器形制和尺寸各異，包括漆盒、碟、碗、盤、托、花瓶和鏡奩盒。此外，日本文獻還記載了中國分別於 1406、1407、1433 和 1434 年賜予室町幕府的一系列禮物的清單。

明，永樂和宣德年款，
1403–1424 年
高 11 公分
加納爵士夫婦捐贈
(1974, 0226.17)

## 圖四 滕王閣圓剔紅盤

此盤上描繪了西元 675 年江西南昌市滕王閣上舉辦的文人宴會場景。王勃亦參加了此次盛會，並寫下〈滕王閣序〉。漆盤背面便鎪刻了王勃所作的〈滕王閣詩〉。

明，1489 年（弘治二年）
平涼王銘刁製
直徑 19 公分
(1980, 0327.1)

## 4 | 18 中東貿易和宮廷審美

　　外國使者經常出使明朝兩京（南京和北京），呈送貢物並接受賞賜。與此同時，中國官員也時常出訪外國（圖一）。北京設有「四夷館」，專事翻譯少數民族及鄰國語言文字，官方文本也翻譯成多種語言頒布。西元 1405 年，鄭和開始了首次遠航，他先後七次奉命出航西洋，以彰顯明朝的軍事力量，擴大朝貢體系，建立貿易關係。每次遠航的隨船人員有 2 萬 7000 餘人，船隊有 5、60 艘大型寶船和數百艘較小型的船隻，航行歷時兩年。

　　除人員外，船上還裝運著中國奢侈品，如瓷器（圖二）和絲綢，用以交換印度的寶石、非洲的黃金和異域動物、中東的玻璃器和金屬器，以及東南亞的香料和木材。中國史書中對歷朝歷史的不斷重釋，造就中華歷史自成一體的連續感，而對物質文化的研究，則反映出與異國交流的情況。朝貢、貿易和外交吸引了海內外眾多不同文化背景的人們與明朝開展交流。透過這種接觸，來自異域的器形和紋飾也在明朝宮廷內大為流行（圖三、圖四）。

圖一 〈獅子和牠的飼養人〉，任可吏（創作高峰 1450–1500 年）

明朝皇帝會將來自異域的動物安置在皇宮附近的「豹房」之內。他們豢養並陳列這些遙遠地區的珍禽異獸，以展現自己富有四海的影響力。使節們也會把動物作為貢品獻給皇帝，比如著名的長頸鹿是從非洲東部經孟加拉，再運到北京。畫作上包著頭巾，鬍鬚濃密的男子便是一位來自中東的飼養人，獻給成化帝兩頭獅子，畫中為其中之一。

軸，絹本設色
明，1480–1500 年
可能繪於北京
縱 163.4 公分，橫 100 公分（畫芯）；縱 254.2 公分，橫 108 公分（裝裱）
羅德里克・維特菲爾德教授捐贈（2014,3032.1）

### 圖二　青花瓶、抱月瓶和梅瓶

這些器物中央均為花鳥紋，繪有雀鳥棲於樹枝之上。這類花鳥紋與當時小幅畫作，如扇面和冊頁上的鳥雀、昆蟲、植物風格極為相近。在中東的玻璃器和金屬器中，也有抱月瓶形制的器物存在。而梅瓶肩部萬花筒般的錦紋在中東金屬器上也可見到。

明，1403–1424 年
江西景德鎮
高分別為 33.5 公分，30.8 公分，33.2 公分
大維德爵士中國藝術基金
（PDF, A.614; PDF, A.612）
沃爾特・E・安嫩伯格捐贈
（1972, 0621.1）

### 圖三　青花荔枝紋抱月瓶

荔枝樹種植於中國南方，它在北方則因溫度較低，而無法生長。此樹一年四季長青，春天會開如器物紋飾所繪一般的小花朵。花謝後很快，樹上便會結出表面凹凸不平的紅色果實。明朝時期人們會飲荔枝酒。它的果實還有吉祥的寓意，代表早生貴子的美好願望。抱月瓶為仿中東玻璃器形。

明，1403–1424 年
江西景德鎮
高 25 公分，寬 22 公分
亨利・J・奧本海姆遺贈
（1947, 0712.325）

### 圖四　〈荔枝山雀圖〉局部，佚名（又傳為宋徽宗所作）

卷，絹本設色
明，約 1500–1600 年
縱 26 公分，橫 281 公分
比阿特麗絲・貝特森捐贈
（1926, 0410, 0.1）

# 4 | 19 中東金屬器和中國瓷器

　　永樂皇帝和宣德皇帝都支持海上貿易，並派使團出使中東、非洲等地。明朝與埃及、敍利亞、伊朗和其他國家互相交流，使來自中東異域風格的器形和紋飾在宮廷內變得十分流行。景德鎮瓷器的生產中，融入了中東金屬器和玻璃器的功用和裝飾風格（圖一至五）。圖中這些白瓷或青花瓷或許就是兩者文化交融的產物，它們也可能是仿自元朝遺留在北京宮殿內的古物。永樂皇帝在元朝宮殿遺址上建立新都，同時接管了元朝收藏的繪畫及鑲嵌金屬器和玻璃器等遺產。明代的中東風格到 1430 年代晚期，才逐漸式微。

### 圖三　青花帶蓋藏式執壺

此壺十分別致，壺嘴呈螭龍形，它的尾部延展為大型卷草紋，連接著壺頸和器身。壺執為西藏摩羯式樣，咬在壺頸部，身體和尾巴化為扁平的執手。

明，宣德年款，1426–1435 年
江西景德鎮
高 19 公分（帶蓋），
寬 17.6 公分
(1936, 1012.94)

### 圖四　青花中東風格執壺

此執壺器形仿自中東金屬器。雖然景德鎮常以 12 世紀的瓷器為原型燒製瓷器，但是此壺所仿並不似 12 世紀的器物。從歷史和地理角度看，反而更接近於 15 世紀中亞或阿富汗器物風格。

明，永樂年款，1403–1424 年
江西景德鎮
高 32.4 公分，直徑 32.4 公分
布魯克・休厄爾遺贈
(1963, 1219.1)

### 圖五　嵌銅、銀黃銅壺

1150–1250 年
阿富汗赫拉特
高 35 公分
(1848, 0805.1)

# 4｜20 與印度的青瓷貿易

　　中國的青瓷（圖一至三）在印度、中東和非洲非常流行。浙江龍泉窯生產的瓷器堅固耐用，胎體厚實，能經受住運往印度洋及其他更遠地區的遠洋顛簸。傳說如果青瓷接觸到有毒食物就會裂開；這一傳說給作為飲食器皿的青瓷又增添了一絲魅力。到 15 世紀晚期，隨著青花瓷越來越受到歡迎，厚重的龍泉瓷就此走向衰落。龍泉窯失去了宮廷的支持，其生產品質逐漸下降。

　　圖中看到的這些青瓷，都來自督陶官嚴格監燒龍泉瓷時期。14 世紀晚期和 15 世紀早期，龍泉窯和景德鎮官窯御用瓷有類似紋飾。建造在蜿蜒山坡上的龍窯一次能燒製成百上千件瓷器，這些龍窯所用燃料便來自當地山上的木材。縱觀中國歷史，陶瓷通常並非某地最重要的產品，就像龍泉地區的鑄劍技術比瓷器更有名，只不過，這些劍在當今博物館中幾無遺存。

**圖一　青瓷牡丹紋碗**

這件青瓷碗刻畫了牡丹紋，線條流暢。牡丹花在中國象徵著榮華富貴，是瓷器紋飾的重要主題。底部用阿拉伯語刻下了曾經的收藏者姓名「賽義德・穆罕默德」。

明，1400–1450 年
產於浙江龍泉地區，1864–1883 年從印度搜集
高 13 公分，直徑 34.2 公分
布魯克・休厄爾道贈
(1963, 0520.10)

## 圖二　青瓷孔雀紋大盤

此盤中央刻畫了一隻孔雀在牡丹
樹下，尾羽收攏，單足站立在一
塊岩石上。內壁畫纏枝蓮紋。燒
製時間約在 14 世紀晚期到 15 世
紀早期，燒製品質很高，其紋飾
在景德鎮燒造的青花瓷上也有出
現。

明，1368–1424 年
浙江龍泉地區
高 6.4 公分，直徑 51 公分
伊斯拉．克利夫頓．昂斯萊夫人
遺贈
(1971, 0406.1)

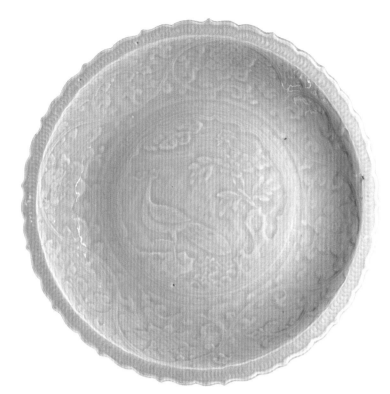

## 圖三　青瓷牡丹紋盤

15 世紀早期，浙江龍泉窯、河南
鈞台窯、江西景德鎮窯，這三個
瓷窯都為朝廷生產訂製的瓷器。
這一時期，龍泉和景德鎮都使用
極其相似的紋飾。這一點表示明
朝保留了元代從中央朝廷提供的
紋樣集中取樣的傳統。要燒製
這樣一個大盤而不變形，其實難
度極大，因此，留存極少。

明，1403–1424 年
浙江龍泉地區
高 10.5 公分，直徑 64 公分
巴茲爾．格雷遺贈
(1989, 1016.1)

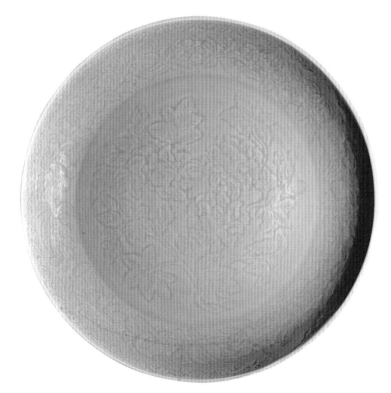

# 4│21 成化「宮碗」

　　明朝初期，宮廷瓷器由工部管理和監製。陶工們在遠離北京的景德鎮兢兢業業，利用新技術創造出有史以來最精美的瓷器。瓷器燒製在當時變得日趨標準化，成品間差別很小，這表示朝廷對官窯的監管力度更大。御窯畫工在陶瓷表面用濃淡不同的鈷藍繪製人物、纏枝花葉圖案。成化年間鈷料研磨得十分精細，容易均勻塗覆，與 14 世紀和 15 世紀初相比，不易因青料不勻而導致燒成後青花色調深淺不一。

　　鑒賞家們專用「宮碗」一詞，特指景德鎮創燒的一類品質優良的青花碗。這類瓷碗裝飾上傾向於大面積留白，施透明釉，以顯露瓷胎的潔白。成化皇帝一直對景德鎮御窯廠的生產十分關心，圖中這些宮碗即出自御窯廠。考古學家在成化年間的官窯遺址發現大量廢棄的瓷器碎片，由此可見宮廷對瓷器生產的標準要求極高。御窯生產的瓷器帶有皇帝年號，不得進入市場流通，瑕疵品必須打碎銷毀。同樣，紫禁城內的發掘也揭示了成化年間瓷器紋飾的豐富多樣，令人驚嘆。圖中這些精美青花碗（圖一至五）是當年精品的部分遺存。

**圖一　青花萱草紋宮碗**
萱草原產於東亞地區。《詩經》和古代植物藥典中記載，它有解愁忘憂的作用。

明，成化年款，1465–1487 年
江西景德鎮
高 7 公分，直徑 15 公分
布藍達·塞利格曼夫人遺贈
(1973, 0726.362)

**圖二　青花瓜藤紋宮碗**

成化皇帝特別喜歡這種瓜藤紋設計。因為瓜和藤象徵多子多孫，「瓜瓞綿綿」寓意著子孫昌盛、綿延之意。

明，成化年款，1465–1487 年
江西景德鎮
高 7 公分，直徑 15.4 公分
布藍達・塞利格曼夫人遺贈
(1973, 0726.363)

**圖三　青花木槿（即黃蜀葵）宮碗**

從盛開的五瓣形花和鋸齒狀葉掌等特徵可判斷，碗上紋飾為黃蜀葵花。永樂年間（1403–1424年）的青花瓷上首次出現了黃蜀葵，此處為仿古紋飾。已知還有兩件器物有相似圖案，僅有細微不同。

明，成化年款，1465–1487 年
江西景德鎮
高 7 公分，直徑 15.2 公分
威妮弗雷德・羅伯茨夫人為紀念兄弟阿奇巴爾德・白蘭士敦捐贈
(1954, 0420.4)

**圖四　青花蓮紋宮碗**

蓮花在中國藝術中代表夏季，在佛教中寓意純潔。一些蓮花紋飾以自然形態呈現，但此碗上為纏枝蓮紋，可能參照了絲織品圖案。

明，成化年款，1465–1487 年
江西景德鎮
高 5.5 公分，直徑 15.3 公分
沃爾特・塞奇威克夫人遺贈
(1968, 0422.35)

**圖五　青花宮碗**

此碗外壁紋飾似萱草紋，但又缺少雌蕊。特徵明顯的五瓣花朵，又看似代表美麗和優雅的夾竹桃。但夾竹桃花簇生成團，並不是單株盛開。此碗花卉紋飾特別，而且至今未在景德鎮出土或者出版物中發現有類似作品。

明，成化年款，1465–1487 年
江西景德鎮
高 7.2 公分，直徑 15.2 公分
亨利・J・奧本海姆遺贈
(1947, 0712.182)

# 4│22 百子圖

百子圖來源於「文王生百子」一說。傳說周文王有 100 個兒子，其中 99 個為親生，另有一養子。從宋代起，嬰戲圖便是中國繪畫和裝飾藝術的常見主題。在明代，百子圖表達了人們多子多孫的願望，希冀子孫後代能在科舉考試中金榜題名，從此高官厚祿，為家族帶來財富和榮耀。百子圖主題在各類器物上都有出現，其中包括紡織品、漆器、瓷器（圖一、圖三）、木版畫、繪畫（圖二）和墨錠等。畫中孩童蓄髮三撮，前額一撮，腦袋左右側各一，其餘剃去。這種髮型在西方很少見，西方繪畫中的兒童常常滿頭鬈髮；但在今天中國大陸地區仍然可以見到。

**圖一　嬰戲圖青花碗**

百子圖寓意多子、富有和快樂。成化皇帝在 18 歲時登基，子嗣稀少。他的寵妃萬貴妃比他大 17 歲。有傳言說自從她流產後，就派宦官給其他懷孕的嬪妃下毒，確保宮裡沒有其他女性能誕下將來繼承皇位的孩子。

明，成化年款，1465–1487 年
江西景德鎮
高 10.5 公分，直徑 21.9 公分
A.W. 白蘭士敦和威妮弗雷德・羅伯茨夫人為紀念 A. D. 白蘭士敦而捐贈
(1953, 0416.2)

**圖二 〈百子圖〉，佚名**

這幅手卷中每幅場景都描繪了一群嬉戲的孩童，預示著他們長大以後能學識過人，富貴榮華。在這幅圖中一側，五個男孩聚在精緻的庭院中，圍坐在一方墊上習字。

卷，絹本設色
明，約 1500–1644 年
縱 784.8 公分，橫 24.1 公分
(1881, 1210, 0.96.CH, Ch.Ptg.157)

**圖三 百子圖青花帶蓋罐**

在中國傳統觀念中，有許多孩子尤其是男孩，被看作家族興旺、完成傳宗接代的基本要素。男孩越多越好。在這個罐子上所繪孩童看似隨意玩耍，但是他們玩的遊戲多帶有象徵性的寓意，預示著未來事業有成。

明，嘉靖年款，1522–1566 年
江西景德鎮
高 46 公分（帶蓋），
直徑 39 公分
艾維‧克拉克夫人捐贈
(1973, 0417.1.a–b)

# 中國園林

　　中國園林的設計理念改變了 18 世紀英國花園的風格。在此之前，英國長期流行規則的「法式」花園，布局對稱，道路筆直齊整。18 世紀中葉，乾隆皇帝卻又反而著迷於歐洲花園，在北京建造的避暑園林圓明園裡引入了西式古典園林風格。那時，中國和西方國家之間還互相交流植物品種，比如，英國就從中國引進了菊花、連翹、茉莉花和牡丹。

　　江蘇的蘇州以古典的私人園林而聞名。只是這些園林並非任人參觀，因為它們都是私人娛樂和社交聚會之所。亭臺樓榭和假山奇石是中國園林的基本組成部分，此外還包括題於奇石之上的諸如樓閣雅名或詩句等書法作品。

　　水域和植物也是中國園林的重要組成部分。在古典私家園林中，水域不以噴泉樣式呈現，而是體現出自然的情趣。水面的橋廊也盡顯蜿蜒曲折。花園中的景色透過牆垣、洞門和花窗隔分，營造出空間意境。花園布局不講究對稱，而尚移步換景，以景怡人。

**圖一　上海豫園**
始建於 1559 年（嘉靖三十八年），
遊客如今仍可入內參觀。

# 4 | 23 明代山水畫

　　自漢代以來，自然風景便出現在中國藝術之中。從 10 世紀起，繪畫藝術中最傑出的代表就是山水畫。11 世紀文獻所記載的文人山水畫理論，流傳至今。為了在大幅山水畫中強調自然景觀的宏大，畫作上往往添加人物形象。蔣嵩（創作高峰期約 1500 年）的〈攜琴訪友圖〉（圖一）上極小的人物形象，使欣賞者聯想起人類生命的短暫，以及樹木、山水的長久。山水畫中，畫家會使用不同筆觸和濃淡施色，表現距離、尺度和空間。明代畫家唐寅（1470-1523 年）便尤其擅長創作大氣恢弘的江南風景畫（圖二）。

　　中國繪畫的基本方法是師古、摹古。例如，文徵明（1470-1559 年）的〈寒林圖〉（圖三）就頗有元代畫家倪瓚（1301-1374 年）的風格。同其他朝代一樣，這些畫作通常會幾經易主，而後來的收藏者則會在畫上留下題跋和鈐印。

圖一　〈攜琴訪友圖〉，蔣嵩
此畫是明代浙派畫家的代表作之一。以蔣嵩為代表的明代畫家繼承了北宋著名畫家的巨幅山水畫風。這幅畫的前景中有一文人，童子肩背囊琴相隨。跟他們經過的高山相比，人物顯得格外矮小。畫家增添極小的人物形象，便使得峻嶺和溪谷顯得尤為突出，顯示了風景永恆，而人類只是匆匆過客這一主題。

軸，絹本設色
明，約 1500 年
江蘇南京
縱 148 公分，橫 90 公分（畫芯）；
縱 267.5 公分，橫 96.7 公分（卷軸）
亨利・J・奧本海姆遺贈
(1947, 0712, 0.4, Ch.Ptg. Add.228)

### 圖三 〈寒林圖〉，文徵明

文徵明和他同時期的很多文人畫家一樣，都喜歡研究前人畫作，在師古與創新中完善自己的作品。這幅畫為文徵明73歲時所作，當時其夫人過世，友人李子成登門哀悼。文徵明和李子成在致哀回禮過程中，談到李成（李營邱）舊作，故作此畫贈之。李成善畫秋冬樹木。儘管松樹是堅定、永恆的友誼和希望的象徵，但文徵明此時已如寒林虯枝，垂垂老矣。

軸，紙本水墨
明，1543 年（嘉靖二十二年）
江蘇蘇州，吳派
縱 90.5 公分，橫 31 公分（畫芯）；
縱 222 公分，橫 61 公分（裝裱）
布魯克‧休厄爾遺贈
(1965, 1101, 0.1, Ch.Ptg.Add.351)

### 圖二 〈西山草堂圖〉，唐寅

這幅風景畫完美地描繪了河上升騰的霧氣間，青山上，蒼木參差和茅草小屋的景象，令觀者動容。橫幅卷軸形式比掛軸形式表現得更加詳盡。欣賞時，一般從右往左打開卷軸，使景隨人，逐漸達到高潮。

卷，紙本水墨
明，1499–1523 年
縱 31.2 公分，橫 146.3 公分（畫芯）；縱 32 公分，橫 876.8 公分（畫軸）
布魯克‧休厄爾永久基金捐贈
(1965, 0724, 0.7, Ch.Ptg.Add.345)

# 4 | 24 文人、白丁和文星

　　儒家文化宣導文人是有學識之人，其行為應該為社會樹立道德模範。若偏離正確的道德準則只會導致公眾的鄙夷（圖一），失去朝廷恩典，丟掉個人官職，最終導致國家禮崩樂壞。相比之下，儒家則將大量沒有受過教育的白丁視為魯鈍荒唐的愚夫，一言不合則會拳腳相向（圖二）。在中國古代社會，人們認為身居高位的士大夫階層因為文星（保佑考生考取功名的神祇，如文昌星和魁星）高照，而獲得更高的地位（圖三）。

　　對一個成年男性來說，獲取功名、領取俸祿，是他本人和家庭經濟來源的重要保證。科舉考試有鄉試、會試和殿試，考察考生對經、史、子、集的瞭解及解讀能力。從理論上講，任何有聰明才智之人都能中試，而那些最為聰慧之人則能擔任最重要的職位。雖然官員有責任向皇帝或大臣諫言，告訴他們是否偏離正道，但是這種坦誠直言很可能引火焚身，招致貶黜偏遠地區甚至更糟的際遇。

圖二　〈流民圖〉，吳偉
明朝中期畫家吳偉（1459–1508
年）善繪人物山水畫。成化和弘
治年間，他在宮廷畫院任職，後
因不為皇帝所喜，被迫離開畫
院。他本人亦好酒貪杯，以幽默
的手法生動地描繪了街頭酒醉酩
酊乞丐打架的情景。

卷，紙本設色
明，約 1459–1508 年
湖北
縱 37.3 公分，橫 546.5 公分（畫
芯）；縱 38.5 公分，橫 1023.5
公分（卷軸）
布魯克・休厄爾永久基金捐贈
(1965, 0724, 0.8, Ch.Ptg.
Add.346)

圖三　〈文星〉，丁雲鵬（創作
高峰期約 1584–1628 年）
軸，紙本水墨
明，1596 年
縱 117.5 公分，橫 46.4 公分
F. E. 威爾金森捐贈
(1936, 1009, 0.129, Ch.Ptg.
Add.170)

# 4│25 書法

西元前 221 年，東亞已經開始使用通行的標準化書寫文字。中國、日本、朝鮮、越南北部都使用文言文，擴大了中國哲學、歷史、詩歌和戲曲的影響範圍。這些國家的文人可用書寫文字交流，而不需要學習彼此的口說語言。方言對外人來說幾乎不可理解，不過，中國不同地區的人們依然能夠在不懂當地方言的情況下透過書寫交流。在中國官僚體系中，擅長書寫的人才尤易獲得高官厚祿。偉大的書法作品不僅指書寫的筆墨技巧精湛（圖二、圖三），同時還包括所書詩文本身的意蘊，兩者相通相融才是藝術的最高境界。

所謂的「文房四寶」是指筆、墨（圖一）、紙、硯。此外，文人還會購置漂亮的筆洗、水盂、硯滴、印章和印泥盒等文房用具。

**圖一　百雀（爵）圖墨**

這塊墨錠設計了諧音雙關語，「雀」通「爵」。墨錠另一面如同跋文，描述了正面的〈百雀圖〉。同時，記錄了製墨日期（1621 年）和製墨人——出自著名製墨家族的程君房（又名程幼博，創作高峰期 1522–1566 年）。

明，1621 年
程君房製
高 1.7 公分，直徑 13.5 公分
(1938, 0524.670)

## 圖三　張瑞圖詩軸

張瑞圖（1570–1641 年）出生於中國南方，與董其昌（1555–1636 年）、邢侗（1551–1612 年）、米萬鐘（1570–1628 年）並稱「晚明四家」。此詩軸書寫別具奇逸之態，筆多為側鋒。這首詩獻給一位姓「杜」的詩人：

獨嘯層岩第一峰，
松夢向晚若為容。
遙看飛鳥林間度，
正憶歸僧月下逢。
隔樹天低三五尺，
當軒雲抱百千重。
蒲團坐種萬緣寂，
列洞風傳幾處鐘。

軸，緞本水墨
明，約 1600 年
可能寫於福建
縱 188 公分，橫 53 公分（畫芯）；縱 246 公分（卷軸）
布魯克・休厄爾永久基金捐贈
(1963, 0520, 0.5, Ch.Ptg. Add.333)

## 圖二　〈寶劍行〉，范景文

范景文（1587–1644 年）出生於中國北方都城北京西面，是一名官員、詩人和畫家。他於 1644 年，官至工部尚書兼東閣大學士。可悲的是，他的成功非常短暫。同年，李自成起義軍攻破北京，明崇禎皇帝自縊，他為表示對明朝皇帝的忠誠，以身殉國。

卷，紙本水墨
明，約 1600–1644 年
北京
縱 43.6 公分，橫 542.5 公分
布魯克・休厄爾永久基金捐贈
(1977, 0509, 0.3, Ch.Ptg. Add.415)

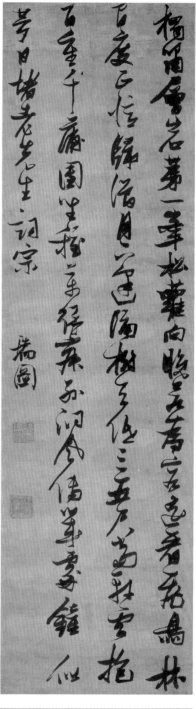

# 4│26 《三國演義》

　　歷史小說《三國演義》是14世紀作家羅貫中（約1330-1400年）的作品，與《水滸傳》、《西遊記》、《紅樓夢》並稱「中國四大名著」。明清時期，這些小說的木刻版畫流傳廣泛，故事中的場景也出現在漆器和瓷器之上。

　　《三國演義》是歷史演義小說，其中一回講述了劉備「三顧茅廬」力邀隱居的謀略家諸葛亮輔佐他的故事。陶瓷工匠在裝飾圖一的青花大罐時，特意選擇了諸葛亮看到劉備到來的場景。圖二香爐上出現的則是《三國演義》中的另一個故事。

**圖一　青花大罐，「三顧茅廬」場景圖**

畫面上諸葛亮正在樓閣上向外眺望，劉備等三人正騎馬前來，他們身前有攜著劍和囊琴的兩個僕人，身後則跟隨另三個僕人，分別挑著食盒、酒罈和裝滿食物的竹筐。

明，1457–1464 年
江西景德鎮
高 34 公分，直徑 36 公分
(1937, 0716./9)

圖二　青花簋形香爐，趙雲單騎
救主

畫面上兩名戰將手執長矛策馬飛
奔，正追逐在馬背上懷抱幼主的
趙雲，後者正向雉堞城牆中的月
洞門趕去。器底部有款「天啟五
年吳名冬香」，表明此器物於
1625 年製作，由吳冬香捐奉。

明，1625 年
江西景德鎮
高 12 公分，直徑 19.2 公分
(1971, 0622.1)

# 4│27 明代人物嵌螺鈿漆器

明代由於使用木製雕版印刷小說話本、戲曲唱本，促進了文學的傳播。人們對插圖的廣泛興趣還反映在漆器、紡織品和陶瓷裝飾上，比如自然景觀中的山水人物（圖四），樓台人物（圖一）或文人雅行（圖二）等，都是當時流行的版畫題材。黑漆嵌螺鈿漆器因所需製作時間較短，所以製作成本比朱紅或黑漆雕漆略低一些。嵌螺鈿漆器使用的貝殼採集自中國南海，漆工會把小塊珠光母貝鑲嵌在漆器上，做出奢華的紋飾。工匠會透過雕刻、鑲嵌等工藝，在漆器表面呈現超乎想像的複雜圖案和質感，如圖三中所見的精緻的三層漆食盒，每一層可裝不同的珍饈美饌。

圖一　嵌螺鈿八角托盤

考生取得功名衣錦還鄉是當時流行的裝飾圖案。男子在殿試中取得好成績，就保證了他未來可以獲得豐厚的俸祿，給家族提供庇護。

明，約 1500–1600 年
高 7 公分，直徑 41.4 公分
哈利爵士與加納夫人捐贈
（1974, 0226.58）

**圖二　嵌螺鈿長方形漆盒**

盒蓋上面描繪的是文人聚會場景：品畫、讀書與飲酒。蓋面裝飾上的屋頂瓦片和鏤空欄杆，有著不同的質感，突出了細節，製作非常精美。

明，約 1500–1600 年
高 7.6 公分，長 33.8 公分，寬 22.9 公分
加納爵士夫婦捐贈
(1974, 0226.57)

**圖三　嵌螺鈿分層漆食盒**

明，約 1500–1600 年
高 21.8 公分，直徑 24.7 公分
加納爵士夫婦捐贈
(1974, 0226.59)

**圖四　〈錦衣夜行人物圖〉嵌螺鈿托盤**

工匠將彩色的貝殼珠光層，切割成極小的片狀，製作出這個托盤多樣與眾不同的細部。比如，騎馬者所著長袍即用長方形螺鈿片拼貼而成。工匠以異常的精準度，描繪出如竹子和柳樹等不同的植物。盤子邊緣裝飾了佛教傳統吉祥紋飾：雙魚、盤長、法輪、寶傘和蓮花，還有特別的星形圖案。

明，約 1500–1600 年
長 18.6 公分，寬 18.6 公分
加納爵士夫婦捐贈
(1974, 0226.56)

# 4｜28 明代硬木和髹漆家具

17 世紀蓬勃發展的國內經濟，推動了明代新式家具的產生。明代硬木家具的特點是：線條簡潔，時至今日魅力依舊。木工不使用釘子，而是用榫卯將木構件緊密結合在一起，製成家具。黃花梨（圖一、圖二）和紫檀是製作桌案、櫥櫃和椅凳框架最常用的木料。

剔紅、剔黑漆家具原只為皇室御用。到明末，可使用的階層範圍變得更為廣泛。對於更多皇家貴冑而言，黑漆嵌螺鈿或朱紅戧金漆器是較為便宜的替代品。在明代家具中，還有許多被設計成可便攜移動的式樣（圖三）。

**圖一　黃花梨官帽椅**

這些椅子因框造型似朝廷官員的官帽而得名。

明，1550–1600 年
高 104 公分，座位高 50 公分，座位長 61.5 公分
維多利亞與艾爾伯特博物館，約翰‧阿迪斯爵士捐贈
（FE.54–1977）

**圖二　〈陶穀贈詞〉，佚名**

這幅繪畫的局部中官員陶穀就坐在官帽椅上。今天我們可以欣賞到的明代家具，都有著流暢的外型、俐落的線條，不過，如畫中所示，古代桌椅上其實都蓋著華麗的織物。

軸，絹本設色
明，1500–1600 年
縱 170.5 公分，橫 104 公分（畫芯）；縱 272 公分，橫 130.5 公分（裝裱）
（1929, 1109.0.1, Ch.Ptg.Add.68）

這件可移動的漆木箱上原有鎖
插，可關鎖箱門。箱蓋上為吉祥
的庭院嬰戲圖，正面描繪了一位
取得功名的文人正衣錦還鄉的景
象。打開箱門，掀開箱蓋，各種
不同尺寸的抽屜展現在眼前。這
些抽屜都裝飾有精緻的嵌螺鈿折
枝花卉。

明，1600–1644 年
中國南方
高 30.4 公分，長 30.7 公分，寬
23.5 公分
加納爵士夫婦捐贈
(1974, 0226.63)

# 4│29 明代墓葬陳設

在明代，墓葬明器都按照民間建築式樣，使用陶土和石材製成模型。發掘明代墳墓，有時就像掀開了精緻的娃娃屋的「屋頂」。墓中所有的陶俑皆以生活化狀態呈現，有的忙於日常工作，有些伴隨著演奏者和旗手，排成儀仗隊列，向死後的世界宣告死者的身分地位。這種隨葬陶俑、建築物模型和奢侈品的傳統起源於大約 2000 年前。死者的親屬還可為其訂製上釉（圖一、圖二）或彩繪（圖三）陶製明器。

**圖一　明代食物貢品**

明代，人們的飲食比當時西方人更加豐富多樣。這套做成浮雕樣式的貢品模型中，有羊羔、豬、兔、魚、鵝、石榴、蜜桃、菱角、燒餅和饅頭。燒餅和饅頭顯示這套模型出自中國北方，麵條和饅頭在北方是十分普遍的食物。中國南方則以米食為主。

明，1450–1600 年

陝西

直徑約 11 公分

伊蒂絲・費斯特・貝蒂女士捐贈
(1927, 1214.1–10)

**圖二　彩繪陶宅院模型**

這套出土的宅院大門內置影壁，用來避邪並遮蔽廳堂以防外人窺視。最後面是穀倉，兩側是廂房和廚房。這些模型原本覆蓋了一層粉白色化妝土，上面有紅、黑、綠彩顏料的彩繪。現彩繪已基本脫落，只有雕刻的縫隙中還殘留著彩繪顏料，這些彩繪原本用於保護陶宅表面。

明，1522–1600 年
中國北方
最高 29 公分
(1937, 0716.7–12)

**圖三　陶桌椅模型**

明，1522–1600
中國北方
高 9 公分（椅子），
6.5 公分（桌子）
(1937, 0716.6.a–b)

# 4│30 明代建築和寺廟用陶瓷

明朝中後期（1488-1644年），善男信女掀起一股捐俸建造祠堂、佛寺和道觀的熱潮（圖三）。寺廟長期需要資金資助修繕建築，並吸引更多的遊客和香火。因此，僧侶們常向縉紳們發起善款募捐的呼籲（圖一）。

人們相信建築屋頂是連接現實世界和超自然世界之間的平臺，所以許多屋頂上裝飾陶製流行的神像或文星脊飾（圖二、圖四）。那些製造脊飾的作坊通常在建址附近。脊飾圖像也用於寺廟內部，如大型閻王的下屬和判官之類陶瓷造像（圖五）。

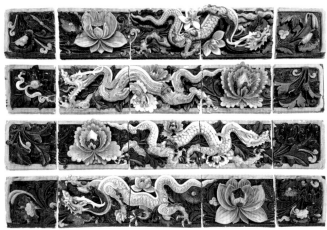

**圖一　「蓮池會」觀音像龕**

造像上的一長串銘文，讓我們知道燒製這尊祈願觀音像的委託人和製作資訊。這尊觀音像是為山西一間觀音閣所作，燒造時間為1573年，為「段氏」家族供奉之物。

明，萬曆年間，1573年
山西陽城
高 52.6 公分，寬 31.5 公分，厚 18 公分（含底座）
(1988, 0728.1)

**圖二　天神立像**

人們認為，在建築物上裝飾神話中具有神力的造像可以保護建築，遠離災害。這尊為佛教的護法神韋陀造像，背後有銘文，記錄著燒造時間為天啟七年（1627年）。

明，1627年
山西
高 80 公分，寬 26 公分，厚 16 公分
(OA+.530)

**圖三　龍紋琉璃磚**

成組製作的大型高浮雕琉璃磚組構成藍黃釉龍穿蓮花的壁磚。它們原先是山西一建築的正脊裝飾，多年來則作為花園屏風的一部分。因為龍能控制水，可使建築遠離火患。

明，約 1480–1580 年
山西
高 39 公分，寬 244 公分
何鴻卿爵士捐贈
(2006, 0503.1.1-20)

## 圖四　關帝脊飾

這尊塑像可能是歷史上著名的武聖關帝。他是三國時期的英雄人物，羅貫中所作歷史演義小說《三國演義》讓他千古留名。脊瓦製造於 16 世紀，上面有文字「東一」，告訴建造者應放置在屋頂的具體位置。綠、黃色釉比其他的脊瓦更閃閃發亮，表示它們所受環境損害較少。

明，1490–1620 年

山西

高 42.5 公分，長 33 公分，厚 13.8 公分

(1937, 0716.107)

## 圖五　閻王下屬和判官塑像

左邊這尊大型釉陶立像面色蒼白，手裡拿著薄薄的一卷善事簿，上面記錄了生前行善的人名。右邊的男性判官面部和雙手呈綠色，黃色長鬚，耳垂厚重，雙目圓睜，嘴唇赤紅。他一手拿著厚重的卷宗，上面記錄了生前行惡事之人，使得卷宗十分沉重，另一手拿著一枝毛筆。這些造像原先可能是立於寺廟中閻王兩側。在中國，傳說地府有十殿閻羅，靈魂須經過層層審判。可能十殿裡都有類似的彩釉造像。

明，約 1522–1620 年

中國北方

高 148 公分，寬 36 公分，深 20 公分（侍從）；

高 136 公分，寬 39 公分，深 31 公分（判官）

(1938, 0524.115);

藝術基金會和大英博物館之友捐贈

(1917, 1106.1)

# 4│31 明代仿古青銅器

　　明版的宋代青銅器輯錄在 16 世紀廣泛流傳。最受歡迎的是 1092 年由呂大臨編寫的《考古圖》和宋徽宗敕撰的《宣和博古圖》（1107-1123 年）。《考古圖》主要收錄了青銅器銘文。這些雕版印刷的著作收錄了中國早期青銅器精華。過去，只有王公貴冑和富裕之人才能擁有青銅器物。而今亦然，農民在田作時發現早期貴族墓中的古代物品，它們最後的命運不外乎被售賣、收藏和研究。這些古代物品，諸如青銅鵝形香爐（圖一）和爵式香爐（圖二）等器物，也是我們重新認識古代青銅器形制的重要媒介。

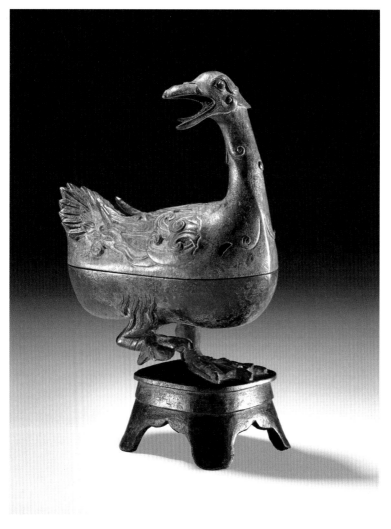

**圖一　青銅鵝形香爐**
鵝形香爐在漢代便有生產，明代的工匠從刊印的骨董輯錄中獲取製作靈感。明詩中就有對鵝形香爐的描述，通常的用法是在爐內點燃芳香草或木料製成的香粉或香丸。

明，1400–1500 年
高 18.5 公分
(1986, 0715.4)

## 圖二 青銅爵式香爐

焚香具有神聖的目的，能使人與神、過世之人進行交流。此三足青銅香爐仿古代青銅爵器形，上面有銘文「萬曆甲寅年柳茹貢氏祠堂造」（1614 年）。

明，1614 年
河南
高 16.5 公分
J. E. 伯奇夫人（艾爾弗雷德·克萊的侄女）捐贈。克萊氏的收藏成立自 1867–1877 年
(1927, 0307.1)

明代初期（1368-1500年），玉石原料主要來源於河床。但從16世紀起，人們便從高山上開採玉石礦，玉石產量和玉器數量也隨之增加。玉杯（圖一至三）象徵著巨大的財富，因其所費不貲的製作方式，當宰相嚴嵩（1480-1567年），西元1562年因貪腐等罪名，被皇帝下令查沒其家產時，抄家檔案顯示他擁有311個玉杯。

這些玉器受到大約2000年前古玉形制的啟發，展示了明後期的尚古潮流。古代青銅器、漆器和玉器輯錄（圖四）的傳播，激發了明朝士大夫階層對古物釋讀的慾望。

**圖一 螭耳玉杯**

此龍柄杯由玉石琢磨而成。杯耳為神獸螭龍或無角龍式樣。此直腹雙螭耳玉杯形制頗似古代青銅簋。

明，約1500-1644年
高18.5公分
哈利・加納爵士紀念基金購買
(1982, 0528.1)

## 圖二 仿古玉杯

此玉杯紋飾融合了三種古代特徵。其一，表面交錯的凸飾仿東周時期的青銅禮器紋飾。其二，高筒形的杯身和下方三獸足仿西漢時期的漆器和金屬器。其三，獸形杯耳似古代玉帶鉤造型。

明，約 1500–1644 年
高 8.8 公分
哈利·加納爵士紀念基金購買
(1982, 0528.2)

## 圖三 合巹玉杯

玉匠仿青銅器輯錄的圖像製作了這件玉杯，並打造了鳳形杯耳。

明，約 1500–1644 年或之後
高 8.9 公分
(1937, 0416.178)

## 圖四 合巹玉杯圖

這幅圖來自《西清古鑒》一書，此書為乾隆皇帝所收藏青銅器的輯錄，共 40 卷，編撰的時間從 1749 年到 1755 年，記錄了 1529 件皇家收藏品。

中國國家圖書館藏

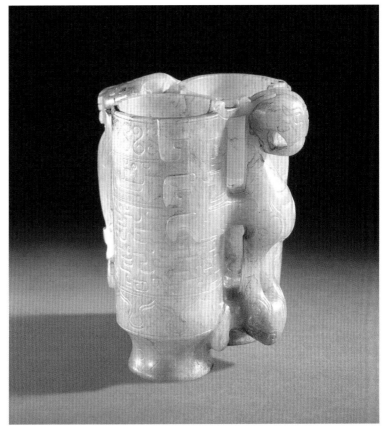

# 4｜33 明代玉帶

　　從上古時代開始，玉在中國文化中就具有永生的含義。人們認為在身體重要器官對應處佩戴玉帶，可以延長佩戴者的壽命。佩戴玉帶有著嚴格的律法規定（圖二），元代和明初的玉飾（1300-1500 年）多為高浮雕紋飾，擁有更豐滿的紋飾（圖三），比明末玉器邊緣更加光滑、圓潤。

　　考古學家在數座王侯墓中都發掘出了玉帶和珍貴的白玉。大英博物館收藏的玉帶板上就雕刻著矯健的龍形。在江西南城益宣王（朱翊鈏，1537-1603 年）夫婦合葬墓中也出土了類似玉帶，但環繞波紋（圖一）。從該墓中還出土了素白玉帶，這些玉帶板原先綴在布帶上，但織品材料很難保存下來。有時玉帶板會用黃金或者鎏金青銅框鑲邊，然後再連接或繫在一起（圖四）。

**圖一　玉帶板**

這些長方形和桃形的玉帶板上刻有龍和四季花卉紋飾。玉帶板反面穿孔，可以縫在布帶上，鬆垮地束於腰間。蛇形龍浮雕紋飾，邊緣不甚圓滑，顯示它們為 16 世紀藩王或者高官所有。

明，約 1520–1600 年

最長的玉帶板長度 15.4 公分

(1989, 0613.1.1–16)

**圖二　〈杏園雅集圖〉局部**

謝環（1370–1450 年）在聚會後所繪〈杏園雅集圖〉，描繪出杏園聚上重要官員穿戴的玉帶。

卷，絹本設色

約 1437 年

縱 35.5 公分，橫 240.7 公分

大都會藝術博物館藝術部購，狄龍基金捐贈

(1989, 141.3)

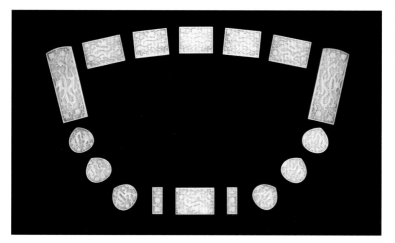

## 圖三　螭龍玉帶板

我們通常很難精確斷定玉器的年代。如果玉器缺乏歷史或者出土資訊，就如這塊單獨的玉帶板（它原應為一整套玉帶中的一塊），我們就只能透過器物風格來推測年代。在元和明初，各種材質的雕刻紋路都較為深刻，強調立體感。此玉帶板邊緣光滑圓潤，內為減地浮雕。刻有長耳的螭龍紋，其有著獅子似的鬃毛，光滑的肌體和分叉的尾部。相較而言，圖四的龍紋則有角、鱗片和蛇形身體。

約 1300–1450 年

長 8.4 公分

詹姆斯・希爾頓遺贈

(1930, 1217.37)

## 圖四　金鑲龍紋玉帶板

這塊正方形的玉帶板原屬於一套明中期品質上乘的玉帶，背部鑲金。龍以後腿而立，底邊角上有大朵牡丹花紋。到明中期和晚期，紋飾要相對較淺一些。不過，我們還是能從這塊玉帶板上看到非同尋常的細節，比如龍背上排列有序的鱗片。

明，約 1500–1600 年

高 6.3 公分，寬 7 公分

沃爾特・利奧・希爾伯格捐贈

(1955, 0718.45)

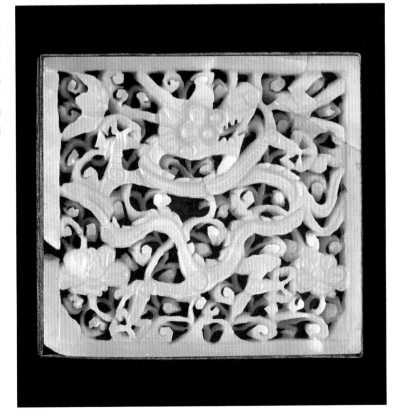

# 4|34 神仙牙雕

　　儘管商王妻子婦好墓中（約西元前 1200 年）曾出土一些雕刻複雜的象牙製品，但我們這裡所展示的象牙則製作於其後 1000 年的明代（圖一）。16 世紀和 17 世紀左右，中國東南沿海港口城市繁榮起來，匠人開始使用進口象牙製作牙雕。象牙雕刻業便在此基礎上開始發展。元代以前，中國沒有雕刻宗教圖像牙雕的歷史，這是一類受國外市場刺激才產生的新興手工業。中國工匠會以歐洲雕刻為藍本，為西班牙人（在菲律賓建造）的基督教堂製作牙雕聖像。他們的技藝高超，引得越來越多的天主教傳教士專為澳門、馬尼拉和果阿新建的東方教堂，訂製刻有耶穌和聖母瑪利亞的牙雕聖像。在福建，漳州雕工也會借鑒西方牙雕形式，為中國本土的王室貴冑們製作深受西方造型影響的中國神像。象牙材質相對柔軟，容易雕刻，所以工匠們能夠在臉部和衣袍上雕刻出令人讚嘆的細節。隨著時間的推移，象牙會變成淺棕色。有時工匠也會給象牙雕上色或染色。

**圖一　象牙雕像**

這組象牙雕像中居首位的是道教神仙李鐵拐。李鐵拐通常以身形消瘦，眼睛凸出，拄拐（鐵拐杖）跛行的形象出現。作為道教八仙之一，鐵拐李的傳說廣為流傳。傳說他能靈魂出竅，然而有次他的靈魂離體太久，以致僕人以為他已死去，便將他的肉體焚燒。當他的靈魂歸來時，已經沒有肉體可以棲息，只好進入一個剛去世的瘸腳乞丐體中。居次吹簫的雕像是韓湘子，也是道教八仙之一。第三個是鍾離權，是八仙中成仙較早的一位。他的標誌是能使人起死回生的扇子，這把扇子上趴著的烏龜象徵長壽。最後一個雕像是張果老，手中拿著卷軸，但大多數時候他都手持漁鼓。張果老在歷史上確有其人，也位列道教八仙之一。

明，約 1580–1644 年

福建漳州

高分別為 29 公分，19 公分，29.8 公分，30.5 公分

L. E. S. 大衛女士捐贈

(1952, 1219.6–9)

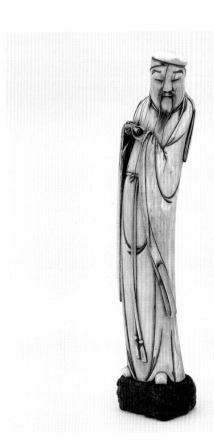

# 4│35 外銷青花瓷

在 1520 年代，景德鎮首次為歐洲商人燒造仿製歐洲餐具器形和紋飾的訂製瓷器。1516 年，葡萄牙商人來到中國，開始與中國直接進行貿易。這成為外銷青花瓷生產的催化劑。在此之前，歐洲與中國貿易一般透過中東中間商進行。後來，荷蘭和英國商人的出現，大大地擴展了歐洲與中國的貿易往來。

圖中這些餐具改變了歐洲人的用餐習慣和家庭裝飾風格（圖一至四）。在中國瓷器大舉進入歐洲之前，他們主要使用錫釉或鉛釉陶器用餐。中國瓷器特別之處在於高溫燒製、手感細膩、色彩鮮豔光亮。青花瓷所受歡迎程度之高，引發歐洲和美洲新大陸競相探尋陶瓷生產祕訣，並使用當地較差的材料進行仿製。海外沉船上數以萬計的瓷器證明了這一貿易規模之大（圖四）。明晚期，這類以中央圖案為中心，有輻射狀開光紋飾的青花瓷，稱為克拉克瓷。圖二這件器物上的紋飾，雖然是為葡萄牙客戶訂製，但是後來也出現於伊朗製作的「玻璃砂」（fritware）碗上，可謂殊途同歸。

**圖一　青花克拉克大盤**

這件瓷盤之所以極為珍貴，有兩大原因。首先，瓷盤巨大。瓷窯內燒製直徑大於或等於 50 公分的器物時，避免碎裂和變形就顯得極其困難。因此，如此大尺寸的器物燒造量小，遺存下來的則更少。其次，圖案特別。畫面中野兔蹲在河邊，一隻猛禽正盤旋著衝向牠準備捕食。在 1613 年的「白獅號」沉船中也發現過一件相近尺寸、邊沿開光圖案相似的瓷盤，只是中央為鴛鴦圖。

明，約 1580–1620 年
江西景德鎮
高 9.5 公分，直徑 50.3 公分
奧古斯塔斯·沃拉斯頓·弗蘭克斯爵士捐贈
（Franks.191）

**圖二　青花克拉克紋章大碗**

青花碗（上圖）外壁繪紋章形盾
牌，盾牌中繪有一頭七首怪獸和
拉丁諺語「智者眼中無新鮮事」。
1620–1650 年，伊朗在當地的
「玻璃砂」器窯仿製過一個類似
大碗（左上方圖）。它也出現
在荷蘭畫家威廉·克萊茲·海達

（1594–1680 年） 繪的〈早餐
靜物〉油畫中（右上方圖）。

明·1600–1620 年
江西景德鎮
直徑 34.6 公分
A. D. 帕斯莫爾捐贈
(1957, 1216–19)

伊朗仿品
1620–1650 年
高 19.5 公分，直徑 32.5 公分
維多利亞與艾爾伯特博物館藏
(2904–1876)

〈早餐靜物〉
威廉·克萊茲·海達
油畫
1638 年
德國漢堡美術館藏
(Inv 5504)

### 圖三　荷蘭風格青花啤酒杯

這一對青花酒杯紋飾完全來自中國，而器形則仿荷蘭炻器或玻璃啤酒杯造型。說明中國的行商曾將歐洲器物圖或者器皿樣品帶到景德鎮，按式樣仿製成瓷器。1635年，當時駐守臺灣熱蘭遮城的總督，就將一批車床旋製的彩繪木質器樣送到中國，1636年科隆所產的炻器酒杯也引入了景德鎮。

明，1635–1644年
江西景德鎮
高 19.5 公分
奧古斯塔斯・沃拉斯頓・弗蘭克斯爵士捐贈
（Franks. 155）

炻石啤酒杯
1591 年
科隆錫格堡
高 25 公分
（1855, 1201.179）

**圖四 「哈察號」沉船青花瓷**

1980 年代，在中國南海發現了一艘裝有 2 萬 3000 件青花瓷的無名亞洲沉船。兩件卵形罐蓋上年款顯示時間為 1643 年，讓考古人員得以準確推算沉船時間。這艘船的目的地也許是印尼，船上裝有陶瓷、香料、絲綢和其他販賣給荷蘭人的貨物。因為，荷蘭東印度公司在巴達維亞（今印尼的雅加達）設有辦事機構。

1643 年

江西景德鎮

高 12.5 公分，長 13.5 公分（夜燈）；

高 13 公分，長 19 公分（茶壺）；

高 4 公分，直徑 19.5 公分（碟）

(1984, 0303.3, 24, 16)

## 清（愛新覺羅氏） 西元1644–1911年

| 廟號 | 在位時間 | 年號 | 姓名 |
|---|---|---|---|
| 世祖 | 1644–1661年 | 順治 | 福臨 |
| 聖祖 | 1662–1722年 | 康熙 | 玄燁 |
| 世宗 | 1723–1735年 | 雍正 | 胤禛 |
| 高宗 | 1736–1795年 | 乾隆 | 弘曆 |
| 仁宗 | 1796–1820年 | 嘉慶 | 顒琰 |
| 宣宗 | 1820–1850年 | 道光 | 旻寧 |
| 文宗 | 1850–1861年 | 咸豐 | 奕詝 |
| 穆宗 | 1861–1875年 | 同治 | 載淳 |
| 德宗 | 1875–1908年 | 光緒 | 載湉 |
| 憲宗/恭宗 | 1908–1912年 | 宣統 | 溥儀 |

# 5 清：最後的王朝

西元1644–1911年

清朝是中國歷史上最後一個封建王朝。西元1644年，中國東北的滿族推翻了衰弱的明朝。隨著明朝末帝的自盡，清朝拉開序幕。西元1644至1830年，被歷史學者稱為「漫長的18世紀」，這一時期見證了清朝在康熙、雍正和乾隆統治下相對繁榮的時期（圖一至圖三）。

一些學者認為，清朝在「漫長的19世紀」（1830-1911年）內則是中國內憂外患的時期，期間發生了鴉片戰爭（圖六）、太平天國起義和義和團運動，並最終爆發革命，於西元1911年推翻了清王朝的統治（圖七）。另一些學者則認為，這個過渡時期乃是現代中國誕生的催化劑。有清一代，中國領土大為擴張，覆蓋了今天我們所知的中國疆域。清朝與歐洲、俄國和美國進行直接貿易，將中國藝術風格的器物輸入西方，並將歐洲風格的器物引進中國。

500年來，在最後一位皇帝退位前，紫禁城既是皇家宮殿，又是中國的政治權力中心。其中的建築物沿著一條南北中軸線布局，這象徵著皇帝統治的中央位置，而皇帝通常被稱為天子。在皇帝後宮的許多房間裡都有精巧的架子——稱為多寶格，專為陳設古玩器物。圓明園和頤和園，是北京先後建造的兩座消暑夏宮，在離北京東北約200公里處的承德也修建了避暑山莊。這些避暑宮殿的設計反映了皇帝廣泛的品味，在某種意義上也體現了一個清帝國的縮影。國家祭典則在紫禁城內舉行，有時也會在紫禁城之外，諸如天壇舉辦。

　　在漫長的18世紀裡，歐洲人把中國看作理想化的國度，將中國商品視為奢侈品的典型（圖五）。西方對中國風尚的喜愛包含了中國、日本和南亞地區的視覺藝術品。而同樣，中國人也喜愛歐洲的或歐洲風格的物品，如歐洲（還包括南亞和中東

**圖一 〈弘曆觀畫圖〉，郎世寧（1688-1766 年）等**

軸，紙本設色
清，1746- 約 1750 年
縱 136.4 公分，橫 62 公分
北京故宮博物院藏

**圖二 〈乾隆皇帝大閱圖〉，郎世寧**

軸，絹本設色
清，1739 年
縱 332.5 公分，橫 232 公分
北京故宮博物院藏

**圖三 〈乾隆佛裝像唐卡（文殊菩薩）〉，郎世寧等**

唐卡，絹本設色
約 1768 年
縱 113.6 公分，橫 64.3 公分
美國華盛頓弗瑞爾美術館、塞克勒美術館及史密森學會藏；查理斯·朗·弗瑞爾基金及匿名獻金贈
（F2000.4）

地區）繪畫、建築、園林。商人、外交官和傳教士（尤其是耶穌會傳教士）的流動，在促進物質交流方面起了至關重要的作用。這些交流對當時中國和西方國家的視覺藝術有著深刻的影響。耶穌會士在向中國朝廷傳播歐洲哲學、科學和藝術方面，發揮了重要作用。利瑪竇（1552-1610年）和他的同伴羅明堅（1543-1607年）於1601年來到明朝紫禁城；德國耶穌會士湯若望（1592-1666年）是清朝第一位皇帝的科學顧問；南懷仁（1623-1688年）為清宮廷製作了歐洲的武器和科學儀器。另外，法國國王路易十四世也曾派法國耶穌會士到康熙皇帝的宮廷，進行數學及其他方面的交流。

相比之下，漫長的19世紀，現實主義開始大行其道。這一世紀，中國發生了巨大變化，其中既有暴力衝突、外國涉華，也包括了鐵路、電力、攝影和電報等新技術的引入。西方的壓迫和清政府的軟弱，最終導致了「百年屈辱」。這一個世紀中發生了一系列戰爭，如第一次鴉片戰爭（1840-1842年）、第二次鴉片戰爭（1856-1860年）、太平天國起義（1850-1864年）、

圖四　從英國開往中國的艦隊，《羅切斯特日誌》（1710 年 8 月 27 日）

紙本水墨

大英圖書館藏

圖五　廣州的外國購物者，出自某外銷水彩畫局部（1723–1735 年）

紙本水粉畫

縱 41 公分，橫 31 公分

瑞典隆德大學藏

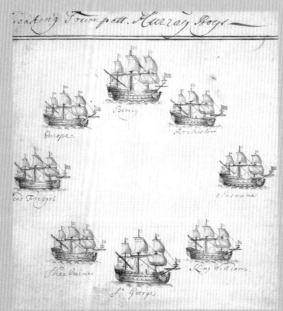

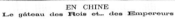

圖六 〈瓜分中國：「西方帝國
在瓜分中國」〉，刊登在《小巴
黎人》雜誌（1898 年 1 月 16 日）
彩色平板印刷
縱 46 公分，橫 33 公分
法國國家圖書館藏

圖七 末代皇帝溥儀（1906–
1967 年）和妻子婉容

北京故宮博物院藏

中法戰爭（1884-1885年）、中日甲午戰爭（1894-1895年）、
義和團運動（1898-1901年）、八國聯軍侵華戰爭、日俄戰爭
（1904-1905年）。清政府未能成功處理這些災難性的戰爭，不
可避免地失去了「天命」。1911年辛亥革命爆發，推翻了清朝
統治，結束了中國2000多年的封建統治。

# 5｜1 中國正統派繪畫和「四王」

　　董其昌（1555-1636 年，圖一）是明末時期的畫家、書法家和思想家。他的畫論對後世畫家和清代文人畫產生了深遠影響。他提出了南北宗論，將中國畫分為文人畫和院體畫。這個分類儘管稍顯簡單生硬，未能真實反映畫家背景和身分的變化。但它卻從根本上區分了源自不同作畫目的所產生的繪畫風格。此外，董其昌還提出了營造動態山水畫布局的範式，以及描繪山水木石的特殊畫法。

　　「四王」是清初期四位正統派文人畫家的概稱，因四人皆為王姓故稱，即王時敏（1592-1680 年，圖二）、王原祁（1642-1715 年，圖四）、王鑑（1598-1677 年，圖三）及王翬（1632-1717 年，圖五），同為南方蘇州人士。王原祁是王時敏的孫子，王鑑和王時敏為同儕好友，王翬則師承王時敏和王鑑。明清畫家喜透過臨摹宋元時期名家畫作提升作畫境界，摹古是傳統的學畫方式。王時敏等人也收藏了許多宋元時期古畫。

圖一 〈山水畫〉，傳董其昌

這幅作品題有唐代詩人王維的詩句：「泉聲咽危石，日色冷青松。」董其昌透過三段式構圖，由近及遠地呈現了山水景色。書法一直是畫作必不可少的部分，可營造書畫同賞的氛圍。值得注意的是，這幅畫的真偽存疑。

軸，紙本水墨
縱 95.5 公分，橫 41.3 公分
布魯克・休厄爾遺贈
(1963, 0520, 0.4, Ch.Ptg.
Add.332)

圖二 〈山水畫〉，王時敏

王時敏從摹古入手，一生醉心於師法元代畫家黃公望（1269-1354 年）。黃公望的畫作是他創作這幅山水畫的靈感來源。王時敏掌握了早期畫家的風格，並將其簡化為創作範式和筆墨技法。

軸，紙本水墨
1654 年
縱 177.8 公分，橫 57.1 公分（畫芯）；縱 245.8 公分，橫 89.5公分（裝裱含軸頭）
布魯克・休厄爾基金捐贈
(1960, 1008, 0.1, ChPtg.Add.311)

**圖三 〈仿巨然山水畫〉，王鑑**

10 世紀宋代畫僧巨然（生卒年不詳）擅長江南山水畫。這幅傳統文人墨畫便模仿自然風格，又在筆墨中融入了董其昌的繪畫理念，即他所提出的「南北宗論」。

軸，紙本水墨

明至清，約 1620–1677 年

縱 130.5 公分，橫 49.5 公分（畫芯）；縱 272.5 公分，橫 71.8 公分（全軸）

(1978, 0626, 0.2, Ch.Ptg. Add.402)

**圖四 〈仿黃公望山水畫〉，王原祁**

這幅畫的題跋說明了王原祁試圖掌握五代畫家巨然和董源（934–962 年）的畫技精髓，而元代畫家黃公望便取法自這兩位前輩畫家。因此，他選擇臨摹了黃公望的畫作。王原祁還提及自己在「葭翁年長兄」的幫助下，揣摩半月而畫成。

軸，紙本水墨

清，1687 年

縱 132.2 公分，橫 51.4 公分

布魯克・休厄爾永久基金捐贈

(1976, 0405, 0.2, Ch.Ptg. Add.392)

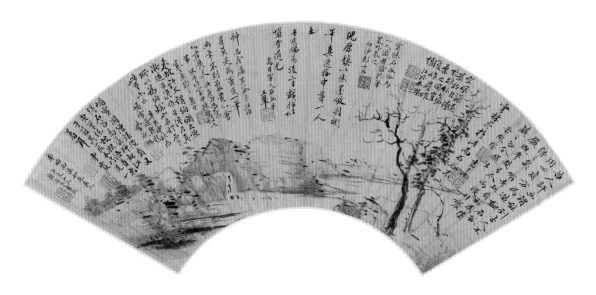

**圖五 〈仿倪瓚山水畫〉，王翬**

王翬這幅扇面仿自元代畫家倪瓚（1301–1374 年）畫作，在此基礎上又增加了原創內容。倪瓚是元四大家之一，擅長疏林坡岸。王翬及同時代畫家的題字填滿了扇面空白處。王翬還奉詔攜弟子等繪製了關於康熙皇帝的〈康熙南巡圖〉。

扇面冊頁，紙本水墨

清，1671 年

橫 28.5 公分

讓 – 皮埃爾・迪博斯克捐贈

(1972, 0918, 0.4, Ch.Ptg. Add.375)

# 5│2 清代個性派畫家

　　畫僧髡殘（1612- 約 1673 年），曾於南京牛首山幽棲寺接任主持。他在《四季山水圖冊》（圖一）上的題跋說明，自己長期生活在山林之間，遠離世俗生活。他於〈秋景山水圖〉上寫道：「煙波常泛艇……」在〈冬景山水圖〉上，則題「清溪大居士枉駕山中，留榻經旬」。他繪製了這四幅冊頁後，於西元 1666 年將它們送給了友人。這些冊頁是他個人繪畫風格的完美體現。

　　石濤（1642-1707 年，圖二）原名朱若極，廣西桂林人，明宗室後裔。1644 年明清易代時，他因年幼，倖免於難，在寺廟裡隱姓埋名長大。之後，他出家為僧，漫遊名山大川。最終，他離開佛門，成為一名道士，在揚州定居。他和髡殘一樣屬個性派畫家。清代個性派畫家是相對於正統派畫家而言的。他不同尋常的畫風為同時代人所認可。

（本頁）

**圖一　四季山水冊頁：〈秋景山水圖〉（上）、〈冬景山水圖〉（下），髡殘**

髡殘為四季分別作了四幅山水畫，〈秋景山水圖〉和〈冬景山水圖〉是其中的兩幅，後裝裱為卷軸。〈春景山水圖〉現藏於美國俄亥俄州克利夫蘭藝術博物館，〈夏景山水圖〉現藏於德國柏林科隆東亞藝術博物館。這一套作品是 1666 年髡殘為友人程正揆（1604–1670 年）所作。程正揆也是一位詩人和畫家。畫作上的題字相當耐人尋味，如「煙波常泛艇，石洞掛雲瓢。不識此間意，何人詠采樵」。

冊頁裝裱為卷軸，紙本設色
清，1666 年
縱 31.8 公分，橫 65 公分（畫芯）；縱 35.1 公分，橫 894 公分（卷軸）
布魯克・休厄爾遺贈
(1963, 0520, 0.3, Ch.Ptg. Add.331)

（對頁）

**圖二　《南方八景圖冊》，石濤**

石濤才華橫溢，擁有多重身分、別號、居所與職業。石濤是清代藝術家裡具有非凡遠見之人。他是明宗室後裔，承受了國破家亡之痛。八景冊頁描繪了南方山水美景。

冊頁，紙本設色
清，約 1662–1707 年
縱 52.3 公分，橫 34.6 公分（冊頁）
布魯克・休厄爾遺贈
(1965, 0724, 0.11.1–8, Ch.Ptg. Add.349)

1. 東山

2. 天印山

3. .幕山大觀亭

4. 飛來峰

5. 岳陽樓

6. 花雨台

7. 水西

8. 採石磯

# 5｜3 《西廂記》

　　自14世紀中葉開始，景德鎮陶工善用戲曲、小說故事圖像裝飾青花瓷器。明清之際，陶工們也會用半透明顏料繪製生動的人物場景。大約西元1720年，透過與歐洲的相互交流，景德鎮引入了新的琺瑯顏料，可以調製出令人驚豔的粉色和白色調。陶工使用這些顏料可以在釉上繪製各種顏色的圖案，完美展現細節。圖一大瓷盤上的女性服裝和牆面細節就展現了他們高超的技術，瓷盤上的圖像出自中國古典戲曲名著《西廂記》。該作品由元代劇作家王實甫（1260-1336年）編寫，現存多個刻本（圖二、圖四），並經常出現在中國的通俗繪畫中。以《西廂記》為題材的瓷器也出口到了歐洲等地，不過，歐洲人並不理解這些對中國人而言非常熟悉的圖案（圖四）的含義。

**圖一　陶瓷餐盤**

盤中紋飾為《西廂記》第三段的場景，青年書生張生為了見心上人崔鶯鶯，正爬過花園圍牆，崔鶯鶯則由丫鬟陪著。崔鶯鶯是相國之女，與張生相愛。然而，張生必須考取功名，才能獲准迎娶鶯鶯。

清，約1723–1750年
江西景德鎮
直徑55公分
R・索姆・傑寧斯捐贈
（1975, 1208.1）

**圖二　《西廂記》（雕版印刷，17世紀明崇禎刻本）**

木刻版畫，紙本水墨
中國國家圖書館藏

### 圖三 家具瓷飾板

這塊陶瓷飾板兩側有長方形插孔，表明它應是椅背或者屏風的裝飾板。飾板中央身穿華服的千金小姐坐在車裡，由丫鬟陪伴。一位穿草鞋，戴斗笠的車夫彎著腰推著車子。年輕英俊的騎馬男子望著小姐，旁邊是他的書僮。這一場景取自雕版印刷的《西廂記》。它表現的是張生在長亭和崔鶯鶯告別，動身赴京趕考。

清，約 1723–1750 年
江西景德鎮
高 27 公分，寬 15.7 公分
奧古斯塔斯·沃拉斯頓·弗蘭克斯爵士捐贈
（Franks.524.+）

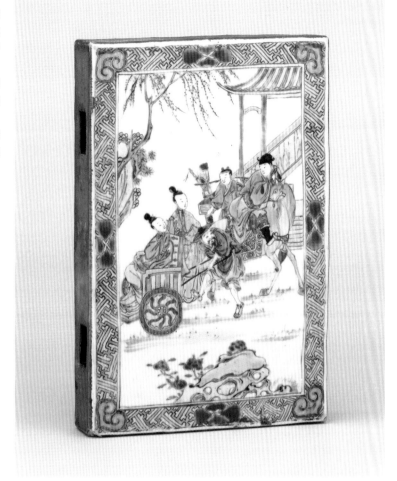

### 圖四 《西廂記》（17 世紀明木刻本）

木刻版畫，紙本水墨
臺北故宮博物院藏

# 5│4 道教繪畫

　　中國宗教體系融合了多種信仰。其中儒家、佛教和道教的哲學、信仰在中國影響範圍最大。傳統地方宗教常與這些主流宗教彼此貫通。漢代時，佛教方從印度引入中國，比儒家晚 500 年。北魏統治者大力提倡佛教，並以之作為國教。而道教是中國本土宗教，《道德經》為其經典著作，一般認為其作者為西元前 6 世紀的老子。

　　儒家思想認為：一個有文化的人應當入仕做官，以身作則，確保人們遵守社會禮儀和社會等級。相比之下，道教和佛教有諸多相似之處，都提倡無為而治，隱世而居，與自然達到和諧統一。道教更是傳統文人畫（圖一）和宮廷畫家設色冊頁（圖二）中的常見主題。

**圖一 〈蓬萊洲〉，袁江**
巨幅山水畫法在宋末沉寂 700 多年後，再現於 18 世紀。南宋宮廷樓閣畫曾運用「界畫」的技巧描繪令人讚嘆的細節，而這一技巧同樣再現於袁江（約 1662–1735 年）的畫作之中。畫中所繪的蓬萊仙島上，宮殿金碧輝煌，乃仙人所居。蓬萊仙境的確切位置仍有爭議，很多人認為它是山東海岸線附近東海中的一個島嶼。

軸，絹本設色
清，1723 年
縱 186.5 公分，橫 102.6 公分
(1953, 0509, 0.5, Ch.Ptg.
Add.283)

1
2
3
4
5
6
7
8
9
10
11
12

**圖二 《神仙冊》，冷枚**

冷枚（1669–1742 年）為山東
籍宮廷畫家，擅長人物畫。他大
約從 1700 年起，康熙皇帝在位
期間，任職於宮廷畫苑，並和其
他畫家一同為賀康熙帝六十大壽
獻作。這 12 幅絹本設色冊頁展
現了冷枚繪製道教神仙的精湛技
藝。

冊頁，絹本設色
約 1700–1742 年
中國北方
縱 42 公分，橫 38 公分
(1910, 0212, 0.576.1–12,
Ch.Ptg.198)

**圖一 〈雍親王題書堂深居圖屏·博古幽思〉**

此圖為 12 幅〈雍親王題書深居圖屏〉之一。為清雍正皇帝為雍親王時命畫家為其圓明園居所作。圖中展現了清前期家具和陳設的特點，以及女子服飾等時代特徵。

約 1709~1723 年

掛軸，絹本設色

縱 184 公分，橫 98 公分

北京故宮博物院藏

# 紫禁城生活

北京紫禁城在晚近 500 年的時間裡，一直是權力和政治的中心，也是明清兩朝皇帝、家眷和僕役們的居所。尋常之人若非詔見，則不得進入紫禁城之內。永樂皇帝在元代宮殿舊址上修建了明代宮殿，其建築卻極少保留至今。今日的紫禁城裡大多數建築為清代所建。由於木構建築容易發生火災，在過去幾個世紀裡，紫禁城裡很多建築都經過重建或修葺。現在的紫禁城已經成為博物館、研究中心、考古遺址，以及世界最著名的旅遊景點，每年參觀人數超過 1500 萬。

紫禁城建築色彩豐富，紅牆朱楹、黃綠琉璃瓦、漢白玉臺基、石構庭院等，構成了一幅令人賞心悅目的畫卷。飛簷翹角的宮殿沿南北中軸線布局，由內外城牆環繞，每一側城門外還有寬闊的護城河拱衛。三大殿位於紫禁城南部，殿前空間可在國家舉行大典時，容納滿朝文武百官和宮中人員。紫禁城的後宮是皇帝、妃嬪以及皇子公主的私人住所。後宮建築雖比前殿為小，但內中裝飾豪華。其他錯列的低矮建築，既有庫房，也有朝廷官員和僕役的住所。

清朝，皇帝擁有至高無上的權力，透過等級分明的龐大官僚機構管理國家。各地資訊則匯總到皇帝所設的「軍機處」。理論上，皇帝即使在宮中，也能通過官僚機構網絡，掌握域內上下的任何動態。這便是維持中央集權的有力工具。

為了保持皇家血統純正，明朝任用太監管理內務。有些男子被迫做了宦官，而有些則出於自願。太監可能會變得異常富有，並將錢財和貨物傳給侄子或兄弟。由於明代晚期宦官權力過甚，使清朝皇帝對宦官專權保持了警惕。

皇宮設置內務府管理宮廷內務。紫禁城的軍事防衛也非同小可，因此城中還駐有禁軍、護衛和密探。此外，紫禁城裡也有孔廟、佛寺、道觀和供奉其他神仙的殿堂。太廟則不在城內，而位於其東南面。

清代宮廷娛樂有觀賞樂舞和大戲，武術展示、摔角比賽和花園賞遊等也是常見活動。紫禁城中有許多藏書閣和其他文化消遣，包括藝術品和骨董收藏。從今天的記載看來，乾隆皇帝在寫詩方面費時頗巨，這些詩文也記錄下了他的諸多思想。清朝皇帝還喜歡帶著王公貴冑和護衛禁軍一起圍獵。對任何一個皇帝來說，騎馬、射箭都是必備技能。

西元 1911 年辛亥革命爆發之前，許多位皇帝都曾在紫禁城居住。末代皇帝溥儀退位後，仍住在城中，直至 1924 年，之後紫禁城改名為故宮博物院。

# 5｜5 清代御用瓷器

清代時，江西景德鎮御窯燒製的瓷器品質上乘。為了保證品質，皇帝派督窯官在御窯廠監督瓷器生產。約 1720 年，中國引進了新的顏料，改變了明代和清代早期水彩般半透明的顏料調色盤，從而調製出各種可用於瓷器彩繪中的顏色層次。景德鎮陶工將上乘的素白瓷送進北京皇宮，借鑒宮廷作坊裡耶穌會士所用銅胎（及金胎）畫琺瑯技術，為瓷器施彩。這些琺瑯彩瓷器（瓷胎畫琺瑯）（圖一）底部為胭脂紅款識，和景德鎮瓷器款識完全不同。康熙帝首次下令燒製琺瑯彩瓷器，之後的雍正和乾隆也在內廷作坊燒造出獨具特色的琺瑯彩瓷。同時，景德鎮仍持續受命燒造大量瓷器。

圖二小碗上繪製的一對蝴蝶，展現了陶瓷畫工的高超技藝。西方收藏家將這種瓷器稱為「famille rose」，中國鑑賞家則稱為粉彩或軟彩，如圖三的乾隆款桃紋賞瓶。

**圖一　御用碗**

內廷瓷器畫工受到銅胎畫琺瑯技術的影響，令這件康熙琺瑯彩瓷器上的紋飾、布局、施彩都異常精緻。景德鎮瓷器常製釉下藍彩（青花）款識。而這件碗為典型內廷繪製器物，使用釉上胭脂彩款識。另外，「御」字替代了「年」字，為「康熙御製」，在碗外壁飾蓮花形開光，黃、粉交替，內書「萬」、「壽」、「長」、「春」。

清，康熙年款，約 1716–1722 年
江西景德鎮生產瓷器，北京彩繪
高 7.7 公分，直徑 15 公分
雷金納・拉德克利夫・寇里遺贈
(1936, 0413.34)

## 圖二　團花蝴蝶碗

雍正皇帝希望景德鎮御窯生產出品質一流、細節完美的瓷器。清宮中收藏了無數宋明時期的瓷器。此外，皇帝們還下令仿製這些精緻的瓷器，裝飾宮殿，並激發了新瓷器品種的誕生。粉彩碗壁上，蝴蝶的薄翼、細如髮絲的觸角，以及花朵與蝴蝶採蜜的細節都栩栩如生。底部則書有青花「大清雍正年製」雙圈款。

清，雍正年款，1723–1735 年
江西景德鎮
高 6.9 公分，直徑 13.2 公分
雷金納・拉德克利夫・寇里遺贈
(1936, 0413.26)

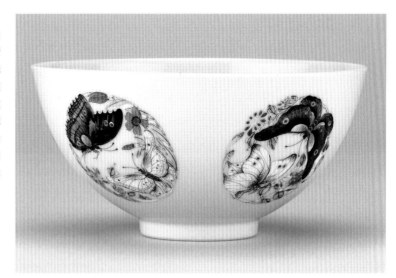

## 圖三　粉彩桃紋賞瓶

這件花瓶為乾隆皇帝御製，白地上通體繪一株桃樹，足底有六字篆書方形款。在雍正、嘉慶和道光年間也使用相似紋飾。因為在瓷器上施層次豐富的琺瑯彩料再行烘燒，所以顏色顯得非常「粉糯」。

清，乾隆年款，1736–1795 年
江西景德鎮
高 52 公分
雷金納・拉德克利夫・寇里遺贈
(1936, 0413.44 )

# 5│6 銅胎畫琺瑯

　　這批銅胎（或金、銀胎）畫琺瑯出現之前，元代景德鎮已掌握了在瓷器上施彩的技術。工匠會在金屬胎上施一層白色琺瑯釉打底，再於表面施彩，避開器物金屬邊緣，最後在金屬邊緣進行拋光和鍍金。1720年代，康熙年間，歐洲人將這種裝飾工藝傳入中國。實驗階段的裝飾設計多沿用自景德鎮瓷器（圖一）。隨著技術的成熟，紋飾設計變得更具創造性，有些與織品圖案相關（圖二）。

　　18世紀，中國有兩個銅胎琺瑯製造中心。一個是北京宮廷造辦處（圖三、圖四）。造辦處為滿足皇家需求，所生產的物品工藝極其複雜。另一個在廣州（圖五），也為宮廷生產器物。這些南方商業作坊製作品質高低不同的外銷產品，賣給各國東印度公司的歐洲商人。1730年代以後，這些歐洲商人在每年的10月到第二年4月的貿易季節期間都居住於廣州。

**圖一　銅胎畫琺瑯梅花碗**

雖然梅花是中國傳統圖案，但很少在出現在紅色地上。該碗紋飾一直延伸至足部（瓷胎作品足部一般留白無紋），碗內側施湖藍釉。足底方框內書藍料「康熙御製」款。口沿和圈足鍍金。

清，康熙年款，1716–1722年
北京造辦處
直徑15.4公分
F. J. 亞伯特捐贈
(1939, 1014.1)

**圖二　銅胎畫琺瑯綠地花卉碗**

傳教士將石灰綠引入宮廷作坊。石灰綠由銅加入銻酸鉛製成。儘管中國的銻酸鉛蘊藏豐富，然而中國陶工很少使用這種礦物。歐洲人則用它作為玻璃、釉料及油畫中的亮黃顏料。這件器物的裝飾手法與圖一相似，底部款識幾乎相同。

清，康熙年款，1716–1722年
北京造辦處
高8.4公分，直徑15.6公分
F. J. 亞伯特捐贈
(1939, 1014.2)

**圖三　銅胎畫琺瑯「歲歲平安」瓶**

中國語言是有音調的，許多不同的漢字有著相同的發音。千年來，中國人充分運用這一特點，製造了豐富的視覺化雙關語。這裡的鵪鶉和麥穗便是「歲歲平安」的雙關語。雖然花瓶圖案為中式，但繪製工藝卻來自歐洲。底部為「乾隆年製」四字款。

清，乾隆年款，1736–1795 年
北京造辦處
高 12.4 公分
富金納・拉德克利夫・寇里遺贈
(1936, 0413.46)

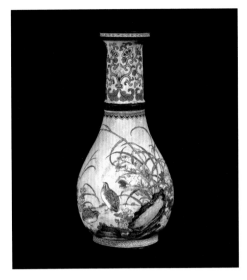

**圖四　銅胎畫琺瑯包袱紋蓋罐**

這個罐子肩部為袱系紋，裝飾以蝙蝠和桃（寓意長壽）等吉祥圖案。瓶頸則環飾靈芝紋。宮廷匠人使用了 18 世紀早期的新顏料：松石綠、寶藍、淺綠、深綠、胭脂紅、粉紅和明黃。其上描繪的山茶樹、鐵線蓮和玫瑰花正競相怒放。

清，乾隆年款，1736–1795 年
北京造辦處
高 10.3 公分
奧古斯塔斯・沃拉斯頓・弗蘭克斯爵士捐贈
(1886, 0306.3 )

**圖五　銅胎畫琺瑯聖經故事帶蓋杯**

廣州工匠仿英國銀器器型製作銅胎，胎上施白色琺瑯釉，再進行精心彩繪。這個帶蓋杯上所繪美妙場景來自《聖經》──天使報喜。天使加百列出現在聖母瑪利亞面前，告知她即將感孕並生下上帝之子。

清，約 1736–1795 年
廣州
高 14.5 公分，直徑 12.3 公分
雷夫・亞瑟・巴韋爾遺贈
(1913, 1220.164 )

# 5|7 清代玻璃

中國玻璃製作始於東周時期，當時嵌玻璃器物和彩色蜻蜓眼器物皆屬奢侈品之列。在唐代，進口玻璃與佛教密切相關。唐代本土製造的玻璃，易隨著時間推移而腐蝕或產生裂紋。至清代，從 1696 年起，玻璃工藝得以復興。康熙皇帝在北京設立玻璃廠，在德國耶穌會士紀里安（1655-1720 年）的指導下，由德國和法國傳教士在作坊內操持生產。1721 年，廠裡的玻璃器燒製得非常成功，文獻記載，康熙帝向教皇贈送了 136 件北京製作的玻璃器和兩箱琺瑯器物。

清代在北京生產的典型玻璃器有：不透明黃色玻璃瓶（圖一）、直頸青瓷色玻璃瓶（圖二）、白套紅玻璃缽（圖三）、仿雄黃玻璃器（圖四）（這種錯視的裝飾效果與瓷器裝飾西洋化的風潮有關），還有呈透明的寶藍色玻璃器。18 世紀至 19 世紀，套色玻璃也非常流行。套色玻璃是將一色玻璃罩在另一色玻璃上，然後雕刻花紋。進口的威尼斯玻璃在朝廷很受推崇，今天的北京和臺北兩地的故宮博物院中仍有相關藏品。造辦處一開始設在紫禁城的養心殿，後來雍正時期，在圓明園也設立分支機構。

**圖一 黃色玻璃瓶**

此瓶為雍正年間北京宮廷作坊所做，雍正皇帝御製，簡潔的器形和明亮的黃色尤具現代風尚。足底雙重方框「雍正年製」款。

清，雍正年款，1723–1735 年
北京造辦處
高 10.7 公分，直徑 10.9 公分
(1873, 1215.1)

**圖二 青瓷色玻璃瓶**

青瓷（藍—灰—綠色調）是歷史上的巔峰之作。這件花瓶仿宋徽宗御用汝瓷釉色。和圖一相似，這個花瓶也為北京宮廷作坊製造，帶有同樣的款識。

清，雍正年款，1723–1735 年
北京造辦處
高 22.2 公分
奧古斯塔斯·沃拉斯頓·弗蘭克斯爵士捐贈
(1888, 0515.4)

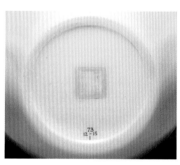

圖三　乳黃套紅吉祥紋玻璃缽

玻璃工匠在乳黃色玻璃上罩一層暗紅色玻璃，然後再雕花紋。在圈足飾雙層蓮瓣紋，口沿一周飾團壽紋和花卉紋。底部鐫刻「乾隆年製」款識，四字作上下左右排列的古幣式款。學者認為此缽為佛壇上的盛水器。

清，乾隆年款，1736–1795 年
北京造辦處
高 12 公分
(1869, 0620.18)

圖四　六稜玻璃酒壺、碗及杯

漢斯‧斯隆爵士（1660–1753年）是一位醫師和收藏家。他的藏書和收藏品構成了大英博物館的館藏核心。玻璃器製造時間為乾隆初年，製造地為北京。當時人們喜愛仿西洋物品以及具有錯視效果的器物。這些物品正滿足了當時中國人的品味。玻璃器具有雄黃般斑駁的紋理，而雄黃（石黃、雞冠石）則是一種與煉金術和長生不老術有關的礦物。

清，約 1736–1750 年
北京造辦處
瓶高 16.2 公分
漢斯‧斯隆爵士 1753 年遺贈
(SLMisc. 1696 [ 瓶 ], SLMisc.
1695 [ 碗 ], SLMisc. 1697.a–d
[ 杯 ])

# 5 | 8 清代宮廷漆器

　　清代宮廷漆器使用了雕漆、填漆，以及彩漆等工藝，比明代髹漆工藝更為繁複。宮廷作坊集聚了一批江南漆器名匠。他們既熟悉傳統紋飾，又會設計新的器形，以滿足 18 世紀皇帝們多變的喜好。例如，乾隆皇帝下令製造精美的剔紅漆器並飾以鎏金銅嵌件。這些漆器中有些作為食盒，有些為花瓶或翎毛，還有碗、托盤和櫃子等。乾隆皇帝還下令為佛教寺廟和儀式製造了許多仿西藏金屬器風格的器物（圖一）。

　　這一時期的宮廷漆器中，還運用了脫胎漆器技術，漆工可以製作出以絲帛為胎的輕若無物的漆器，既可光素無紋，也可典雅、精緻，比如脫胎朱漆菊瓣式漆盒。而仿織品紋樣製造的多彩填漆器（圖二），則反映了人們對歐洲圖樣和中國傳統紋飾的興趣。此外，工匠也會用犀角和象牙之類珍貴的有機質材料雕刻與一些漆器造型相仿的器物。北京故宮博物院所藏清宮檔案中，詳細記錄了這些重要物品的創作細節和參與製作的所有工匠姓名。

**圖一　西藏龍紋多穆壺**

這是清代皇宮訂製的一對精美剔紅龍紋多穆壺，曾用來盛放藏式酥油茶。酥油茶是在茶磚熬成的濃茶中，倒入少量的酥油和鹽而製成的一種飲料。這種管狀造型和摩羯紋飾（神話動物）在西藏銅器和木器中也有出現。

清，乾隆年款，1736–1795 年
北京造辦處
高 51.6 公分，寬 23 公分
羅伯特・懷利・勞埃德遺贈
(1958, 0729.3–4)

### 圖二　八方瑞盤

這款八方瑞盤是填漆的典型代
表，展現了 18 世紀東西方融合
的紋飾。盤側有鳳凰和仙鶴在雲
紋中交替出現，盤上還飾有團壽
紋。雖然鳳凰、仙鶴和團壽紋都
是中國傳統的吉祥圖案，但盤內
孔雀羽和花卉紋，如萬花筒般的
排列方式卻別具歐洲風格。盤
底刻描金字樣為「大清乾隆年
製　八方瑞盤」。

清，乾隆年款，1736–1795 年
北京造辦處
直徑 37.7 公分
加納爵士夫婦捐贈
(1974, 0226.77)

# 5｜9 清代景泰藍

　　皇宮內有數百個房間，有些用於舉行朝會，有的則為皇室及家眷的私人住所。到 18 世紀為止，景泰藍（掐絲琺瑯）在外殿（圖一）和內廷（圖二）中都廣受歡迎。工匠們為了將宮殿裝飾得富麗堂皇，創造了許多新奇的器形。大約在 1720 年，粉色和玻璃白應用到景泰藍和瓷器裝飾上，大大擴展了景泰藍裝飾的色彩範圍。跟明代的器物相比，清代景泰藍釉質更為光滑，掐絲也不再脆弱易斷裂。清代掐絲通常用植物膠黏在銅胎上，不會溢膠。而明代器物上卻偶爾會發生溢膠現象。在南方，揚州和廣州兩地，也持續製作琺瑯類器物。但是在北京由於晚清年間缺乏皇室支持，北京景泰藍製作開始衰退，宮廷作坊逐漸停止生產。

**圖一　景泰藍香爐**

這一對大型香爐是乾隆皇帝下令仿商周時期三足鼎製作而成，其中使用了清代顏料。兩件器物都有中國傳統長壽紋飾，如梅花鹿。香爐足部飾以精美的仙鶴（象徵永生）造型。這些器物原先或許是和其他景泰藍器物一同放在外殿中，為宮殿增光添彩。

清，乾隆年間，1736–1795 年
高 101.5 公分，直徑 55 公分
H. S. E. 范德彭特爵士捐贈 (1931,
0414.1–2)

**圖二　寶物掛屏**

宮廷匠人製造了許多類似圖中所
示裝飾後宮之用的立體掛屏。此
畫框中有景泰藍葫蘆花瓶，上面
以紅色寫著「大吉」二字。在花
瓶中插以歲寒三友（松、竹、梅）
和麥穗。掛屏中還有雙玉環吊
墜、青銅香爐、象牙盒與瓷瓶。
這些物品並非繪畫而成，而是使
用了嵌玉和點翠等工藝，製造出
一種令人驚嘆、細緻入微的錯視
拼貼效果。

清，約 1700–1800 年
北京造辦處
高 111 公分，寬 36 公分，厚 4 公
分
（OA+.7143）

# 5│10 宮廷照明

　　清代，照明工具主要有三種：燈籠、燭台和油燈。所有這些都可以固定在高處，放在地板、桌案，或拿在手中。今天，在春節和元宵節期間，全世界的華人社區都還會張燈結綵。

　　雖然紙燈籠在中國有著悠久的歷史，但宮殿則需要更耐久、奢華的照明工具。從圖一這幅蘇州仿宮廷版畫的〈百子圖〉上，我們可以看到夜晚屋簷上掛著燈籠照亮簷廊。18 世紀的燈籠極少遺存下來，而這件來自承德避暑山莊的彩繪羊角燈（圖二）向我們展示了燈籠光線的柔和玲瓏。落地燈（圖三）和蠟燭（圖四）也可提供照明。

**圖一　〈百子圖〉，筠谷繪，張星聚製版**

掛軸，彩色雕版印刷

1743 年

江蘇蘇州

縱 98.2 公分，橫 53.5 公分（紙張）；縱 228.5 公分，橫 77.9 公分（裝裱）

布魯克・休厄爾基金捐贈
(1991, 1031, 0.1)

**圖二　描金彩繪羊角燈**

乾隆、雍正和康熙都下令製作過這種葫蘆型大羊角燈，可能是用於承德避暑山莊。燈上有精緻的彩漆、描金細畫的蝙蝠和牡丹吉祥圖案。

清，約 1700–1750 年

承德或北京

高 61 公分

伊莉莎白・因弗納恩女士捐贈
(1942, 0714.1)

## 圖三　青銅燈座

這對大型青銅燈座以跨越岩石的獨角山羊為造型，是為承德避暑山莊而作。這些神獸套著韁繩、鞁具，鋪著鞍韀，背馱花瓶。燈座下配以紅漆底座。

清，約 1735–1795 年
北京或承德
高 56 公分
伊莉莎白・因弗納恩女士捐贈
（1942, 0714.5）
伊莉莎白・因弗納恩女士遺贈
（1957, 1219.1）

## 圖四　蠟燭和蠟模，拿著蠟燭和燈籠偵探的畫面局部

蠟燭和蠟模上都有五爪龍紋環繞，作雲龍戲珠紋。龍是皇家象徵，表明蠟燭曾經為宮廷照明之用。

蠟燭：
1830–1880 年
長 17.3 公分，直徑 5.4 公分
奧古斯塔斯・沃拉斯頓・弗蘭克斯爵士捐贈
（As 1894, 0108.3）
蠟模：
1830–1880 年
長 17 公分，直徑 4.3 公分
（As 1893, 0320.81）
畫面局部：

1800–1900 年
縱 23 公分，橫 18 公分（畫芯）；
縱 40.5 公分，橫 55.5 公分（裝裱）
查理斯・黑茲爾伍德・香農遺贈
（1937, 0710, 0.335）

## 5│11 清代軍事

清代士兵的構成複雜，包括來自許多不同文化和地域的民族——滿、漢、蒙古、朝鮮、維吾爾、藏和俄羅斯。這些士兵以八旗為編制。杭州和蘇州作坊負責為清廷製作軍服，不同級別士兵的制服有著明顯區別（圖二）。威廉·亞歷山大曾隨英國馬戛爾尼使團訪華（1792-1794年），對中國生活圖景的各個方面做了詳盡的觀察與繪圖記錄，並在回國後出版，其中包括對中國武器和甲冑（圖三）的描繪。代表英國國王喬治三世的英國使團與乾隆皇帝互贈的禮物中，包括了燧發槍等武器。中國朝廷官員將禮物清單都記錄在案。

清代的主要軍事戰爭包括平定臺灣叛亂、安南（越南北部）之役、廓爾喀（尼泊爾）之役和鎮壓西南苗族人起義（圖一）。乾隆皇帝下令製作了一系列戰爭銅版畫，並御筆題序，以慶祝這些戰爭的勝利。畫稿由歐洲傳教士義大利人郎世寧（1688-1766年）、法國人王致誠（1702-1768年）、波希米亞人艾啟蒙（1708-1780年）和義大利奧古斯丁傳教士安德義（？-1781年）等人創作，並在巴黎製成了銅版畫。北京畫匠嗣後臨摹了這些銅版畫，使其得到廣泛印刷與傳播。

圖一 〈平定苗疆得勝圖〉，馮寧
〈平定苗疆得勝圖〉計有 16 幅畫，這是其中第 14 幅，上有乾隆皇帝御筆題序。乾隆為了記錄最重要的軍事武功，令宮內歐洲畫家繪製畫稿，再送到巴黎製成銅版畫。之後，中國畫家根據歐洲版畫進行了仿製。苗族人多次起義反抗清朝，數千名士兵（包括許多苗族人）在鎮壓中身亡。

版畫，紙本水墨
清，約 1798–1803 年
中國
縱 51 公分，橫 88.5 公分
(1868, 0328, 0.540)

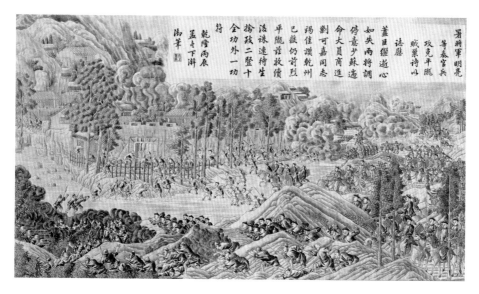

## 圖二 鎖子錦甲冑

這款儀式用甲冑由上衣、下裳和頭盔組成。身甲包括一件無袖短袍、左右肩甲、左右護腋、前遮縫和左遮縫。甲冑錦面，石青色緞緣，通身布滿規則的鍍金銅釘，保持裡襯平整。上衣原本懸有前後護心鏡。銀色頭盔，鑲嵌寶石，帶有絲質護頸，頂端原有盔纓已佚。頭盔邊沿刻有梵文以發揮護佑平安的作用。紫禁城每年都會舉行多次大規模校閱，數百名士兵在此進行軍事演練。

清，1780–1820 年
杭州或蘇州
高 172 公分（下裳底部到頭盔頂部），寬 45 公分（胸部，包括肩甲）
(OA+7426–7427)

## 圖三 〈各種武器裝備〉，威廉・亞歷山大

威廉・亞歷山大從遠東回國後的 10 年裡，陸續出版了他在中國清朝親歷的紀實畫稿。這幅圖展示了許多儀式和武器。與宮廷餐具器皿和其他裝飾物不同的是，軍事用品即使在中國的博物館也很少見。因此，這些紀錄特別有價值，向我們再現了 18 世紀清朝的軍事情況。

畫冊，紙本水彩畫
清，1793–1796 年
縱 23.5 公分，橫 18.2 公分（單頁）
(1865, 0520.270)

# 5 | 12 清代女性珠寶

　　清朝男性和女性都會透過佩戴珠寶來彰顯地位和財富。就材質而言，玉和黃金最為珍貴。

　　玉飾品中間穿孔可縫綴於衣服或頭飾上，但並不用於繫束衣物（圖一）。在清代，人們連接衣襟時不用鈕扣，而是使用盤扣。

　　等級森嚴的服飾制度規定了人們帽子上所能裝飾的黃金重量和珍珠數量。清代宮廷妃嬪特別喜歡佩戴纍絲黃金首飾（圖二），有時會使用仿古樣式（圖三）。普通女性也會戴許多結合黃金珠寶的頭飾（圖四）。有些女性則喜歡在無名指和小指上佩戴護甲套（圖五）。

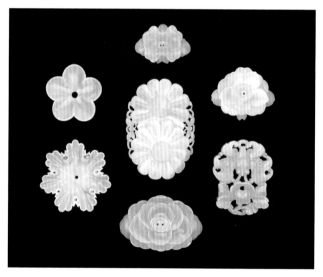

## 圖一　玉飾品

這些精心製作的玉飾品大多為花朵式樣。其一為蝙蝠式樣，為視覺化雙關語，同「福」的意思。五朵花瓣的是梅花，象徵春天和青春。雙菊象徵長壽。工匠們在玉飾品的中間穿孔，方便縫在服飾上做裝飾。

清，約 1700–1900 年
最大高度 5 公分
布魯克・休厄爾遺贈
(1981, 1113.15–19)

## 圖二　纍絲金手鐲

這對手鐲採用鉸接和卡扣設計，因此極易佩戴。原先手鐲上各有一塊專用於隱藏搭扣的寶石。在手鐲外側使用了有寓意的圖案和金色編織紋做裝飾。手鐲製作工藝精湛，佩戴舒適度應該很高。

約 1600–1800 年或更早期
可能製作於北京
直徑 7.2 公分
(1937, 0416.237–238)

### 圖三　金項圈

這件黃金項圈很難斷代，因為相似的工藝風格在歷史上延續了很長一段時間。它製作精美，開口處的瓜稜形端飾方便佩戴。

1600–1800 年或更早
可能製造於北京
寬 20 公分
(1937, 0416.236)

### 圖四　珍珠紅寶石金釵

富貴人家的女子喜用美麗的飾品固定高髮髻，如雙股長髮釵。這支髮釵上一顆天然珍珠鑲嵌在纍絲金花中心，另一花芯則鑲嵌紅色的寶石。宮廷嬪妃的畫像中，她們往往同時又戴多支簪釵，且釵飾各不相同。髮釵雙股之間的錢幣圖案是典型的清代特徵，錢幣寓意財富。

清，1700–1800 年
可能製作於北京
高 12.7 公分
(1938, 0524.273)

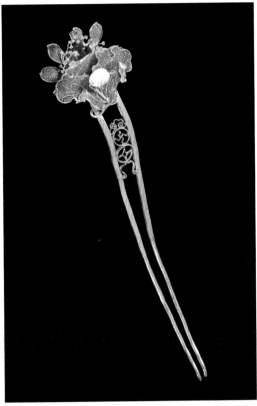

### 圖五　金護甲套

滿族女性有在小指和無名指上戴護甲套的習俗。清代貴族女性喜歡蓄長指甲，以示她們無需勞動。護甲套隨指甲弧度而稍微彎曲。圖中的這組梅花鏤空紋飾的護甲套，品質不算上乘，可能非清朝皇室所有。

清，1850–1879 年
可能製作於北京
長 8 公分
奧古斯塔斯・沃拉斯頓・弗蘭克斯爵士捐贈
(AF.64)

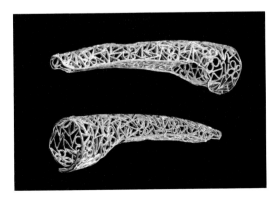

## 5｜13 收藏家乾隆

　　18 世紀的中國皇帝對收藏和鑒賞骨董，顯得尤為熱衷。乾隆或許是史上最熱愛收藏及在文物上題跋的皇帝（圖一）。不僅如此，乾隆在位 60 年，他還是一位多產的詩人，並將自己所作的詩文編印成書。據說，乾隆皇帝（想必有代筆團隊的協助）共創作了有 43630 首詩作，其中許多是他為自己藏品所作的題跋，這些詩作、題跋（圖三）很多保留在他收藏的古物上。清朝諸帝對宋代瓷器青睞有加，其中以汝窯為最（圖四）。

　　商代和西周（圖五）的青銅器收藏是清代皇室收藏的重要組成部分。這些器物在經積極收羅之後，還記錄銘文並分門別類。雖然清代青銅器形仿古，但它們表面通常鑲嵌金、銀。乾隆皇帝還令景德鎮御窯製作仿古陶瓷，宮廷作坊製作仿古陳設器物（圖二）。

**圖二　犀角杯**

人們認為犀角具有辟邪的作用，故而頗受珍視。宮廷匠人將這件犀角的下端雕刻成古代酒器「觚」的造型，上端為雕花卉紋杯。

清，約 1700–1800 年
高 22.5 公分
奧古斯塔斯・沃拉斯頓・弗蘭克斯爵士遺贈
（OA +1127）

**圖一　乾隆題詩玉璧**

1790 年，乾隆皇帝為此玉璧題詩並鐫刻其上。從此詩作中可見他對此器的研究與探索：他認為這是一件玉碗托。這首詩也收錄在御製詩集中。乾隆皇帝收集了許多宋代瓷器，其中有碗托和此件玉器尺寸、器形相近，可能出於這一原因，他才有了上述的揣測。由於他沒有合適的玉碗（在商代沒有此形制器物）與這件「碗托」相配，所以他選了一件定窯白釉碗替代，也題刻御製詩一首，與此玉「碗托」配對。此件定窯瓷碗收藏於北京故宮博物院。事實上，這件玉器是西元前 1200 到 1046 年左右的商代禮器玉璧，其原始功能尚不明確。

約西元前 1200–1046 年，題詞為 1790 年於北京
高 1 公分，直徑 15.5 公分
（1937, 0416.140）

## 圖三　脫胎朱漆菊瓣式盒

這件漆盒胎薄體輕，並非木胎，而係夾紵胎技法製成。它的造型模仿菊花，素雅的朱漆表面讓人聯想起古色古香的平漆漆器。漆盒底部刀刻填金乾隆御製詩一首：「髹作法前明，踵增製越精。攢英如菊秀，一朵比花輕。把手初無覺，映心似有情。設云十人諫，慙愧不期生。丁酉新正月中澣御題」。

清，乾隆年款，題詩於 1777 年，
製作於 1777 年左右
北京
高 10.8 公分，直徑 24.4 公分，
重 30 克
加納爵士夫婦捐贈
(1974, 0226.55)

## 圖四　汝窯盤

這件汝窯盤經歷過一場宮廷火災，所以其釉有瑕。底部刻有乾隆皇帝題字：「趙宋青窯建汝州，傳聞瑪瑙末為油。而今景德無斯法，亦自出藍寶色浮。乾隆己亥夏御題」，並有「古香」藏印。

北宋，1086–1125 年，
題字 1779 年
河南寶豐縣清涼寺
高 3.4 公分，直徑 18.4 公分
(1936, 1012.150)

## 圖五　青銅卣

此古代青銅盛酒器原為乾隆皇帝收藏。青銅蓋內銘文主要關於周王對數人婚姻的安排。這件器物的重量、尺寸和銘文全都輯錄在 1749 年編纂完成的 40 卷《西清古鑒》中。這部大型譜錄收錄了清皇室收藏的 1500 餘件青銅器。

西周
約西元前 1000–900 年
高 25 公分（含提梁）
布魯克‧休厄爾永久基金捐贈
(1988, 0422.1)

# 5｜14 乾隆印章和書寫

清朝皇帝和文化菁英桌案上，通常會擺放精緻的文房用具和與同儕一起遊戲的物件（圖一）。各種山水題材山子，尤其是玉山子，因能寄寓情懷，承載了當時文人雅士的燕閒雅趣，是他們十分鍾愛的物件。

自古以來，印章都是個人身分或官方權力的標誌與象徵。印章與書法密切相關，因此印章篆刻並非一般的匠藝，而是文人們嚮往追求的藝術。清朝皇帝便有多枚印璽，方便他隨處鈐用。

皇帝之印有時是為了銘記新殿或新園落成（圖二）之類重要時刻，而特意刻製。在中國，畫作上的鈐印增加了藝術品的審美價值，是繪畫賞鑒歷史的重要部分，同時也記錄了收藏者或收藏處的信息。乾隆印章出現在許多書畫上，以示為其收藏、鑒賞，有些還專為框圍其印章而訂製。在乾隆的碧玉冊中（圖三），每塊玉牌分別以不同篆體刻「循連環」回文。雖然掌握不同字體和風格是傳統教育的重要部分，但這種描金玉冊卻為皇家獨有。

**圖一　文房用具漆盒**

這件描金漆盒內裝有書寫工具、一套象棋和其他文房用品。1736–1820 年間，某位清皇室成員下令製作了這套用具。漆盒內每一層都有隔斷可放置物品，其中有三鏡放大鏡配象牙柄、玳瑁眼鏡配皮盒、豆莢玉雕等當時罕見的奇珍異品。

清，約 1723–1795 年
北京
高 8.5 公分，長 25.6 公分，寬 16 公分
奧古斯塔斯・沃拉斯頓・弗蘭克斯爵士捐贈
(1891, 0617.13)

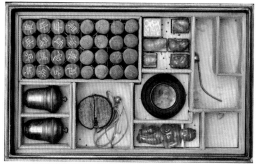

## 圖二　玉璽

這枚玉璽是 1764 年乾隆皇帝為即將落成的園林（即著名的圓明園）御製。玉璽上銘刻「萬壽山清漪園」，印臺四面邊款為乾隆題詩。它的大小、材質和交龍鈕是清朝皇帝玉璽的典型特徵。玉璽底部書有「乾隆甲申春御製」款識。

清，1764 年

北京

高 10 公分，寬 12.8 公分，長 12.8 公分

亨利・克利斯蒂捐贈

(Christy.3572)

## 圖三　碧玉冊

這部碧玉冊保存在一個木盒當中，包含七塊精心刻銘描金的長方形碧玉牌。紀年「乾隆戊辰」（1748 年），從掛象「乾」和「隆」字可判斷為乾隆皇帝所有。碧玉上以不同古漢篆字刻迴文及其歷史，並述有字體筆法出處與關連人物。

清，1748 年

北京

長 19.3 公分（每冊頁）

亨利・克利斯蒂捐贈

(Christy.3573)

# 5│15 清代國家儀式

　　雖然清朝皇帝並非神靈，但在人們眼中，他們是承天授命的天子。在清朝諸帝統治期間，國家權力延及屬國，遍及天下。皇帝必須花費大量時間，代表子民觀摩或參與祭祀天地日月和祖先的國家祭典。其中有些儀式非常重要，例如在天壇或太廟舉行的儀式，須由皇帝親自主持參與，而其他則可由朝廷官員操辦。而皇室祭祖儀式則促進了清朝統治的合法性，儀式所需的大型祭臺搭建於重要位置，上面陳設五供（五件套），包括一隻鼎式香爐，以及燭臺、花瓶各一對（圖二）。

　　科舉考試和國家、州縣、鄉鎮各層儀典制度鞏固了儒家思想的核心地位。孔廟（文廟，圖一）、關帝廟（武廟）無疑是清代最重要的寺廟。今天，我們能在孔廟中看到孔子塑像，而在最初時，孔廟中祭祀的只是一座刻有這位偉大思想家姓名的牌位。

**圖一　北京孔廟銅鐘**

此銅鐘為北京孔廟（上圖）所用青銅鎏金編鐘之一，人們可將其懸掛在漆木鐘架上，用木槌敲擊演奏。中國的銅鐘沒有鈴舌，透過敲擊鐘的正鼓部和側鼓部，可產生不同音階。銅鐘刻有表示鑄造日期的銘文：「雍正壬子春日製」。

清，1732 年

北京

高 31.5 公分

(1989, 0309.2)

**圖二　大型皇家青銅五供套組**

乾隆皇帝下令製作了這套氣勢恢
宏的青銅五供，包括花瓶和燭台
各一對，香爐一隻。五供為仿古
器形，一字形排開，中間擺放香
爐，香爐兩側擺放燭臺，最外側
為花瓶。它們的尺寸、皇家款識
及紋飾表明它們出自大型祭廟，
原先可能陳放在雕花大理石祭臺
上。

清，乾隆年款，1736–1795 年
北京
高 94.5 公分（香爐）；高 110 公
分，直徑 50 公分（燭臺）；高
96 公分，直徑 48 公分（花瓶）
(OA+.7057.a–e)

## 5 | 16 藏傳佛教和清代宮廷

　　清朝統治者來自中國東北的滿洲，他們像歷代帝王一樣，希望自己身兼世俗和精神世界至高無上的統治者。清政府一方面與西藏宗教領袖（圖一）保持密切關係，鞏固皇朝政權；另一方面，也透過軍事戰爭，大舉拓展了中國領土，使蒙古、新疆和西藏都成為清帝國不可分割的一部分。乾隆時期沿襲雍正和康熙的宗教信仰，也對喇嘛教（藏傳佛教）尊崇有加，大大提高了喇嘛教的影響力。

　　承德避暑山莊最初於康熙年間（1703 年）開始建造，在乾隆時期又進行了擴建（圖三），整個工程耗時 89 年。乾隆皇帝在承德仿建了各地建築和景觀，涵蓋全中國 72 處著名建築和山水景色，象徵了他所統治的領土，這些建築包括了西藏布達拉宮的仿製。承德的寺廟禮堂都經過精心布置，其中也包括佛陀極為精緻的微型壇城宮殿（圖二）。

　　在郎世寧為乾隆皇帝繪製的〈乾隆佛裝像唐卡〉中（見第 241 頁），皇帝被描繪成大智文殊菩薩的化身。乾隆還下令製作繪絹本、刺繡唐卡（圖五，西藏佛教繪畫、刺繡或堆繡等），以及藏傳佛教佛像和法器，如白海螺、佛教吉祥八寶（圖六）、法鈴和金剛杵（圖七）。

## 圖二　壇城（曼陀羅，代表佛陀居所）

乾隆皇帝下令製作了一系列景泰藍壇城（微型宇宙）模型，以在承德避暑山莊藏式建築中使用。這件嵌珊瑚景泰藍壇城製作於1772年，其簷下鈴鐺為玉和銀質。壇城內的佛像可能由半寶石製成，已佚。

清，1772 年
可能製造於北京
高 56 公分，直徑 41 公分
(1991, 0328.1)

## 圖三　承德建築飾件

這尊釋迦摩尼像建築飾件為 19 世紀時從承德徵集而來，釉色呈黃、綠、藍色。其頭部可拆卸，能調整角度，使人們從下往上看時，佛像顯得更為逼真。製作此類人物建築構件的窯廠，也為紫禁城和其他皇家宮苑生產瓦飾和牆磚。

清，約 1700–1800 年
承德
高 54.5 公分，寬 33 公分，厚 28.5 公分
奧古斯塔斯‧沃拉斯頓‧弗蘭克斯爵士捐贈
(Franks.1614)

**圖四　鎏金青銅曼陀羅**

這件鎏金青銅曼陀羅，即佛陀法界，形制仿東印度樣式，瓣接組裝石榴形。打開後，它的中心是威猛的密宗本尊勝樂金剛。他與明妃金剛亥母結合在一起，周圍環繞約 20 尊小佛像。每瓣上有兩三尊小佛像。瓣外側刻有各種寶物符號，有馬、象、金輪、香爐、寶瓶、杵、寶傘、飄帶、金幢和珠寶等。

清，1600–1800 年

可能製造於北京

高 25.6 公分，直徑 22 公分（打開狀態）

韓弗理斯女士為紀念愛德華・韓弗理斯捐贈

(1939, 0118.1)

**圖五 大威德金剛唐卡**

大威德金剛牛首藍身，足踏水
牛，矗立於火焰之中，以凶惡之
相護持佛法，伏惡護善。他是文
殊菩薩的憤怒身，手持骷髏杖，
以骷髏為頭冠，身體四周也圍繞
著骷髏。他陽具勃起，腳踏水牛，
而水牛正對著身下裸身之人即閻
魔（死神）發情，突出密宗中大
威德金剛所擁有的能量，能消盡
障魔。八護法神及此唐卡可能原
為一組。

清，約 1700–1800 年
北京
高 117.5 公分，寬 68.3 公分
路易士・克拉克捐贈
(1961, 1014, 0.5)

**圖六 佛教吉祥八寶**

這組鎏金八吉祥供器代表了相傳
釋迦牟尼成就正覺時，進奉的寶
物。八吉祥圖案常出現在佛畫像
或塑像前的祭壇上。從左到右分
別是金輪、白海螺、尊勝幢、寶
傘、盤長、寶瓶、金魚和蓮花。

清，1700–1900 年
高約 17.1 公分
(1880.134–141)

**圖七 法鈴、金剛杵及法器套**

鮫皮（鯊魚皮）套中裝有青銅法
鈴和金剛杵。這些物品通常為佛
教僧侶在法事和冥想中使用。

清，1700–1900 年
高 23 公分，寬 15 公分（法器
套）；高 19 公分（法鈴）；長 14
公分（金剛杵）
(As 1910, 0623.15.a–c)

# 5 | 17 四季花卉及寓意

　　在清代，鐵畫（圖一）一般不懸掛在外朝大殿內，而是裝飾內廷。鐵畫匠人將熟鐵錘鍛成「墨線」，襯以白底，好似潑墨素絹或紙。雖然清代有許多地方皆能製造鐵畫，尤以安徽鐵畫最為著名，但這組工藝上乘的鐵畫，應為宮廷內所造。

　　中國自古以來就有以動、植物紋飾作為富含寓意的象徵符號，四季花卉圖是其中最受歡迎的藝術主題。動、植物紋飾有時組成了視覺化的雙關語（這種雙關的產生和中國語言特性有關，因為漢字中有許多寫法不同，但發音相同的字元）。有些中國畫家創作的花卉主題作品，和歐洲的花語一樣，有著特定的含義，如海派畫家任薰（1835-1893 年）的〈四季花卉〉（圖二）。海派畫家活躍於 19 世紀末的上海，其繪畫作品來源於現實生活或以古代神話為主題。這些設色畫雖不是高格調的正統水墨畫，卻因或多或少挑戰了傳統畫法，而頗受上海地區商人的歡迎。

**圖一　花卉、昆蟲鐵畫**

植物不僅美麗，而且具有美好寓意，適合入畫。如第一幅畫中，菊花和蚱蜢代表秋天；而綻放的梅花象徵冬天，因為它是新年中最先綻放的花。第二幅圖中的蘭花，象徵春天和正直君子。植物旁邊的留白也是畫作構圖的重要組成部分。一般而言，宮殿室內的掛軸畫常會替換，而這些鐵畫懸掛時間則相對更久。

清，約 1700–1900 年
縱約 74 公分，橫 43.2 公分
詹姆斯・奧林奇遺贈
(1928, 0717.16, 1928, 0717.15)

**圖二 〈四季花卉〉，任薰**

任薰，19世紀末上海畫家「四任」之一。這四幅掛軸靈感來自早期畫家陳洪綬（1598–1652年）。它們的構圖十分特別，花卉似從畫面中呼之欲出。畫作上繪製了盆栽的季節性花卉，既代表四季，也象徵了人生旅程。從右往左看，牡丹代表春天；紅色的石榴代表夏天；菊花因有無數的花瓣，既是長壽的象徵，也代表秋天和遲暮之年；最後一幅畫上為松樹、梅花和蘭花，它們都是冬季的象徵，同時象徵正直、有文化的人。

軸，紙本設色
清，約1855–1893年
上海
縱104.5公分，橫20.5公分（畫芯）
大英博物館館籌儲備金購
(1985, 0403, 0.1–4, Ch.Ptg.Add.505)

## 5|18 彩色雕版印刷

12 世紀早期，套色印刷技術就已出現。彩色雕版印刷工藝則是為每一單色刻一小木版，圖案顏色的層次變化透過「由淺到深，由淡到濃」逐色套印來達到設想的效果。這與源起於唐代的單色雕版印刷相比，更需要仰賴勞力密集的作業方式。

這種彩色雕版技術也用於刊印畫譜，最著名的莫過於《十竹齋書畫譜》和《芥子園畫傳》。十竹齋是畫家、書法家和學者胡正言（約 1580-1671 年）在南京的居室名，他主持刊印了《十竹齋書畫譜》第一版，這是中國第一本彩色印刷畫冊（圖一）。《芥子園畫傳》與其相似，但更具教學性。在初集中介紹了中國畫的概況，並將繪畫創作的個別要素分門別類，學會個別母題的畫法後，就可以構築一幅畫面（圖二）。

木刻版畫也有很多以傳統工藝技術為主題的作品。康熙皇帝曾下詔著名畫家焦秉貞作《御製耕織圖》，展現了水稻種植、養蠶和紡絲的畫面。每幅畫上均題有康熙御製詩，並以他手寫字體刊印。《御製耕織圖》（圖三）以西元 1237 年的宋版〈耕織圖〉為藍本，於 1696 年刊印。

**圖一 《十竹齋書畫譜》中的鳥和竹，凌雲翰（字五雲）**
《十竹齋書畫譜》按照繪畫主題分類為：鳥、果、梅、蘭、竹和石等。每個分類呈現了不同的繪畫風格。這幅畫作上的不同物件，使用了不同的筆墨技法，如石頭的苔點、鳥翎毛的深淺明暗，等等。如何體現色彩的深淺濃淡，如竹葉漸變的顏色，是雕版印刷技術最重要的核心技術。

紙質彩色雕版印刷畫
1633 年
江蘇南京印刷
橫 27.2 公分，縱 25.4 公分
(1930, 1015, 0.6)

## 圖二 《芥子園畫傳》三集的鳶尾花和石頭

彩色雕版印刷《芥子園畫傳》的二集和三集由王概編繪而成。畫中美麗的鳶尾和岩石模仿了冊頁等小幅畫作，畫上配有手寫體詩及鈐印。這幅畫作是通過幾塊不同的刻版套印而成，用柔和的色彩和微小的細節凸顯了花瓣絲絨般的質感和綠葉的尖挺，與粗糙的石頭表面形成鮮明對比。

紙質彩色雕版印刷畫
清，約 1701 年
江蘇南京
縱 27.7 公分，橫 32.1 公分
(1982, 1011, 0.12)

## 圖三 《御製耕織圖》

畫面展現了村莊裡的養蠶人祭祀神龕裡的蠶神。祭壇上擺放了食物祭品、香爐和兩枝燃燒的蠟燭。祖孫三代跪拜於祭臺前，母女則在門內觀望。《御製耕織圖》共計 46 幅，此為其中之一。為墨印彩繪本。

墨印彩繪
清康熙年間，1696 年
縱 24 公分，橫 24 公分（畫芯）；
縱 40.8 公分，橫 26.9 公分（單頁）
蘇富比捐贈
(1949, 0709, 0.1)

# 廣州：與歐洲貿易的中心

清代，中國與歐洲接觸最頻繁的地點主要為北京、廣州（圖一），以及蒙古—俄國邊境。西元1715年，清政府指定廣州為對外貿易通商口岸。至 1757年，乾隆下令「一口通商」，僅保留廣州一處可收泊貿易，還下達了其他一些禁令，如禁止女性進入工廠建築（圖二）。行商壟斷並控制了廣州貿易，他們獨立經營，又類似行業組織。對於皇帝和國家來說，通過行商可以更高效地向歐洲商人徵收關稅和通關費用。另外，也可使那些不遵守中國禮儀的西洋人遠離京城。

從歐洲駛來的商船巨大，無法駛入珠江內河航道，只能在黃埔下錨停泊。人員和貨物轉移至小型中國船隻，再到達航行的終點廣州。行商還提供收費翻譯服務。

**圖二 〈雷維爾夫人和小姐畫像〉，佚名**
玻璃畫
清，約 1780 年
縱 46.7 公分，橫 41 公分
皮博迪博物館藏

**圖一 〈廣州十三行圖〉（局部）**
紙本設色
清，1760–1770 年
縱 75.5 公分，橫 799.5 公分
大英圖書館藏

對於遠航的船隻來說，槍、砲為必備武器，可用來保護船員和貨物安全，抵禦印度洋和中國南海上劫掠的海盜。因為這些船隻都配備武器，所以將歐洲大型船隻停靠在廣州口岸一定距離之外，也有利於中國地方政府的安全防衛。

西洋商人住在珠江邊的商館區，一國之人同住一起，倉庫插有各國國旗作為標記。這些西式建築可謂中國碼頭十分顯著的地標。商館建築經多次重建後，儘管商館前面的空間仍顯局促，但在倉庫到住宅間擴建了很長一段通道。除非惡劣天氣耽擱回國，外國人一般只在貿易季節的幾個月中待在廣州。從10月到第二年的3月間，商人們進行交易，簽訂購買茶葉、香料、絲綢、陶瓷和其他手工奢侈品的新單。西方對飲茶的偏愛和「中國熱」的升溫，為中國商品出口創造了蓬勃的市場。遠航而來的人們除了為東印度公司從事貿易工作，還可進行私人貿易。他們可以在返航時，攜帶私人貨物，其中一些在印度洋區域就已交易完畢，有的則帶回到歐洲以獲取豐厚的利潤，或當作紀念品收藏，或作為貴重的禮物餽贈他人。

西方的商品在中國市場卻難受青睞。懷錶、機械玩具、時鐘以及其他新奇的商品銷路不錯，但數量有限。而中國商人偏好歐洲人以白銀進行貿易交換，這種不平衡的交易所帶來的貿易逆差，歐洲商人心生不滿，最終無法忍受。於是，東印度公司便開始把印度種植的鴉片，通過掮商，大量轉輸中國。從明代晚期開始，人們就開始以抽鴉片作為消遣。隨後的歷史對大家來說就更為熟悉，清政府下令嚴禁，但東印度公司不願停止走私鴉片，導致了第一次鴉片戰爭（1840-1842年）的爆發，廣州作為中國唯一貿易口岸也被關閉。之後清政府簽訂了《南京條約》，被迫另外開放上海、寧波、福州和廈門4個通商口岸。

# 5 | 19 歐洲貿易

　　西方新興的飲茶風潮在歐洲掀起一輪「中國熱」。為應付劇增的茶葉需求，清政府從 1757 年起，將與歐洲的貿易限制在廣州口岸（圖一）。起初，中國通事和買辦等主要用葡萄牙語交流，後來也使用簡單的英語。一些藝術品中常可見到各國買辦頭戴三角帽、身穿長褂的形象。

　　東印度公司在廣州大量購入茶葉、絲綢和瓷器。這些貨物透過裝備精良的東印度公司貨船運輸（圖二），船上配備最先進的科學儀器（圖三）。雖然廣州當地就能採購到許多奢侈品，但有些貨物（如精美的景德鎮瓷器）則要跨越萬里，運抵口岸。公司准許從事貿易的歐洲人和後來的美國人，在返航時攜帶私人貨物。其中有些是顧客訂購的商品，有些則是他們打算回國後進行投機販賣的貨品。私人貨物包括繪製西洋版畫圖像的或仿歐式器形的瓷器、牙雕、扇子、精美的漆盒、玻璃畫和絢麗的壁紙（圖四）等。

**圖一　廣州「十三行」外景圖潘趣碗**

此碗上的圖案為廣州城牆和珠江岸間一帶建造的外國商館。雖然每棟建築前面的空地很窄，但是商館占地可延伸至 300 公尺。根據「行」商的廣東話發音，歐洲人稱中國商人為「Hongs」。荷蘭、英國、瑞典、法國、澳大利亞和丹麥的東印度公司商館上插上各自的國旗作為標記。

清，約 1780–1790 年
江西景德鎮
高 15.7 公分，直徑 36.6 公分
奧古斯塔斯・沃拉斯頓・弗蘭克斯爵士捐贈
(Franks.746.+)

**圖二　東印度公司船模**

英國東印度公司擁有當時世界上最大型的船舶，比起一般的商船，公司船隊武器裝備更加精良，船員數量更多也更為專業。除運輸貨物外，東印度公司船上還有公司職員和軍隊搭乘。直到 1833 年之前，該公司一直壟斷著和清政府的貿易特權。此船模型為二等船，與實物比例 1:36。根據測算，實際船體上甲板長 46.5 公尺，寬 12 公尺，載重約 1000 噸位。

約 1800 年
英國
高 90 公分（包括底座），長 170 公分，深 41 公分
倫敦格林威治，英國國家海事博物館藏

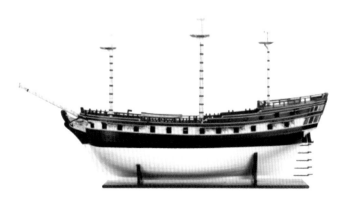

**圖三　精密航海計時器**

這件可攜式的精密航海計時器，可以計時和推算經度。亨利‧梅里頓船長曾駕駛英國東印度公司船艦「艾塞克斯」號前往中國。這是該船上所使用的計時器。1803 年 4 月 6 日，該船從肯特出發，經由馬來西亞開往中國廣州。這艘商船返航途中在麻六甲海峽與法國海軍發生交戰，但倖免於難。1804 年 8 月 8 日，該船載著價值可觀的茶葉回到英國。

1790–1800 年
湯瑪斯‧恩肖製作，倫敦
高 19.4 公分，寬 20.6 公分，
深 21 公分
吉伯特‧愛德格捐贈
(1958, 1006.1960)

**圖四　中國壁紙**

中國壁紙專為出口歐洲而製作。這張早期的壁紙上畫有成對的雀鳥、蝴蝶和碧桃、薔薇等花卉。原先的背景顏色可能為藍色，如今已然褪色。後來的壁紙圖案更多以中國建築和人物為主要圖案。在 18 世紀的歐洲，將整個房間裝飾成中國風格的潮流蔚然成風。在當時的歐洲豪宅中，無論臥室還是公共空間，都以中國壁紙為高級裝飾。

壁紙，彩色印刷
清，約 1700–1760 年
中國南方
縱 211.5 公分，橫 110 公分（未裝裱）
(2006, 0228, 0.1)

## 5│20 茶葉貿易

　　與中國進行貿易的團體以東印度公司為主，其中尤以英國東印度公司最為著名。它獲得國家授權，擁有和中國貿易的壟斷權，從中獲取巨額利潤，在 1672 年至 1833 年間不斷繁榮壯大。到 1833 年後，英國政府取消了其專享授權，開始向其他公司開放貿易權利。其實，英國人到了 17 世紀才真正開始飲茶，但到 18 世紀時，飲茶在英國已變成一種潮流。到 1800 年為止，每年從中國出口到英國的茶葉達 2300 萬磅。在西方，綠茶、紅茶或發酵茶都有各自市場，但人們更偏愛紅茶或發酵茶，這可能與它們的保質期較長有關。茶葉非常昂貴，在運往歐洲的長途航行中必須保存在密封的容器內。廣州還有奢華典雅的茶葉罐（圖一）出售，主要由行商（作為洋人和中國人的中間商）進行售賣。雖然行商的收入很高，但他們也需對外國人的行為負責，在當時而言，這也是一項極具挑戰性的工作。

　　從中國運輸茶葉堪稱一場冒險，許多船隻滿載貨物卻中途沉沒。尋寶者和海洋考古學家已經發現多艘裝載有茶具的沉船（圖二），有些茶具堆疊如同俄羅斯娃娃，在大茶具裡還套放小茶具。其中彩瓷茶具（圖三）比青花茶具價格更為昂貴。

**圖一　裝有四個錫製茶葉罐的黑漆描金盒**

這個盒子裡的四件錫製茶葉罐，配有可拆卸的密封墊，在遠航過程中，密封罐蓋可以保持茶葉的乾燥和芳香。1780 年代中期，隨著美國和歐洲船隻來到中國，開始直接貿易，市場對漆器出口的需求便大幅增加，尤其是黑漆描金或描彩漆器。一般常見器形像是桌子、穿衣鏡和一些如珠寶盒、針線盒等小物件。

清，約 1810–1825 年
福建或廣東
長 38.5 公分，寬 26.5 公分，高 15.5 公分
布魯克・休厄爾永久基金捐贈 (2016, 3064.1)

## 圖二 「哥德馬爾森號」沉船上的茶壺和杯碟

荷蘭「哥德馬爾森號」（一稱「南京號」）船沉沒於 1751 年。潛水夫在這艘沉船上發現了圖中的茶壺和杯碟。1748 年，這艘船開啟了處女航行，前往中國、日本和印尼。它於 1750 年抵達廣州，幾個月後滿載著中國貨物駛往印度。在靠近果阿時，商船遭到海盜的襲擊，不過全體船員都倖存了下來，並返回廣州。1751 年，該船再次裝滿茶葉、瓷器和金器起航回國，卻在 16 天後沉沒大海。

清，1753 年
江西景德鎮
高 12.4 公分，長 22 公分（茶壺）
(1986, 0701.14 和 1986, 0701.5)

## 圖三 詹森博士茶壺

這件大茶壺的容量超過 3.5 公升，曾屬於山姆‧詹森博士（1709–1784 年，右下畫像）。他在 1755 年出版了第一本英文辭典。奧古斯塔斯‧沃拉斯頓‧弗蘭克斯爵士從范妮‧帕利澤小姐（1805–1878 年）那裡購買到這件茶壺，而范妮小姐則獲自她父親約瑟夫‧馬里亞特議員（1757–1824 年）於溫布頓的府邸中。馬里亞特先生則是於 1821 年，從作家皮奧齊夫人（1741–1821 年）遺產拍賣會（在斯特里森舉辦）上購得。而皮奧齊夫人是茶壺最初主人詹森博士的知己。詹森在她 35 歲生日的時候寫道：「無論我們如何吹噓和奮鬥，生命從 35 歲開始都會走下坡⋯⋯」

清，約 1750–1780 年
江西景德鎮
高 21.3 公分，長 29.5 公分，深 19 公分
(Franks.597.+)

## 5｜21 紋章瓷與個人訂製

在歐洲，紋章最初的用途，是用來在戰場上區分全副武裝的貴族身分。紋章可區分家族和姻親結盟，以及在家中的長幼次序。16世紀早期，中國和歐洲開始進行直接貿易，紋章瓷首次在中國開始製作。透過個人、家庭以及後代訂製紋章瓷的歷史可追溯瓷器潮流的變化。成套的紋章瓷可超過100件，比如大小各異的盤子、湯碗、帶蓋大湯碗和醬汁容器等。在某些情況下，訂購的往來信件和實物瓷器也留存下來，可以讓我們瞭解紋飾設計的交流過程，以及物件價格。

到18世紀中期，一些個人訂購者（如貝里克郡的法蘭茨家族）所訂製的紋章瓷十分精美迷人。瓷器正面的紋飾仿效歐洲版畫式圖案，底部附以紋章（圖一）。團體和協會也會訂製紋章瓷，如反高盧協會（圖二、圖三）。反高盧協會成立於1745年，類似於共濟會組織，其總部位於倫敦斯特蘭德大街上的「勒貝克總會」，分支遍布全英國。共濟會訂製了大量中國瓷器，已知最早的是於1755年燒造的陶瓷碗和陶瓷杯（圖四）。

圖一 〈阿基里斯浸禮圖〉紋章餐盤

阿基里斯是古希臘特洛伊戰爭中的英雄。這件餐盤製造於1737年和1740年之間，描繪了阿基里斯的母親忒提絲將剛出生的兒子浸於冥河洗禮，確保阿基里斯刀槍不入，但忒提絲抓住的腳踝卻未經洗禮。紋飾仿自埃德姆·若拉（1688–1738年）依照尼古拉·烏略格（1668–1737年）畫作所刻的版畫。這件餐盤可能是蘇格蘭貝里克郡最後的法國領主羅伯特·法蘭茨（1704–1758年）所訂製的，因其底部繪有蘇格蘭桑尼代克及法蘭西領地法蘭茨家族族徽。

清，約1737–1740年
江西景德鎮
直徑41.7公分，高5.7公分
(Franks 892+)

**圖二　畫琺瑯綴飾水晶胸章，反高盧協會訂製**

約 1750–1755 年

英國

高 13.9 公分

赫爾・葛蘭迪教授和夫人捐贈

(1978, 1002.161)

**圖三　茶杯，反高盧協會訂製**

反高盧協會反對從法國進口商品和時裝，並極力主張推介英國商品。此茶杯上的紋章圖案為英國守護神聖喬治騎在馬背上，用矛刺向象徵法國的鳶尾花。

清，約 1750–1770 年

江西景德鎮

高 4 公分，直徑 7.6 公分

奧古斯塔斯・沃拉斯頓・弗蘭克斯爵士捐贈

(Franks.1415)

**圖四　共濟會潘趣瓷碗和杯**

這裡的徽章主要由共濟會會所最高級別成員的代表符號組成。圓規象徵總會長，方矩象徵會長，水平儀象徵高級督導員，鉛垂線象徵初級督導員。五芒星是所羅門之印，耶路撒冷的所羅門神殿為共濟會儀式提供了重要的象徵符號來源。

清，1755 年

江西景德鎮

高 12.2 公分，直徑 28.3 公分（碗）；高 15.8 公分（杯）

(Franks.741+a 和 741+)

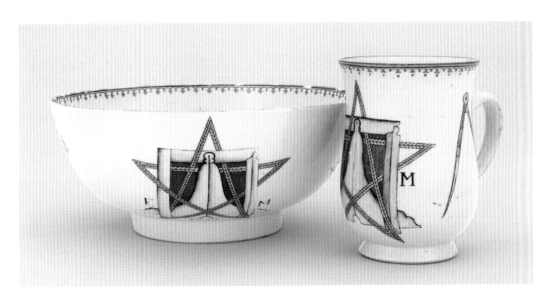

## 5│22 仿製歐洲瓷器和版畫

　　直到 19 世紀，歐洲瓷器廠能生產價廉物美的產品之前，東印度公司商人將歐洲版畫和瓷器，尤其以人物、動物和鳥類為主題的物品，帶到中國景德鎮進行仿製，做成陶瓷餐具和裝飾品。參照人物服飾類版畫製作的瓷器似乎備受歡迎（圖二至圖五）。東印度公司船運貨物以大量青花瓷和茶葉為主，而這些瓷器則是私人貿易貨物的一部分（圖一），專為西方人訂製生產，不在中國境內銷售。歐洲人用它們來裝飾室內空間，將這些瓷器擺放在特製的櫃架和壁龕中，以營造出中國風格的房間或裝飾櫃。

**圖一　釉上粉彩鵝形帶蓋湯碗**

橢圓形的湯碗和蓋子做成了模擬自然的大鵝造型。帶蓋湯碗還能做成公雞、牛、豬頭、鯉魚等造型，可盛放不同類型的歐式食物，通常在宴會上與餐瓷配套使用。這種帶蓋湯碗起源於歐洲陶瓷器形，西方許多工廠都有燒製。

清，1760–1780 年

江西景德鎮

高 34 公分，長 38.5 公分，寬 22.5 公分

埃倫・卡特小姐捐贈，來自 D. D. 斯圖亞特・卡特藏品

(1931, 0622.8)

## 圖二　猶太女子像

這位女子戴著蕾絲頭巾，兩邊成對，呈翼狀罩住頭髮。這尊塑像與另一尊男性塑像原為一對。這個造型來源於早期出版的卡斯帕・勒伊肯版畫〈法蘭克福的猶太男人和女人〉。該版畫出自亞伯拉罕・艾・聖克萊拉的「新開的世界畫廊」。

清，1735–1745 年

江西景德鎮

高 42.3 公分，寬 21.9 公分，深 11.9 公分

內莉・艾奧尼迪斯夫人遺贈

(1963, 0422.11)

## 圖三　〈法蘭克福的猶太男人和女人〉，卡斯帕・勒伊肯

1703 年

紐倫堡

縱 24.5 公分，橫 17.8 公分

## 圖四　〈房中的土耳其女子〉，尼古拉斯一世・博納特

紙質，蝕刻版畫

1652–1718 年

巴黎

縱 27.4 公分，橫 19.3 公分

(1871, 0812.4686)

## 圖五　土耳其女人像

尼古拉斯一世・博納特的〈房中的土耳其女子〉描繪的是一位在大型宮殿中的女子。文字描述道：「她那黑色的眼睛，她那優雅的姿態，值得許多男人追求；不幸的是，一個善妒的男人會把她日日夜夜占為己有。」這件瓷像是版畫出版幾十年後製作的。

清，1735–1745 年

江西景德鎮

高 44 公分，寬 27 公分，深 16.5 公分

內莉・艾奧尼迪斯夫人遺贈

(1963, 0422.10)

# 5 | 23 歐洲為中國市場製造的鐘錶

　　英國為改善中英貿易往來情況，組建了馬戛爾尼使團（1792-1794 年），希望中國能開放更多貿易口岸，並允許英國在北京建立永久使館。馬戛爾尼大使代表英國國王喬治三世向乾隆皇帝贈送了歐洲最先進的科學儀器和最精緻的禮物。中國朝廷官員用英漢兩種語言詳細記錄了禮品清單。

　　18 世紀期間，中國成為西方自鳴鐘（具有複雜機械傳動場景和人物形象的記時器）的主要消費市場（圖一）。倫敦企業家如詹姆斯·考克斯、蒂莫西·威廉森和烏里亞米家族都是十分成功的珠寶商和時鐘製造商。事實上，皇室收藏的外國鐘錶至今仍是故宮博物院最具吸引力的藏品之一。

　　明朝宮廷裡的耶穌會士向皇帝們介紹了歐洲的科學和技術。例如，利瑪竇（1552-1610 年）透過贈送時鐘博得了皇帝的青睞。到清代，中國已掀起一股喜愛鐘錶的風潮，錶大多為瑞士生產。為中國市場製造的懷錶通常有非常裝飾性的琺瑯錶殼，周圍鑲珍珠（圖二）。19 世紀，中國王公貴族購買瑞士鐘錶機芯，並給它們配上中國製作的外殼（圖三）。

**圖一　音樂自鳴鐘**

儘管此鐘並非馬戛爾尼使團送給乾隆皇帝的禮物，但與贈送給他的那些座鐘非常相似。座鐘上裝飾了螺旋形旋轉玻璃柱和八隻躍起的海豚組成的噴泉模型，令乾隆皇帝十分著迷。後來，他曾命令歐洲建築師在他的夏宮圓明園中建造西式園林。

清，1780–1790 年
倫敦
高 76 公分，寬 46.5 公分，厚 34 公分
(1958, 1006.1969)

**圖二　針對中國市場製造的懷錶**

1830–1860 年

瑞士弗勒里耶

直徑 6.4 公分

伊爾伯特收藏品

(1958, 1201.1647)

**圖三　紫檀插屏鐘**

這件座鐘融合了東西方風格。鐘的錶盤和機芯為瑞士製造，但是安裝在一台中式紫檀屏架之內。

清，1815–1825 年

外殼為中國製造；錶盤和機芯為瑞士製造

高 43.1 公分

(1958, 1006.2059)

# 5│24 中西交流

到 18 世紀中、晚期，歐洲與中國之間的交流已變得普遍，越來越多的歐洲人來到中國，並帶回許多在中國見聞的一手資料。其中一些，如威廉·錢伯斯爵士（1723-1796 年）於 1757 年在倫敦出版的《中國建築（家具、服裝、機械和器用）的設計》（圖一），對英國產生了巨大影響。

居住於京城的傳教士不僅帶來了西方技術（如玻璃胎畫琺瑯），還帶來了西方習俗，如吸聞鼻煙（煙草粉末搭配香料製品）。至康熙年間，吸聞鼻煙已成為宮廷中的時尚。這一習俗在之後的 19 世紀，變得更加流行。

中國工匠陶醉於袖珍藝術，而袖珍鼻煙壺恰給他們提供了完美展現技藝的機會。這裡展示的鼻煙壺（圖二）由中國畫家繪製，可能製於廣州。一面繪英國女王維多利亞（在位時間 1837-1901 年），另一面則是歐洲蒸汽船。儘管鼻煙壺紋飾模仿歐洲彩色版畫，但畫面上的人物明顯帶有中國特徵。

圖一 《中國建築（家具、服裝、機械和器用）的設計》中關於服飾的研究，威廉·錢伯斯爵士

1742 年至 1749 年，錢伯斯來到中國經商。1748 年，他研究了中國人的生活和建築，為自己的服飾和設計著作積累了大量素材。這幅圖中展現了兩位人物，一位穿著冬裝，另一位則穿著「明顯具有商人特點的」夏裝。有趣的是，為「邱園」設計了中式寶塔的錢伯斯，在這幅圖中所畫的兩位中國男子卻都具有歐洲人的特徵。

紙本黑色鉛筆素描
1757 年
倫敦
高 22 公分，寬 19.6 公分
約洛·威廉姆斯遺贈
(1962, 0714.19)

**圖二 瓷胎釉上彩鼻煙壺,〈維多利亞女王執掌政權〉**

研究者對這件鼻煙壺是否為跨文化產物尚存爭議,因其形制完全源自歐洲,紋飾也仿自歐洲版畫。然而,這件鼻煙壺卻為中國生產,在售予外國買方之前,必由中國工匠和商人經手。鼻煙壺另一面所繪的可能是「康華麗號」。第一次鴉片戰爭之後,1842 年中英簽訂《南京條約》,清政府為西方貿易開通了五個通商口岸。該條約正是在英國船隻「康華麗號」上所簽訂,之後由維多利亞女王和道光皇帝共同批准。

清,道光時期,1821–1850 年(可能是 1842–1850 年)

江西景德鎮

高 5.7 公分

奧斯卡・拉斐爾遺贈

(1945, 1017.358)

# 5|25 植物和園林

　　植物品種的交換，以及中國建築、園林設計的一手資料，對歐洲園林有著深遠的影響。商人、外交官和傳教士，特別是耶穌會士等人員的流動，在促進這些交流中發揮了關鍵作用。

　　許多專家注意到當時的植物學家將歐洲種子運輸到中國，以及在圓明園（也稱作舊夏宮或者「東方凡爾賽宮」，圖三）中，用這些植物來妝點西式園林。同時，英國「邱園」等歐洲園林也透過多種途徑引進中國植物品種。

　　歐洲人在廣州購買的佚名中國畫家繪製的精緻花卉冊頁（圖一），佔當時外銷水彩畫的一大部分。廣州的苗圃花市也培育盆栽花卉進入出口管道（圖二）。這幅賞心悅目的〈愛園圖〉（圖四），讓我們可以藉此想像大型園林綺麗又多變的景色和園內的亭臺曲廊。

**圖一　植物冊頁中的菊花**

2016 年，北京故宮博物院舉辦了院藏 18 世紀菊花題材文物展，展出的菊花實物和繪畫都反映了中國菊花從顏色到形狀的種類繁多。中國種植菊花的歷史，至少可以追溯到西元前 7 世紀。1820–1830 年間，近 70 個品種的菊花被引入歐洲，其中一部分需要歸功於英國博物學家約翰・里夫斯（1774–1856 年）的貢獻。他在 1812–1831 年間曾居住於廣州，為英國東印度公司的茶葉專員。他收集了許多植物標本，並委託中國畫家精確描繪了相關植物圖鑒。

清，約 1820–1850 年
可能繪製於廣州
縱 42 公分，橫 30 公分
大英圖書館移交
(1973, 0918, 0.1.1–158, Ch.Ptg.
Add.379)

## 圖二　廣州園藝

人們通常將植物種植於花盆中，其中填滿肥沃的泥土，多以塘泥和肥料混合而成。透過這些花盆，人們便能將植物遠洋運輸到歐洲各地。商人會選擇種植特定的植物品種，用於出口，同時也為本地市場提供其他花卉。

清，約 1800–1860 年
廣州
縱 43.5 公分，橫 56 公分（畫芯）
(1860, 1110, 0.258, Ch.Ptg.395)

## 圖三　〈養雀籠西面〉，伊蘭泰（創作高峰期約 1738–1786 年）起稿

乾隆皇帝曾下令製作一套 20 幅〈長春園西洋樓銅版畫〉，此為其中的第 6 幅。花園的布局構成和規整修剪，為法國宮廷花園的典型特徵，這在當時的中國顯得頗具異國情調。

清，1783–1786 年
北京
縱 50.7 公分，橫 87.7 公分
沃爾斯利子爵夫人捐贈
(1916, 0214, 0.1)

## 圖四　〈愛園圖〉，湯貽汾（1778–1853 年）

中國園林常有小橋、柳樹、曲廊和亭榭，這種獨特的園林景觀透過斯波德陶瓷滲透到英國流行文化之中。英國工匠設計藍柳瓷的靈感之源，並非來自類似〈愛園圖〉這類傳統中國畫作的影響，而是受中國外銷青花瓷的啟發。而此類中國畫在外銷市場一般難覓，它們在中國本土通常自有擁護者。

清，1848 年
縱 59 公分，橫長 160 公分（畫芯）；縱 59 公分，橫 1580 公分（卷軸，包括裝裱）
喬治・尤摩弗普洛斯，亨利・

J・奧本海姆和沃爾特・塞奇威克夫人購買後捐贈
(1938, 1210, 0.1, Ch.Ptg.Add.177)

**圖一 〈慈禧油畫像〉，胡博‧華士**

布面油畫

清，1905 年

北京頤和園

縱 234 公分，橫 142 公分

北京頤和園藏

# 慈禧太后

慈禧太后（1835-1908 年）即孝欽顯皇后，葉赫那拉氏，與英國維多利亞女王（1837-1901 年在位）同時。她 16 歲時，成為咸豐皇帝的妃嬪。為同治皇帝的生母和光緒皇帝的姨母，兩位皇帝皆由她扶上皇位。慈禧太后是中國歷史上最有影響力的女性之一，她於 1861 年咸豐皇帝去世之後，開始攝政，直至 1908 年。光緒皇帝駕崩次日，慈禧太后也隨之薨逝，而她臨終前已立溥儀為皇帝。

慈禧太后是一位頗具爭議的人物。她的崇拜者認為她致力於政府改革；她的批評者則把她描述成一個鋪張浪費、詭計多端的醜陋老嫗。圖一的慈禧肖像畫由胡博·華士（1855-1935 年）於 1905 年繪製於北京頤和園，出於詔媚，他畫中的慈禧比實際年齡小了 3、40 歲。這位畫家還創作了另一幅更加逼真的肖像畫，描繪了他第一次見到慈禧時的戲劇性場面：她坐在由八個宦官抬著的黃金座椅之上，身邊跟著許多宦官隨從，其中一些舉著蒲扇。

慈禧太后居住於紫禁城內的大雅齋，卻兩次被迫逃離。1860 年 9 月，英法聯軍在第二次鴉片戰爭中，進逼北京，她隨咸豐皇帝及其年幼的兒子逃往承德避暑山莊，任由外國軍隊搶劫並燒毀了舊夏宮圓明園。咸豐皇帝不久死於承德。慈禧在 5 歲兒子即位後，發動辛酉政變，清除了咸豐皇帝任命的攝政大臣，開始獨掌大權，垂簾聽政。1875 年，同治皇帝駕崩時，慈禧選定 3 歲的侄子載湉作為養子，繼承皇位（即光緒皇帝），而她繼續攝政掌權。

1900 年，慈禧與光緒皇帝一同逃往西安。當時西方軍隊從天津進軍京城，以解救被義和團圍困的使館區各國人員。慈禧曾一度招撫義和團，因此擔心外國軍隊報復，故而逃離北京城。英、美、德、法、俄、日、義、奧八國聯軍成功救出被虜外國人後，便開始在紫禁城大肆劫掠。

1901 年《辛丑和約》簽訂後，慈禧從西安長途跋涉回京城，一路上主要乘坐轎子，部分路段則乘坐比利時人建造的火車。回到北京後，她將紫禁城向傳教士和外國人開放，邀請他們參加在紫禁城舉辦的宮宴。從某種角度而言，慈禧作為一位中國帝制晚期的妃嬪，經歷了複雜的宮廷生活和難以置信的政治動亂，堪稱一位偉大的倖存者。慈禧太后和英國女王維多利亞統治時期頗有幾分相似，她見證了中國巨大的現代化進程，包括引進電力、電報通信，以及鐵路建設的興起。

今天的博物館裡保留了許多慈禧太后的正式照片和個人書畫作品，以及特別訂製的餐瓷套組。這些瓷器的紋飾部分來源於她的畫作，器物上常有礬紅彩「大雅齋」和「天地一家春」款，器底則有礬紅彩字「永慶長春」。

# 5|26 戰爭和清朝的滅亡

在漫長的 19 世紀中，武力衝突、外國勢力的插手和清政府的
軟弱，讓中國經歷了多場戰爭。西元 1860 年，第二次鴉片戰爭爆
發，期間英法聯軍以復仇的名義，火燒圓明園並大肆掠奪。當時，
這場浩劫的目擊者，蘇格蘭士兵（後為殖民地總督）亨利·洛赫
（1827-1900 年）記錄道：「被風吹起的煙雲，像一塊巨大的幕布，
籠罩在北京上空。」這片巨大的「烏雲」暗喻著接下來中國面臨
的形勢。

當時中國人口大部分為農民。義和團運動（圖一）則是 19 世
紀末 20 世紀初在中國發生的農民起義。以「扶清滅洋」為口號的
義和團運動始於山東省，並很快傳到了京城。在慈禧太后的幕後
支持下，義和團圍困使館區（北京天安門東面）55 天，直到英、
美、德、法、俄、日、義、奧八國聯軍占領並洗劫紫禁城方才告終。
中國長達 2000 年的封建統治，在無望、羸弱的清政府和全國各地
爆發革命起義的合力之下，最終宣告結束（圖二）。1912 年 1 月
1 日，中華民國成立。

**圖一　彩繪義和團人物像**

1900 年 1 月，慈禧發布上諭，表
示民間祕密組織也是國家一體，
即意味著維護、支持義和團運
動。「義和團」即「義和拳」，
成員認為自己武藝高強，刀槍不
入。從 1900 年的 6 月 20 日到
8 月 14 日，義和團圍困使館區，
慈禧、光緒皇帝和朝廷官員則逃
往西安並留居一年。義和團在北
京掠奪及縱火，西方人為復仇，
軍隊進入紫禁城掠奪。

清，約 1900 年
中國北方
最高 19.7 公分（騎馬塑像）
M. L. 普爾夫人捐贈
(1962, 1023.1.a–e )

（對頁）

**圖二　〈武漢大事圖畫〉第一版**

這張罕見的石版印刷報紙報導了
1911 年 10 月 10 日的武昌起義（湖
北武漢）。其中記錄了有關革命
的 12 件事，兩側為其中的領導
者和英雄像，有袁世凱（1859–
1916 年）、黃興（1874–1916 年）、
黎元洪（1864–1928 年）和湯化
龍（1874–1918 年）等人。

海報
1911 年
上海
縱 63.5 公分，橫 55.9 公分
E. S. A. 馬蒂捐贈
(1967, 1016, 0.5.3 )

## 現代中國　西元1911–今

## 現代年表

第一次鴉片戰爭　1840–1842年

第二次鴉片戰爭　1856–1860年

中日甲午戰爭　1894–1895年

百日維新　1898年

義和團運動　1898–1901年

日俄戰爭　1904–1905年

辛亥革命和清朝滅亡　1911年

中華民國建立　1912年

第一次世界大戰　1914–1918年

五四運動　1919年

中國共產黨成立　1921年

北伐戰爭　1926–1928年

日本入侵東北　1931年

抗日戰爭　1937–1945年

太平洋戰爭　1939–1945年

第二次世界大戰　1939–1945年

國共內戰　1945–1949年

中華人民共和國成立；蔣介石到臺灣　1949年

朝鮮戰爭　1950–1953年

「百花齊放，百家爭鳴」方針　1956年

反右運動　1957–1958年

大躍進　1958–1960年

文化大革命　1966–1976年

時任美國總統尼克森訪問中國　1972年

毛澤東逝世和文化大革命結束　1976年

鄧小平提出「四個現代化」　1978年

獨生子女政策　1979–2015年

設立「經濟特區」　1980年

天安門事件　1989年

香港回歸中國　1997年

澳門回歸中國　1999年

中國加入世界貿易組織　2001年

中國舉辦奧林匹克運動會　2008年

習近平擔任中國共產黨總書記　2012年

# 6 現代中國

西元1911–今

對任何人來說，想要僅僅透過物件、時效性很強的物品（傳單、海報等）和藝術品講述20世紀的中國或者其他任一國家的歷史，都是一項巨大的挑戰。與古代相比，20世紀的歷史離我們更近，有太多可供篩選、提煉的素材，而且其中諸如引進新科技和改善女性教育（圖一）等主題，也並非中國所獨有。不過，中國城市在20世紀中發生了最引人注目的經濟、社會和政治變化（圖二），這種變化在城市生活與農村之間形成了鮮明對比。

自清朝滅亡後，中國歷經劇烈的動盪。1912年至1928年間的北洋軍閥統治時期，充滿軍閥、貪腐及暴行亂局。國民黨領袖孫中山（1866-1925年）於1912年在南京宣誓就任臨時大總統。然而不久之後，就把大總統位讓給了北京的袁世凱（1859-1916年）。袁世凱野心勃勃，曾一度稱帝復辟。兩次世界大戰對中國也產生了巨大的影響。在第一次世界大戰（1914-1918年）期間，日本侵占了山東省，並懷有進一步侵略中國領土之心。1919年，北京大學等高校師生3000餘人在天安門廣場前集會示威，要求拒絕在《凡爾賽條約》上簽字，抗議日本侵占中國，五四運動爆發。1931年，九一八事變爆發，日本很快侵占整個中國東北地區，成立偽滿洲國，並於1932年，利用廢帝溥儀建立了傀儡政權。在這一時期裡，中國人民傷亡慘重，國家

**圖一　慕貞女子中學畢業生**

1850年代，西方傳教士在中國開辦女子教育，培養了眾多大家閨秀。20世紀初，在清朝政府和菁英們的支持下，女子教育成為現代化改革的主要焦點。

1907年
北京
耶魯大學神學院圖書館藏

圖二 〈雨後〉,張佩義（1939–）
遠眺北京紫禁城屋頂,遠處的建
築高聳入雲,還有幾座尚在建造
之中。現代化建築上方出現的彩
虹象徵著希望。這幅版畫反映了
中國的高速現代化和大規模建
設,以及 1980 年代中國改革開
放政策所激發出的人們對更美好
生活的希冀。

彩色雕版畫
1983 年
縱 52.5 公分,橫 69.2 公分（畫
芯）
(1987, 1224, 0.35)

圖三 〈南湖日出〉,施漢鼎
（1930–）
1921 年,中國共產黨在上海成
立。這幅木刻版畫製作於此事發
生多年以後,紀念當時的祕密建
黨。中國共產黨第一次全國代表
大會是祕密舉行的,後因巡捕發
現,會議被迫終止。代表們必須
離開上海,轉移到嘉興南湖,在
船上繼續會議。

彩色木版畫
1981 年
江蘇
縱 40.8 公分,橫 54.5 公分
(1992, 0716, 0.169)

蒙受恥辱。時至今日,這些記憶對中國人民來說依然難以釋
懷。

　　中華民國成立之後（1912-1949年）,上海（參閱第314-315
頁）成為中國現代化進程中的西方風格標誌。在上海,新式電
影、攝影、時裝和音樂產業欣欣向榮。摩登上海的迷人風情在
如今大眾印象中依然無法磨滅,甚至在電影《魔宮傳奇》中也
有相關場景。中國共產黨也在當時的上海成立（圖三）,並受
蘇聯布爾什維克革命的鼓舞而發展壯大。蔣介石（1887-1975
年）到蘇聯訪問回國後,培養了一批國民革命軍（國民黨和
共產黨）將士,抗擊日本侵略者和各地軍閥。1927年,蔣介
石宣布南京為首都。1928年,北伐戰爭以克復北京而告終。
蔣介石在1927年第一次鎮壓共產黨,並持續掃蕩。1934年,
毛澤東（參閱第324-325頁）和8萬紅軍從江西於都出發,開始
了1萬公里長征,經過一年之後,只有8000人抵達陝西延安。
抗日戰爭（1937-1945年）和國共內戰期間,重慶成為戰時首
都,1946年抗戰勝利後,國民黨將首都又遷回南京。1949年,
毛澤東（圖四）宣布中華人民共和國成立,定都北平,同時改
名為北京。1970年代,中國正是在北京,與西方國家重建外交
關係。1949年,蔣介石和他的追隨者逃亡臺灣並且組織敵對政
權,即中華民國。而他們逃亡時,帶走了泰半故宮珍藏。

　　大躍進（1958-1960年）和「文化大革命」（1966-1976年）

圖四 〈開國大典〉海報
畫面上毛澤東在天安門上向中國
人民宣布中華人民共和國成立。
1953 年，董 希 文（1914–1973
年）創作了這幅〈開國大典〉原
始的油畫。因政治原因，大典上
的人物像經過數次修改。這幅
《印刷宣傳畫在中國廣為傳播。
毛澤東被形塑成一位受愛戴的領
袖，同時他也被視為一位被尊奉
的神祇。

1990 年
縱 63 公分，橫 106 公分
布魯克・休厄爾永久基金捐贈
(1992, 0416, 0.4.3)

圖五 政治人物紅色剪紙
從左往右依次為馬克思、恩格
斯、列寧、史達林和毛澤東側
面剪影，下面剪刻一行中文字
「馬克思列寧主義毛澤東思想萬
歲」。

1960–1970 年
縱 16.3 公分，橫 27.6 公分
安德魯・波爾頓捐贈
(2005, 0128, 0.1)

帶來極大的災難及無數生命的消逝（圖五）。隨著1976年毛澤
東逝世，「文化大革命」也隨之結束。在鄧小平和繼任者們的
改革開放下（中國航太項目和相應的宣傳工作〔圖六〕，即其
成果之一），中國與國際社會交往越發密切。1979年至2015年
間，中國實施計畫生育政策，即一胎化，以減緩人口成長，雖
然促進了經濟繁榮，但也付出了極大的社會代價——造就了一
整個世代的獨生子女。為了回應中國經濟增長的需求，像深圳
這樣的新型工業城市在1980年代開始發展，重慶等城市現在的
面貌，即使與1990年代相比，已然改頭換面（圖七）。而在英
國對香港100年「租約」到期後，於1997年將香港歸還中國。

**圖六 〈坐飛船遊太空〉，張瑞恆**
5 個天使般的兒童乘著火箭駛向
月球。畫面中還有嫦娥和傳統文
化中象徵吉祥長壽的仙鶴。

1962 年 11 月
河北人民美術出版社
縱 77 公分，橫 54 公分
蘭茨貝格爾藏品
(BG E15/824)

　　在漫長的20世紀裡，交通是中國最大的變化之一。從1870年代鐵路的出現和試驗，1880年代建造鐵路，再到今天連接中國主要城市的高鐵，城市間的交通從過去需要花費幾天縮短到幾個小時。中國末代皇帝溥儀曾在老師莊士敦的指導下，在紫禁城學會了騎自行車。自行車也在20世紀中改變了中國人的生活，使人們的出行變得更便捷、自由，騎車成為中國城市居民主要出行方式（圖八）。直到1990年代，和世界上其他國家一樣，汽車和摩托車等機動車輛取代了自行車，成為中國現代的主要交通工具。

**圖七 〈老重慶〉，吳冠中**
**（1919–2010 年）**
紙本設色
1997 年
縱 145 公分，橫 368 公分
中華藝術宮藏

**圖八　上海光新路自行車大軍**
**（1991 年）**
攝影家王文瀾（1953–）最著名
的攝影作品系列探尋了 1980–
1990 年代中國與最常見的交通
工具之間的關係。

# 6|1 祖先和家庭生活

在中國，不論是在現實生活還是在精神世界裡，祭祖敬宗都是重要之責，也是家庭生活的重要組成元素。祭祀祖先儀式始於西元前 1200 年左右的商代。今天，一些中國人仍會在婚禮、生辰和忌日等重要節日慶典，舉行祭祖儀式。在清末和民國時期，人們擺放祖宗畫像（圖二）以表紀念。畫像可以請人專門繪製，或購買「現成」畫像，再根據死者特徵修改肖像臉部。牌位上有祖先的姓名、生平和生卒日期，放在訂做的祖宗匣中。圖一為一組明器的一部分。

崇敬祖先是一個互動的過程。後人為祖先提供祭品，焚香指引祖先的靈魂「回家」，向他們供奉冥幣、真錢、食物和酒。此外，後人還要悉心照料祖先墳墓。作為回報，祖先能聽從祈願，在冥冥之中保佑後人。忽視祭祀或忘記祖先，會使他們變成孤魂野鬼。

**圖一　家具模型，祖宗匣內放置了祖先牌位**

這套小型家具模型包括床、衣櫥、五斗櫥、桌、椅和放有祖先小型牌位的祖宗匣。牌位上寫有明清時期韓姓家族五代宗親的姓名和年齡。燈籠上寫有姓氏「韓」和「長安」。

約 1880–1930 年

高 27.9 公分，寬 22.2 公分，深 16 公分（床）

（祖宗匣和牌位：As1972, Q.1461. a–j；

燈籠：As1972, Q.1447, As1972, Q.1459；

長桌：As1972, Q.1442；

四把椅子：As1972, Q.1453.a–b, As1972, Q.1449, As1972, Q.1451；

方桌：As1972, Q.1450；

衣櫥：As1972, Q.1443, As1972, Q.1455；

五斗櫥：As1972, Q.1452, As1972, Q.1445；

床：As1972, Q.1470）

圖二 〈老嫗祖先畫像〉

這位老嫗身穿寬袖長袍和繡有
「壽」字紋樣的褶裙。身邊兩個
丫鬟分別端著茶和裝點心的小托
盤。一位男孩正在小書桌旁寫
字。後方小神龕內置祖先牌位、
燃著香的香爐、燈籠。市井作坊
大量生產此類祖宗畫像，不過可
以根據個人要求，將祖先神態特
徵描繪入畫像。

軸，紙本設色
1900–1920 年
縱 123.5 公分，橫 67.5 公分（畫
芯）；縱 225.5 公分，橫 98 公
分（裝裱後，含卷軸）
張健行（音譯）捐贈
(2014, 3033.1, Ch.Ptg.Add.803)

# 6|2 年畫

在中國，一年中有諸多傳統節日，這些重大節日沿用陰曆紀年。因此，每年同一節日對應的西曆日期不同。春節是中國最重要的傳統佳節，也是國定假期，即每年的農曆正月初一，一般在陽曆一月下旬或二月上旬。春節是家家戶戶團聚的節日，也是祭祖的時刻。人們回到家鄉，走親訪友。燃放爆竹、張貼春聯、懸掛年畫（圖二）是春節習俗，孩童還能收到紅包（圖三）。春節的活動一直持續到農曆正月十五的元宵節，這一天家家戶戶張燈結綵，賞花燈，提燈籠。

民國初期，還有一些木刻年畫用來鼓勵社會改革，包括呼籲改善女子教育，甚至鼓勵讓女孩參加軍事訓練（圖一）。

**圖一 〈新刻女學堂馬隊操〉版畫**
民國早期流行的政治版畫鼓勵年輕女性參加教育和軍事訓練。圖中 8 個女孩有著紅通通的臉蛋，穿著鮮豔的長袍、寬鬆的褲子和靴子。她們一手穩住馬駒，另一隻手托著肩上的步槍。隊長把槍背在身後，用指揮棒指向地面。

木刻版畫，紙本設色
1920–1930 年
天津楊柳青西複典作坊
縱 53 公分，橫 93 公分
迪博斯克藏品
(1982, 1217, 0.297)

## 圖二　門神年畫

左為秦瓊（？–638年），右為尉遲恭（585–658年），他們驍勇善戰，是唐代著名將軍。因他們具有退敵的神力，所以被尊為門神。人們將門神像貼在家宅、院落甚至商鋪的門上。他們手持鐵鐧和寶劍，身披威武的鎧甲。一幅門神年畫需要使用數塊木版印製。首先雕刻紋樣輪廓，用墨色印刷，然後逐色套印。這種技術被稱為餖版印刷，起始於明代晚期。透過黃色與藍色套印成綠色。

套色雕版印刷
1988–1989年
河北
縱54.7公分，橫69.2公分（畫芯）；縱61公分，橫81.3公分（裝裱）
購於武強年畫博物館
(1991, 0213, 0.6)

## 圖三　紅包

中國新年時大人要給孩子包紅包。這個紅包背面是刮獎卡。雖然史努比是美國卡通角色，但這裡它穿著唐裝——滾金邊的藍色真絲衣服、紅色帽、鞋，肩上挑著一盞紅燈籠。燈籠上印著醒目的「福」字，燈穗上也有「福」字。雪花代表冬季，5隻蝙蝠代表「五福臨門」。上方印有「前程似錦」四字。

紙質印刷品
2005年
倫敦
長12.7公分，寬7.9公分
邱錦仙捐贈
(2005, 0220.12)

圖一　上海外灘歐式建築

# 上海：中國最時尚的城市

上海一直是中國最現代化和繁榮的城市之一，樂於接受新思想、新商業和新時尚，人們常常把上海的世界主義和北京的官僚主義拿來做比較。它海納百川的精神與倫敦、紐約或巴黎等國際大都市頗為相似，而和中國的其他地方明顯不同。儘管上海與21世紀的其他「特大城市」（mega-cities）有諸多相似，但它依然是一個獨特而美妙的地方。

在第一次鴉片戰爭（1840-1842年）結束後，中國對外貿易擴大到廣州以外的其他4個通商口岸，即上海、寧波、福州和廈門。1843年，上海港開埠通商。在清朝滅亡、民國建立之後，上海成為中國現代性的象徵，也是中國共產黨的誕生地。直到1937年，上海遭日本軍隊占領時，它仍是一個充滿活力的多元文化中心，當時上海的進出口貿易量約占中國全國的一半。這一切使得上海人對各種新潮流、新技術和新文化形式，都保持了開放的態度。

上海浦西外灘擁有充滿西式風格的現代化建築群（圖一），使得上海成為一個真正的全球港口城市。外國石構建築和寬闊的街道對當時中國可謂前所未有。上海的華懋飯店（現為和平飯店）有著綠色的尖頂，可與美國曼哈頓天際線的格調媲美。中國銀行大樓的立柱和穹頂，彷彿從英國利物浦天降而來。怡和洋行大樓、上海滙豐銀行大樓和太古洋行這些高樓，都曾一度支配了上海的天際線。

上海曾有「東方巴黎」之稱。在兩次世界大戰間隙期，摩登時代的上海是中國最時尚和現代化的縮影。當然，這種摩登生活只是少數人的生活方式。在上海，社會上層人士的娛樂包含許多現代元素，比如西方人愛好的去舞廳跳舞、去影院看電影、用留聲機聆聽爵士樂，都十分流行。在英租界內，還舉辦過板球和跑馬比賽。上海的轎車數量也較北京為多。上海的雜誌和廣告印刷業率先開始採用風格獨特的藝術設計。1912年開設的上海圖畫美術院，則出現了西洋人體素描和油畫課程。

攝影雜誌（如《上海畫報》）和封面帶圖案設計的書籍，率先在上海出現。著名的作家和藝術家魯迅（1881-1936年），在1920年代晚期，受到平面藝術設計師的啟發，宣導興起了新版畫運動。當時的藝術家還在傳統漢字的基礎上，探尋和設計新的美術字造型。視覺藝術和消費文化的頂峰，共同成就了上海廣告業的崛起。上海的菸草和奢侈品包裝上也和西方一樣，印上了美人圖像。

然而1949年共產黨革命解放後，上海發生了翻天覆地的變化，原先的現代主義被社會主義建設所取代。不過，上海多少仍保持了自身獨特的海派藝術風格。今天，黃浦江另一邊的浦東聳立起充滿中國現代風格的建築。夜晚，五彩斑斕的霓虹燈構成絢麗的天際線，和對岸建於1920、30年代的外灘建築群一樣讓人心醉神迷。

# 6|3 廣告和漫畫

在清朝末期和民國時期，上海（圖四）是半殖民地的國際大都會。到了戰間期（1918-1937年）的時候，上海的攝影行業處於全國領先。在新興的廣告行業中，藝術家既負責攝影又擔當設計，由此影響了很多廣告、宣傳活動的表現形式。上海廣告通常以雙語呈現，針對的是國際化受眾群。這也標誌著民國時期的時代變化。在這裡展示的月份牌（圖二）既有民國紀年又有西曆。日曆上還有二十四節氣，位於每張月份牌的第一行。這些節氣與一年中的農業週期相關，如第五個節氣為清明節。

中國人口眾多，但只有其中一小部分接觸過西方商人、傳教士和外交官。去歌舞廳跳舞是西式、摩登的生活方式，也經常成為諷刺的對象。記者、漫畫家陳依範（1908-1997年）收集了1930年代晚期各種鉛筆諷刺漫畫（圖一、圖三）。他在紐約、倫敦和其他西方國家戰時的首都展出漫畫，為反法西斯運動搖旗吶喊，也為中國抗日戰爭籌集資金。這些中國漫畫與日本漫畫相似，經常發表於大眾雜誌。葉淺予（1907-1995年）是《上海漫畫》週刊創始人之一。他曾創作過以外國人與他們的中國舞伴為主角的系列漫畫。

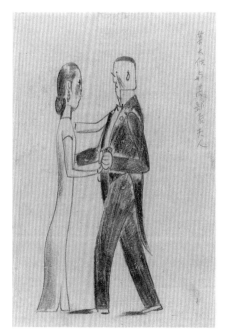

圖三 《在外交前線！》系列中
的鉛筆漫畫，葉淺予

這幅諷刺漫畫展現了一個曼妙背
影，從其曲線畢露的身材可推測
是外國女士。她身著晚禮服，肩
披斗篷。她的舞伴是一個矮小的
中國男人。他們相擁共舞，男子
身高恰到她的胸部。空白處寫著
「某大使夫人與某次長」。

紙上鉛筆畫
1930–1938 年
長沙
縱 26.5 公分，橫 17.6 公分
匿名捐贈
(2009, 3022.9)

圖四　周璇，黑膠唱片和封面

周璇（1920–1957 年）是中國著
名的歌唱家和電影明星，有著
「金嗓子」的美譽。她知名度最
高的代表作或許就是其 1946 年
出演的電影《長相思》中的插曲
〈夜上海〉。

2010 年
高 31 公分，寬 31 公分
辛文媛為紀念辛彤才（音譯）而
贈
(2017, 3012.1)

# 6│4 魯迅

　　魯迅（1881-1936，圖一）是中國 20 世紀初最具影響力的文化
人物。他用白話文寫作短篇小說、散文和詩歌。白話文不是舊式
文人使用的文言文，更接近於漢語口語。他的短篇小說如《狂人
日記》和《阿 Q 正傳》（圖二）反映出對民國時期中國現實社會
的深思與批判，激勵了幾代的作家與藝術家。

　　1918 年出版的《狂人日記》是一則政治寓言，是五四運動和
新文化運動的基石。這些運動試圖採用西方思潮來推動中國現代
化的實現。1920 年代末和 1930 年代，魯迅出版並展出了歐洲、蘇
聯和日本的藝術作品，並透過低廉印刷品的廣泛傳播，努力喚起
社會變革。他並不提倡由技術嫻熟的雕版工參與製版，而是鼓勵
藝術家親手創作與雕版。這使得藝術家和版畫作品間的聯繫，在
這個革命時代連接得更為緊密。1931 年 8 月，魯迅舉辦了 6 天的
木刻講習會，推動了中國現代版畫運動的興起。

**圖一 〈魯迅像〉，力群（1912–
2012 年）**

魯迅是一位具原創性及實驗精神
的文學家、思想家和革命家。他
在鼓勵年輕藝術家和作家方面做
出了重大貢獻。而他本人則立場
堅定，不倦地展開發自內心的自
我批評與自省，執著於對「死亡」
的思考。

版畫，可能為鋅版，紙本水墨
1936 年
高 12.1 公分，寬 10.1 公分
(1999, 0705, 0.8)

**圖二 《阿 Q 正傳》插圖，趙延
年（1924–2014 年）**

這幅具有衝擊力的版畫描繪了魯
迅小說中的人物阿 Q。他是一個
未受過良好教育的農民，總是陷
入自欺欺人的精神狀態，每次遭
受失敗時，他都說服自己這是一
場偉大的道德勝利。他象徵著民
國時期落後的中國，突出了激勵
人們實現中國現代化的必要性。

版畫，紙本水墨
1980 年
浙江
縱 19.6 公分，橫 13.2 公分
(1993, 0707, 0.1)

36/50　《로댕을생각》물一흠　文호工作室林州 1980

319

# 6|5 戰爭版畫

戰爭宣傳藝術在兩次世界大戰間的戰間期扮演了重要角色，不但共產黨（圖三）、國民黨（圖二），連 1931 年日本侵華後建立的偽滿洲國（東北）也都繪製過宣傳版畫，其中也包括了抗日戰爭的主題（圖一）。因為當時中國民眾中，文盲仍占很大比例，所以圖像是傳達資訊的必要工具。版畫有助於號召變革，鼓舞士氣。1920 年代，在魯迅宣導現代版畫運動之前，版畫設計者和雕版工通常不是同一人，且兩者常屬於不同的階層。羅工柳（1916-2004 年）在 22 歲時離開了杭州，結束了他在杭州藝術專科學校的藝術學習生涯，北上前往位於陝西延安的共產黨根據地。1938 年，他參加了魯藝（魯迅藝術學院）舉辦的版畫班。他就是在那一年創作了著名的女兵版畫（圖三）。

那時期的許多中國宣傳版畫都受到了蘇聯藝術的影響，如劉侖（1913-2013 年）在 1941 年創作的版畫〈勝利的曙光〉中，凱旋的士兵形象（圖二）。這幅高度體現愛國主義的版畫，創作於國共合作共同抗日，保家衛國時期。在抗戰的很長時間裡，中國人民都是孤軍奮戰；而且在第二次世界大戰在全世界爆發初期（蘇聯衛國戰爭時期），中共失去了蘇聯大部分的支援。藝術家王琦（1918-2016 年）的兒子王煒（1942-）創作了紀念抗日戰爭勝利 70 周年版畫，旨在向他父親的作品致敬。

圖一 〈刻痕——向抗戰木刻版畫致敬〉，王煒

早期戰爭年代的版畫多為黑白色，且尺幅較小。與之不同的是，這幅彩色絹印版畫尺寸巨大，以鮮豔的黃色和紅色為主要色彩。它為紀念中國抗日戰爭（在中國，又被稱為第二次中日戰爭）勝利 70 周年而作。畫面由各種版畫名作等元素構成，特別是其父親王琦的作品。

紙質彩色絹印版畫
2015 年
縱 70 公分，橫 140 公分
王煒捐贈
(2015, 3061.1)

**圖二 〈勝利的曙光〉，劉侖**

在這幅版畫中，4 名國民黨士兵騎著頸套花環的駿馬。他們揮舞著槍枝，高舉的國旗隨風飄揚。疾馳的馬匹腳踏流雲飛雀，飛向光輝的太陽。

木刻版畫，紙本水墨
1941 年
縱 24 公分，橫 15.5 公分
布魯克・休厄爾永久基金捐贈
(1980, 0630, 0.86)

**圖三 〈手握刺刀的女兵〉，羅工柳**

羅工柳是廣東籍油畫家和版畫家。他曾在抗日戰爭時期工作於國民黨武漢政治部（1937–1945年），之後前往共產黨根據地陝西延安，在那裡製作抗日宣傳畫，並考入魯迅藝術學院。1949年中華人民共和國成立後，羅工柳參與了早期人民幣的設計，還繪製過毛澤東肖像。

木刻版畫，紙本水墨
1938 年
陝西延安
縱 16 公分，橫 12.3 公分
(2009, 3022.49)

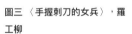

# 6|6 戰爭時期的苦難形象

　　從 1911 年清朝滅亡之後，到 1949 年中華人民共和國成立之前這一歷史階段，是中國歷史上最苦難的時期之一。其中經歷了兩次世界大戰和多次內戰。一些藝術家透過創作戰爭勝利的主題畫，對這個時代做出了自己的回應——創作了反映國統區（國民黨控制區域）和解放區（共產黨控制區域）的版畫等畫作。另一些作品則表現出人們眼中無盡的天災人禍所造成的嚴峻現實。

　　20 世紀前半葉，大多數中國人的生活都在慘澹中度過。抗日戰爭和國共內戰使得數百萬人口流離失所；戰爭的同時，洪澇和乾旱等自然災害也時常發生，饑荒與逃難如影隨形。圖一這幅畫作透過一個家庭三代人的形象，痛苦地表達了求救的呼聲——父親抱著骨瘦如柴、瀕死的兒子，而他自己的父親（即將死去的男孩的爺爺）只能眼睜睜地在一旁看著。無論工人和農民，還是軍人、學者和官員，中國社會的每一個分子，都如傅抱石（1904-1965年）的掛軸畫〈困頓中的文人〉（圖三）所表現的那樣，經歷著艱辛困苦。此時，國民政府正避居西南，移都重慶。而藝術家則用強烈的現實主義手法（圖四）記錄下當地人（圖二）的痛苦。

〔本頁〕

**圖一 〈水旱災之後〉，楊訥維**
**（1912－1982 年）**

這家人無助地凝視前方。他們消瘦異常，衣服空蕩。父親伸出手來，似乎在向觀者求救，另一隻手裡抱著最小的孩子。孩子瀕臨死亡，目光也轉向觀者。他的母親手裡拿著空蕩蕩的飯碗。爺爺、奶奶和較年長的孩子佝僂地站在後面。這幅畫主題是 1942 年河南發生的乾旱，引起了災難性的饑荒。

木刻版畫，紙本水墨
1943 年
廣西梧州
縱 12.3 公分，橫 13 公分
布魯克‧休厄爾永久基金捐贈
(1980, 0630, 0.170)

〔對頁上〕

**圖二 〈石工劈石〉，王琦**

這幅版畫表現了四川採石場嚴酷的工作環境，兩名工人正躲避烈日稍作休息。1937 年抗日戰爭爆發後，國人走上逃亡之路，上海美專西洋畫系學生王琦也加入了逃亡大軍，不久便從東部到達延安。在那裡他加入了新成立的魯迅藝術學院。1938 年底，回到了故鄉重慶。

木刻版畫，紙本水墨
1945 年
四川重慶
縱 25.4 公分，橫 21 公分
布魯克‧休厄爾永久基金捐贈，
(1980, 0630, 0.133)

（左下）

**圖三 〈困頓中的文人〉，傅抱石**

傅抱石是一位才華橫溢的篆刻家。雖然他本人並沒有進入主流藝術學院或大學，但他一直研學中國繪畫藝術，尤其是傳統山水畫和人物畫。在 1932 年至 1935 年間，他受政府資助訪學日本。他透過日本的觀點研習了中國繪畫傳統，在自己的畫作中展現了中國傳統風格的復興與融合。

軸，紙本設色

1944 年

四川重慶

縱 109 公分，橫 31.5 公分（畫芯）；縱 207.5 公分，橫 56.0 公分（卷軸包括畫軸）

布魯克・休厄爾永久基金捐贈（1967, 0213, 0.4）

（右下）

**圖四 〈老人〉，王樹藝（1916–1999 年）**

王樹藝，貴州人。他像傅抱石一樣，也是自學起步。他受到西方版畫技術的啟發，在這幅畫作中使用銅版畫工具刻畫木版邊緣紋理，獲得了很好的效果，更能表現出老人臉部皺紋的線條質感。

木刻版畫，紙本水墨

1947 年

四川重慶

縱 14.7 公分，橫 13 公分（畫芯）

縱 18.4 公分，橫 15.1 公分（單頁）

布魯克・休厄爾永久基金捐贈（1980, 0630, 0.146）

# 毛澤東：中華人民共和國創建者

毛澤東（1893-1976 年）出生於湖南一個中產家庭。他是中華人民共和國第一任主席，在 1949 年 10 月 1 日建立了新興的共產主義國家。他是政治家與被崇拜的對象，20 世紀歷史上最具影響力的人物之一。在文化大革命（1966-1976 年）達到頂峰時，對於毛澤東的個人崇拜與狂熱，在紅衛兵的推波助瀾下，席捲了整個中國。人們尊他宛若神靈一般。所有家庭、學校和工廠都懸掛毛澤東畫像，人們要對著畫像「早請示晚彙報」。他的肖像既出現在徽章、郵票、硬幣、手錶、搪瓷杯或陶瓷杯等藝術品上，也出現在《毛澤東選集》或《毛澤東語錄》（小紅書）的封面上。毛澤東的畫像和他的筆墨，史無前例地大舉滲透到普通人的生活中。即使今天中國最具影響力的報刊《人民日報》，仍在使用毛澤東題寫的報頭。

政治領袖毛澤東預示了中國所發生的革命與巨大變革。他成功地打敗軍閥、日本軍隊和國民黨，力圖創造一個全新的社會。1976 年，他的去世震驚了全中國。他的遺體安放在北京天安門廣場的毛主席紀念館裡，他的肖像仍然懸掛在天安門上。

在西方，安迪・沃荷（1928-1987 年）創作的毛澤東畫像，堪稱現代中國締造者的標誌性形象（圖一）。沃荷創作的毛澤東肖像系列有 10 幅，顏色對比鮮明，為 1972 年美國總統尼克森訪華之際所作。尼克森總統和毛澤東一起參觀了長城，發表了著名評論：「……長城果然名不虛傳。」

雖然周恩來（1898-1976 年）和鄧小平（1904-1997 年）都曾留學法國，而且毛澤東的許多同時代人也曾出國訪學，但其本人始終留在國內，唯一出訪過的地方是莫斯科。他閱讀過馬克思主義經典的中譯本，做過圖書管理員，還擔任過老師。他最終選擇加入中國共產黨，並領導革命游擊隊。1934 年，他踏上了漫漫長征路，並成為共產黨的領導者。在抗戰期間，他參與國民黨的共同抗日行動。但毛澤東宣導的農業集體化，改變了傳統的農作方式，導致了災難性的「大躍進」（1958-1960 年）。之後，他主動辭去國家主席職務（但仍是共產黨領導人），由劉少奇接替。但劉少奇後來遭到殘酷迫害，在監獄中去世。儘管人們對文化大革命開始的時間存有爭議，但大多數學者認為其始於 1966 年，而以 1976 年毛澤東逝世告終。

值得一提的是，毛澤東在反對帝國主義和文化大革命的浪潮進行之時，仍決定邀請美國乒乓球隊訪問中國，這段中美友好往來被稱為「乒乓外交」。這段關係的頂峰是當時的美國總統尼克森訪問北京，為他當時帶來很高聲響。毛澤東去世後，他的第四任妻子江青（1914-1991 年）因參與「四人幫」而被捕，「四人幫」被認定為是造成 1960、70 年代一切災難和不幸的禍首。1993 年，毛澤東誕辰一百周年，全國各地製作了很多毛主席的紀念品。即使在今天，毛澤東的畫像仍然在東、西方國家廣為流傳。

# 6|7 大躍進和文化大革命

　　圖中這些面帶幸福微笑的女人和孩子（圖一）、有趣的布偶（圖二）和青年陶瓷塑像（圖三）都是歌頌大躍進和文化大革命的浮誇的宣傳手段。事實上，這兩個時期造成數百萬中國人死亡，而對那些倖存者來說，也遭受了難以想像的痛苦。

　　文化大革命期間，人們高舉並熟讀《毛澤東語錄》。《毛語錄》被大量印刷，全國人民集體學習毛澤東思想。正如林彪所說：「（毛澤東）一句話頂（我們）一萬句。」

　　為滿足城市中大量增長人口的糧食需求，大躍進所提倡的土地改革勢在必行，但是推行實施的改革政策（禁止土地私有，成立大公社）卻是完全失敗的。雖然這種變化有一些積極的方面，例如托兒所的建立，使更多婦女可以工作；還有養老院的建立；資源的分配比任何封建時代都要平均，但是新政策對農村經濟所造成的破壞性影響遠超於這些優點：一些地區總產量虛報過高，一些地方發生大規模的饑荒，土地缺乏適當的治理。

　　文化大革命是毛澤東在中國共產黨內，反對官僚主義和修正主義的革命運動，而且他也希望通過這一運動，重建大躍進災難之後弛廢的權力。文革起初鼓舞人心，運動的熱情迷惑了青年人，但後來卻嚴重地影響了整個世代的生活，許多人被迫放棄學業，奔赴農村或工廠勞作。

**圖一「開拖拉機的女子」宣傳海報**

這個由女性農民開著拖拉機行駛在鄉間小路的遊行隊伍，受到了一位女教師和幼稚園小朋友的歡迎。這幅海報歌頌了中國從西元1958 年至1960 年的大躍進。雖然確切的數字存在爭議，但不爭的事實卻是：數百萬人因大躍進所致的饑荒和文化大革命駭人聽聞的暴行肆虐而死亡。這一令人難以置信的人間悲劇，讓人至今或永遠無法理解。情況越糟糕，宣傳卻變得越發樂觀鼓舞。畫面中的孩子看上去健康、圓潤，然而在這段極度貧乏的時期，實際情況遠非如此。

1958–1960 年
上海
高 52 公分，寬 77 公分
(2006, 0501, 0.1–75)

媽媽开着拖拉机来了

## 圖二　紅衛兵布偶

這個女兵造型的布偶，手裡拿著一本《毛澤東語錄》（又稱《小紅書》），身著卡其軍裝，繫著腰帶，腳穿黑色布鞋，左手臂上戴著「紅衛兵」袖章。她紮著辮子，臉頰紅潤，一些細節處有縫線。這個布偶嶄新的狀態表明它沒有作為玩具使用，大概是因為人們害怕損壞紅衛兵形象所帶來的後果。

1965–1967 年
北京
高 17 公分
夏洛特和泰倫斯田·古德希爾捐贈
(2016, 3032.1)

## 圖三　瓷製文革人物群像

我們可以看到，5 個意氣風發的中國青年，站在飄揚的旗幟前面。兩個紅衛兵拿著《毛澤東語錄》和用於公開批判官員的大字報。這些海報的字體特別巨大，用來公布或宣傳政策（有時是為了詆毀他人）。兩名女性拿著擴音器、水桶和貼大字報用的刷子。穿著藍色工作服的男青年則拿著一支巨大的毛筆。即使文化大革命的目的是推翻一切舊事物，紅衛兵寫大字報的舉動卻仍保留並宣傳了從古代流傳下來的傳統書法和語言文字。

1965–1975 年或之後
景德鎮
高 36 公分
戈登·巴拉斯夫婦捐贈
(1998, 1006.3)

# 6|8 旅居海外的中國藝術家

　　1960 年代中期，張大千（1899-1983 年）開創了獨特的潑墨、潑彩畫法。他將墨汁潑灑在紙上，利用墨彩滲化的形跡、層次效果，如同照相機聚焦一般，逐步塑造具體細節。雖然圖一這幅畫中的松樹和瀑布讓人聯想起中國的巨幅山水畫，但這幅畫其實是張大千在倫敦繪製的，並贈予了大英博物館的策展人。 藝術家楊希雪（1936-）則在英國繪製了美麗的「變象視覺藝術」畫（圖二），嘗試用放大局部的創意來創作美麗的畫面。

　　1986 年，楊燕屏（1934-）移居美國。她在這幅秋荷圖（圖三）中營造出一種憂鬱的情緒，枯萎的蓮莖不堪蓮蓬重壓，殘葉轉變成了褐色。中國現代派畫家劉國松（1932-）在 1949 年移居臺灣。在他精美的作品中再現了一種對立感（圖四），山脈似乎可以透過太陽、月亮交換能量。就像米開朗基羅在西斯汀教堂穹頂上所畫的〈創造亞當〉中那即將相觸的手指。劉國松曾說：「模仿新的，不能代替模仿舊的；模仿西洋的，不能代替模仿中國的。」

（左下）

**圖一 〈青綠山水〉，張大千**
張大千是 20 世紀作品最多的畫家之一，並且善仿古畫。他為巴瑟·格雷（1904–1989 年）繪製了這幅潑墨山水畫，後者曾於 1946 年至 1969 年期間擔任大英博物館東方藝術部主任職務。

掛軸，紙本設色
1964 年夏季
倫敦
縱 182.7 公分，橫 94.5 公分（畫芯）；縱 290 公分，橫 118 公分（掛軸包括軸和掛繩）
巴瑟·格雷捐贈
(1977, 0228, 0.2, Ch.Ptg. Add.394)

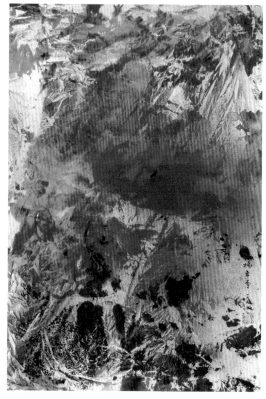

（對頁右）

**圖二 〈抽象畫（162）〉，楊希雪**

楊希雪出生於廣東。他創造了特別的紙團染印綜合技法，挑戰了傳統的筆墨技巧。1969 年後，他居住在英國北部的格里姆斯比。

紙本設色

1997 年

倫敦

縱 45.5 公分，橫 67.9 公分

布魯克·休厄爾永久基金捐贈

（1997, 0612, 0.4, Ch.Ptg. Add.674）

（頂）

**圖三 〈秋塘〉，楊燕屏**

為了營造這些葉子的質感和水潤感，楊燕屏在紙張背面施墨，再用紙團在畫的正面壓出痕跡。雖然橫軸裝幀與用墨形式，將此畫與傳統水墨荷花圖聯繫在一起，但她的畫法使之煥然一新。

水平卷軸，紙本設色

1985 年

縱 95 公分，橫 176.5 公分（畫芯）

縱 110.5 公分，橫 276.5 公分（裝裱）

（1987.0527, 0.1, Ch.Ptg.Add.514）

（上）

**圖四 〈日月沉浮〉，劉國松**

這幅畫作融合了中西方繪畫技巧。升起的月亮與落下的夕陽，勾勒出山脈輪廓。劉國松創作這幅作品時，受到 1969 年阿波羅號太空任務的啟發。

拼貼畫

1970 年

臺灣

縱 57.2 公分，橫 94.2 公分（畫芯）

邁克爾·葛德赫斯畫廊和劉國松捐贈，（2010, 3017.1）

# 6 | 9 詮釋大自然的創新藝術

　　一些現代中國藝術家汲取非中國藝術的養分，探索傳統水墨畫非凡的創新之路。吳冠中（1919-2010年）的作品享譽國際多年，1992年，他成為第一位於有生之年在大英博物館舉辦個展的中國當代藝術家。1940年代，他赴法國學習藝術，從「波提切利到亨利‧摩爾」涉獵極廣。1950年他回到中國，最初教授繪畫，但在漫長的10年文革期間，他被下放農村，禁止繪畫。正如他所說，他看似無意為之的作品傳達了「大地的韻律」（圖一），這些畫作讓人聯想起美國抽象派表現主義畫家傑克遜‧波洛克（1912-1956年）充滿活力的滴畫法。不過，吳冠中更為欣賞梵谷（1853-1890年）的激情和精確。

　　1995年，102歲的朱屺瞻（1892-1996年）也在大英博物館舉辦個展。他和吳冠中同為江蘇人，也學習了西方繪畫（在日本留學）。圖二這幅荷花盛開的水墨畫，形似西方印象派畫家莫內的〈睡蓮〉。

**圖一 〈小鳥天堂〉，吳冠中**
這裡描繪的天堂是一處景色怡人的標誌性景點：生長於廣東新會縣河心沙洲上的一顆巨大的古榕樹。濃淡墨線錯綜表現了榕樹根枝的交錯縱橫；疏疏密密的彩色散點，便是棲息在此「天堂」的鳥群。這裡人跡罕至，小鳥安靜地棲息，一旦有人驚擾，便振翅飛離。

巨幅彩墨
1989年
可能是中國廣東
縱144公分，橫301公分（畫芯）
縱164.5公分，橫344.5公分（裝裱）
吳冠中捐贈
(1992, 0505, 0.1, Ch.Ptg. Add.543)

（上）

**圖二 〈偶得〉，朱屺瞻**

朱屺瞻的繪畫風格筆墨雄勁、肌理溫和、乾濕交錯。他的畫作（包括這幅描繪荷花的作品）融會了中西畫風。朱屺瞻作畫生涯近百年之久，一直到他在 104 歲去世。這幅畫作繪於他 96 歲高齡。

紙本墨色

1988 年

上海

縱 44 公分，橫 64.5 公分

朱屺瞻捐贈

(1996, 0617, 0.1.13)

# 6 | 10 「變化中的中國」版畫和繪畫

在過去 50 年中，中國發生了巨大的變化。城市化進程和城市的快速發展，對農村（圖一）、少數民族和地方習俗（圖二），產生了驚人的變化。即使大城市中人們的生活方式（圖三），也變得越加擁擠。這裡展示的一批懷舊版畫和繪畫，記錄了正在消逝的傳統中國景觀。

郝伯義（1938-）最初是一位油畫家，但後來成為版畫界的佼佼者。他的作品捕捉了中國東北北大荒獨特的景色（圖一）。曾善慶（1932-）在北京中央美術學院學習時，徐悲鴻（1895-1953 年）任其導師，他的水墨畫結合了中國傳統藝術與歐洲寫實主義（圖二）。高榮生（1952-）是北京中央美術學院教授，擅長木刻版畫和懷舊題材的插圖創作（圖三）。

**圖一 〈春沐〉，郝伯義**

1950 年代後期，10 萬中國士兵和年輕人來到中國東北的北大荒，居住在這片廣袤的莽原，進行大規模開墾。一群以北大荒動植物為創作對象的藝術家（包括郝伯義創作的彩色版畫），以北大荒運動聞名。畫面中的棉花仍然是中國的主要經濟作物。

彩色雕版畫，紙本設色
1983 年
縱 54.6 公分，橫 70.2 公分（畫芯）
(1992, 0514, 0.1)

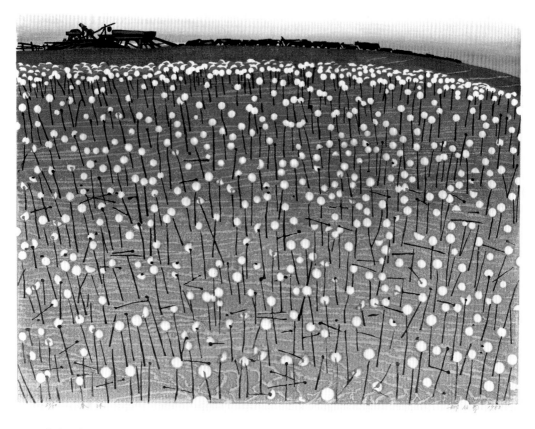

**圖二 〈祈禱〉，曾善慶**

曾善慶屬於深受「文化大革命」影響的一代人。他在西藏生活多年，當地人民為他提供了豐富的創作泉源。這幅畫從藏民身後的視角描繪了他們在佛像前跪拜的情景。1980 年代中期，曾善慶和妻子畫家楊燕屏前往美國定居。

軸，紙本設色
1980 年代
縱 180.5 公分，橫 97.5 公分
(1993, 1012, 0.1)

**圖三 〈不說謊的人〉，高榮生**

這幅木刻版畫上，繪製了北京地區連接著不同宅院的胡同。近年來，胡同正在逐漸消逝，城市建設者正將其拆除，以建造高樓大廈、改善路政設施。現代旅遊業和人們對四合院的留戀，使得部分胡同得以保留下來。青磚灰瓦的宅院緊挨彼此，它們之間狹窄的小路就是胡同。這幅版畫的場景出自老舍的同名小說。

木刻版畫，紙本水墨
1989 年
縱 17.2 公分，橫 17.5 公分
(1991, 0205, 0.6.1–4)

# 6│11 前衛的語言和景觀

　　1988 年，徐冰（1955-）的〈天書〉在北京首次展出，這件作品表達了他對文字失序的高度關注（圖二）。這套綜合媒體裝置包括木刻版畫線裝書和幾十公尺的書頁長卷。長卷鋪在地上、懸掛於牆面及從天花板垂下來。書中的文字完全無法讀懂，因為作者解構了漢字結構，並將漢字元素以不可思議的方式組合成偽文字，迫使觀眾去思考書面文字的重要性和人與人之間的交流方式。徐冰對於常規文字的排斥，反映了文化大革命後的前衛書法運動。

　　旅居海外的中國藝術家對於當前政治問題，尤其喜歡以古喻今。例如曲磊磊（1951-），他是一位才華橫溢的畫家，他用超現實主義手法所畫的〈雷鋒〉，將雷鋒這位毛澤東時代的英雄和公民典範，與兵馬俑形象合二為一（圖三）。

　　楊泳梁（1980-）的作品雖以南宋風景畫作為藍本，但當我們湊近畫作觀察時能發現，以電塔這樣代表現代城市生活的標誌，正在改變中國傳統的農村生活。這裡展示的數位圖片（圖一）上有蓋印，但是楊泳梁並非使用傳統印章，而是印上了人孔蓋式圖案的正方形圖章。

（左）

**圖一 〈蜃市山水三〉，楊泳梁**

數位照片，愛普生噴墨織紋美術紙列印

2007 年

上海

縱 45 公分，橫 45 公分

布魯克・休厄爾永久基金捐贈

(2008, 3012.1)

（對頁，左及下）

**圖二 〈天書〉，徐冰**

**木刻版線裝書一套四本，放在胡桃木盒內**

木版印刷

1988 年

高 45.9 公分，寬 30 公分

深 2 公分（每一卷，未打開時）

寬 52 公分（每一卷，兩面打開後）

(1993, 0709, 0.1)

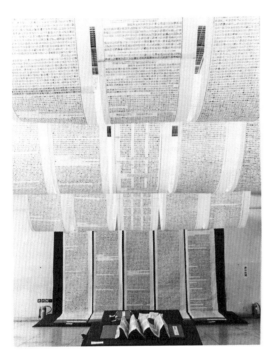

（上）

**圖三 〈雷鋒〉，曲磊磊**

軸，紙本墨色

2012 年

倫敦

縱 171 公分．橫 91 公分（畫芯）

曲磊磊捐贈

(2014, 3031.2, Ch.Ptg.Add.801)

# 6 | 12 舊體新藝

　　此處呈現的四位藝術家作品在海內外都受到高度讚譽。他們在中國、歐洲和美國的著名博物館和畫廊都舉辦過個展。這些作品之間的關聯在於它們都與中國傳統藝術和文化有所連結──書法（圖一）、水墨畫（圖二）、奇石收藏（圖三）和製瓷（圖四）。

　　中國藝術界內仍存在爭論──中國藝術家能在多大程度上，實現對其他國家藝術的風格和主題的相容並包。我們是否應將一位當代中國藝術家的作品，限定在中國或亞洲範圍內？一位具有國際視野和格局的中國藝術家是否還應被視為「中國」藝術家？不管怎樣，當前正有越來越多的中國藝術家受到國際讚譽，越來越多的藝術家活躍在海外藝術界。

**圖一** 〈雲飛岫〉，劉丹（1953–）

書法是中國傳統文人畫中缺一不可的部分。這塊文人石旁有三段文字：第一段出自南北朝，第二段出自明朝，最後一段則為這塊石頭原主所作。文人認為通過欣賞奇石，可摒除雜念，超塵脫俗。

紙本水墨
2012 年
北京
縱 103 公分，橫 202.5 公分
佚名捐贈
(2012, 3028.1)

**圖二** 〈月下石──寒石幽篁〉，**李華弌**

李華弌（1948–）在海外工作多年，現居美國。這幅月光下的竹石圖既有中國北宋傳統畫風格，又有所創新。

絹本設色
2014 年
北京
縱 106 公分，橫 65 公分

大英博物館購藏（部分經費來自朱塞佩‧埃斯卡納齊為紀念簡‧斯圖亞特而捐獻）
(2015, 3002.1, Ch.Ptg.Add.808)

**圖三 〈假山石 82 號〉，展望**

展望（1962–）出生於北京，是
一位概念藝術家和雕塑家。這件
作品是對中國文人石的一種反
思，其用拋光不鏽鋼製成，猶如
鍍鉻。水銀似的表面不僅能映出
觀眾，還能折射出文人認為的奇
石內所蘊含的能量。

2005 年
北京
高 50 公分
(2011, 3017.1)

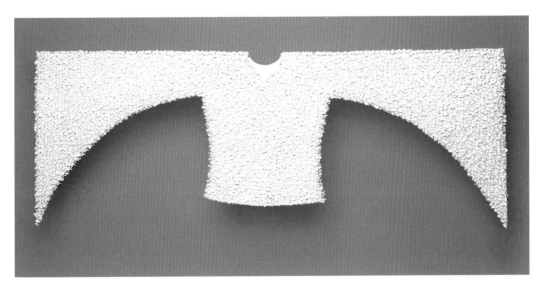

**圖四 〈蝴蝶衣〉，鄭褘**

鄭褘出生於英國劍橋。她「中國
蝴蝶系列」中的特大號服裝由中
國傳統瓷都景德鎮的匠人手工製
作。根據鄭褘的設計，這件短麻
布袍上縫了一萬多隻陶瓷蝴蝶。
蝴蝶代表幸福和長壽，同時也
體現了道家哲學命題——人生是
否是一種虛幻。莊子（約西元前
369–286）著名的〈莊周夢蝶〉，
便對這個命題做了思考與探討：

「昔者莊周夢為蝴蝶，栩栩然蝴
蝶也，自喻適志與，不知周也。
俄然覺，則蘧蘧然周也。不知周
之夢為蝴蝶與，蝴蝶之夢為周
與？」

2012 年
景德鎮
高 180 公分，寬 70 公分
鄭褘捐贈
(2013, 3005.2)

# 6｜13 現代書法

　　書法藝術是中國文化標誌性的藝術符號。雖然書法本身就是一門藝術，但它與繪畫和詩詞密切相關。在過去 50 年中，書法經歷了重大的創新變革，其變化可能超過之前幾千年的時間。20 世紀晚期和 21 世紀初，曾接受過中國傳統書法訓練的藝術家們，將西方抽象藝術融入到作品當中，創造出一種新式書法。古幹（1942-）和王冬齡（1945-）都是 1980 年代湧現的中國現代派書法的中堅力量，他們借鑒了康定斯基、克利和米羅的線條手法，在創作中注重筆墨乾濕、濃淡的表現力。王冬齡的作品〈無〉（圖二）闡釋了一直以來理解書法文本語境的重要性。古幹則在用色上打破了傳統（圖一）。他將一個漢字拆解成數個部分，布局在整張紙上，還獨具匠心地運用不同的字體（例如篆書或草書）書寫每個部分，組成整個漢字。

圖一 〈紅金時代〉，古幹

古幹為迎接千禧，並慶祝中國改革開放創作了這幅作品。紙面的平坦和褶皺表現平原和山脈；紅色代表慶賀，金色代表繁榮昌盛。黑色的字為「樹」的古代字形，而較小的字和點為「果」，代表果實。這幅作品是古幹書法三部曲之一，另外兩幅作品為創作於 1985 年的〈翻山越嶺〉（1996.0614.025）及 1995 年的〈開放〉（1996.0614.0.29）。

紅色紙本水墨
2000 年
縱 93.4 公分，橫 120.5 公分（畫芯）；縱 103.6 公分，橫 130.6 公分（裝裱後）
古幹捐贈
(2000, 1128, 0.2, Ch.Ptg. Add.720)

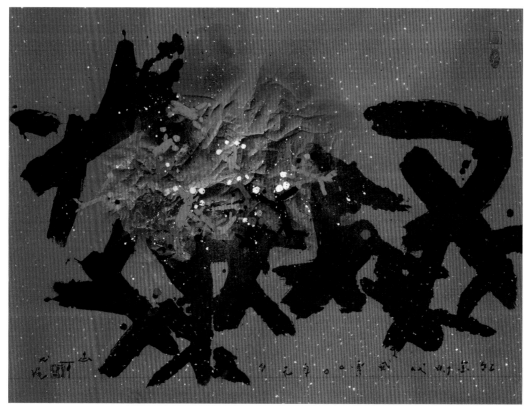

**圖二 〈無〉，王冬齡**

王冬齡常把宣紙平鋪在地板上進行創作。他站在紙上，拖動巨大的毛筆書寫榜書巨製。在這裡，他以淡墨草書寫下了《道德經》中前兩章作為背景，然後在其上書寫了一個醒目、濃重的「無」字，意思是「空白」或「虛無」。道是宇宙萬物本源，也是處事之法，「道」即是「無」，是天地萬物的原始。

紙本水墨

2000 年

縱 272 公分，橫 142.5 公分

王冬齡捐贈

(2001, 0203, 0.1)

# 6|14 現代刺繡

　　江蘇蘇州的絲綢和刺繡業歷史悠久。近年來，蘇州刺繡研究所開發出一種全新的刺繡技法。梁雪芳（1965-）的雙面繡作品展示了鴨子在殘蓮間遊弋（圖二）。繡底織物十分細密，讓人感覺不到它的存在，只留下水、植物和鳥的印象。鄒英姿（1972-）以有層次的彩色絲線在繡片上繡出樹木（圖三）。這樣的構圖不禁讓人聯想起元明時期著名藝術家如倪瓚或文徵明的水墨畫作。除了鄒英姿作品，還有其他傳統圖案的繡品，如姚惠芬（1967-）的水墨寫意刺繡。圖一這幅繡品為〈四美圖〉系列之一，根據〈貴妃醉酒〉故事創作，也是京劇名段。楊貴妃是唐玄宗的妃子。一日，她擺下酒宴等候皇帝到來，卻聽聞他已去往其他妃子居處。楊貴妃便以酒澆愁，萌動的愛意轉變為憤怒和嫉妒，她因為被背叛而哀傷，漸漸不勝酒力。

**圖一　〈四美圖〉之一，姚惠芬（項維仁設計）**

「四美」是中國歷史上因美貌而聞名的人物，即西施、王昭君、貂嬋和楊貴妃，她們的行為對當時的帝王都產生了重要影響。這幅繡品的主角為唐玄宗的寵妃楊貴妃，禁軍將士們要求皇帝處死貴妃，指責她和外戚禍國殃民，導致了 755 年的安史之亂。不過，她的美麗仍為中國詩歌所稱頌，如白居易的《長恨歌》。

2011 年
江蘇蘇州
縱 70 公分，橫 30 公分
姚惠芬捐贈
(2013, 3006.1.a–d)

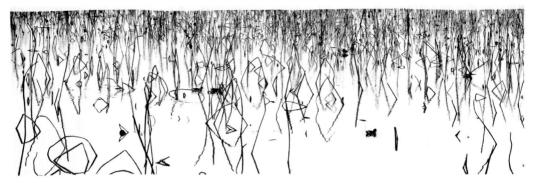

**圖二 〈荷韻〉，梁雪芳**

梁雪芳以冬天的荷塘和鴨子為場景創作的巨幅刺繡畫。這幅作品寬達 3 公尺，繡片薄如蟬翼，為雙面繡。從遠處看，這幅繡品似一張黑白照片，非常完美地抓住了殘荷枯莖和水中游鴨的動態。藝術家的靈感來自蘇州太湖水域中的殘荷。

2010 年
江蘇蘇州
縱 100 公分，橫 300 公分
梁雪芳捐贈
(2013, 3006.3)

**圖三 〈纏繞〉，鄒英姿**

這裡使用了滴滴針法和色彩的衝突對比來表達自然的隨意。2007 年，作者在山中遛狗時受到啟發，創作了這幅繡品。繡品中的林木初看之下彷彿攝影作品，但多變的色彩使森林變得越發宛如幻境。

2008–2013 年
江蘇蘇州
縱 178.5 公分，橫 104 公分
（僅限畫芯）
鄒英姿捐贈
(2013, 3006.2)

# 參考文獻

## 新石器時代

Allan, Sarah (ed.), 2005, *The Formation of Chinese Civilization: An Archaeological Perspective*, New Haven.

Barnes, Gina L., 2015, *Archaeology of East Asia: The Rise of Civilisation in China, Korea and Japan*, Oxford.

Chang, Kwang-chih, 1986, *The Archaeology of Ancient China*, 4th ed., New Haven.

Childs-Johnson, Elizabeth, 1995, 'Symbolic Jades of the Erlitou period A Xia Royal Tradition', *Archives of Asian Art*, Vol. 48, pp. 64–92.

Cunliffe, Barry, 2015, *By Steppe, Desert, and Ocean: The Birth of Eurasia*, New York.

Li Feng, 2013, *Early China: A Social and Cultural History (New Approaches to Asian History)*, Cambridge.

Li Liu & Xingcan Chen, 2012, *The Archaeology of China: From the Late Paleolithic to the Early Bronze Age (Cambridge World Archaeology)*, Cambridge.

Rawson, Jessica, 1995, *Chinese Jade from the Neolithic to the Qing*, London.

Rawson, Jessica, 2017, 'Shimao and Erlitou: New Perspectives on the Origins of the Bronze Industry in Central China,' *Antiquity*, Vol. 91, No. 355.

Underhill, Anne P. (ed.), 2013, *A Companion to Chinese Archaeology*, Chichester.

## 商周時期

Bagley, Robert, 2001, *Ancient Sichuan: Treasures from a Lost Civilization*, Seattle.

Brindley, Erica, 2015, *Ancient China and the Yue: Perceptions and Identities on the Southern Frontier, c.400 BCE–50 CE*, Cambridge.

Fong, Wen, et al., 1980, *The Great Bronze Age of China: An Exhibition from the People's Republic of China*, New York.

Keightley, David, 1978, *Sources of Shang History: The Oracle-Bone Inscriptions of Bronze Age China*, Berkeley, Los Angeles & London.

Lawton, Thomas, 1983, *Chinese Art of the Warring States Period: Change and Continuity, 480–222 BC*, Washington, DC.

Ledderose, Lothar, 2000, *Ten Thousand Things: Module and Mass Production in Chinese Art*, Princeton.

Loewe, Michael, & Shaughnessy, Edward (eds), 1999, *The Cambridge History of Ancient China: From the Origins of Civilization to 221 B.C.*, Cambridge.

Moore, Oliver, 2000, *Chinese*, London.

Nickel, Lukas, 2006, 'Imperfect Symmetry: Re-Thinking Bronze Casting Technology in Ancient China,' *Artibus Asiae*, Vol. 66, No. 1, pp. 5–40.

Pines, Yuri, Shelach, Gideon, von Falkenhausen, Lothar, & Yates, Robin D.S. (eds), 2013, *Birth of an Empire – New Perspectives on Chinese Culture and Society*, Berkeley.

Rawson, Jessica, 1987, *Chinese Bronzes, Art and Ritual*, London.

Rawson, Jessica (ed), 1996, *Mysteries of Ancient China: New Discoveries from the Early Dynasties*, London.

Rawson, Jessica, & Bunker, Emma, 1990, *Ancient Chinese and Ordos Bronzes*, Hong Kong.

Shaughnessy, Edward L., 1991, *Sources of Western Zhou History: Inscribed Bronze Vessels*, Berkeley.

von Falkenhausen, Lothar, 2006, *Chinese Society in the Age of Confucius (1000–250 BC): The Archaeological Evidence*, Los Angeles.

Whitfield, Roderick, & Wang, Tao (eds), 1999, *Exploring China's Past: New Discoveries and Studies in Archaeology and Art*, London, 1999

Yang Xiaoneng, 1999, *The Golden Age of Chinese Archaeology: Celebrated Archaeological Finds from the People's Republic of China* (Exhibition in the National Gallery of Art, Washington, DC.), New Haven & London.

## 漢唐時期

Abe, Stanley K., 2002, *Ordinary Images*, Chicago.

Brill, Robert H., & Martin, John H. (eds), 1991, *Scientific Research in Early Chinese Glass*, Corning, NY.

Gan, Fuxi, Brill, Robert H., & Tian, Shouyun (eds), 2009, *Ancient Glass Research Along the Silk Road*, Singapore.

Hansen, Valerie, 2015, *The Silk Road: A New History*, Oxford.

Kwan, Simon, 2001, *Early Chinese Glass*, Hong Kong.

Little, Stephen, Eichman, Shawn, Shipper, Kristofer, & Hung, Wu, 2000, *Taoism and the Arts of China*, Berkeley, Chicago & Great Britain.

McMahon, Keith, 2013, *Women Shall Not Rule: Imperial Wives and Concubines in China from Han to Liao*, Lanham.

McMahon, Keith, 2002, *The Fall of the God of Money: Opium Smoking in Nineteenth-Century China*, Lanham & Oxford.

Michaelson, Carol, 1999, *Gilded Dragons: Buried Treasures from China's Golden Ages*, London.

Michaelson, Carol, 1998, 'Han Dynasty Chinese Glass Plaques in the British Museum,' *Transactions of the Oriental Ceramics Society*, Vol. 63, pp. 45–64.

Portal, Jane, 2007, *The First Emperor: China's Terracotta Army*, London.

Rawson, Jessica, 1996–97, 'Thinking in Pictures: Tomb Figures in the Chinese View of the Afterlife', *Transactions of the Oriental Ceramic Society*, Vol. 61, pp. 19–37.

Ruitenbeek, Klaas, 2002, *Chinese Shadows: Stone Reliefs, Rubbings and Related Works of Art from the Han Dynasty (206 BC–AD 220) in the Royal Ontario Museum*,

Toronto.

Wang, Eugene Yuejin, 2005, *Shaping the Lotus Sutra: Buddhist Visual Culture in Medieval China*, Washington.

Wang, Helen, 2004, *Money on the Silk Road: The Evidence from Eastern Central Asia to c. AD 800*, London.

Watt, James C. Y., et al., 2004, *China: Dawn of a Golden Age, 200–750 AD*, New York.

Whitfield, Roderick, & Farrer, Anne (eds), 1990, *Caves of the Thousand Buddhas: Chinese Art from the Silk Route*, London.

Whitfield, Roderick, Whitfield, Susan, & Agnew, Neville, 2015, *Cave Temples of Mogao: Art and History on the Silk Road*, Los Angeles.

Wood, Nigel, Doherty, Chris, Menshikova, Maria, Eng, Clarence, & Smithies, Richard, 2015, 'A Luohan from Yixian in the Hermitage Museum. Some Parallels in Material Usage with the Longquanwu and Liuliqu Kilns Near Beijing,' *Bulletin of Chinese Ceramic Art and Archaeology*, No. 6, December.

Wu Hung, 1995, *Monumentality in Early Chinese Art and Architecture*, Stanford.

Zwalf, Wladimir, 1985, *Buddhism: Art and Faith*, London.

## 宋代

Bickford, Maggie (ed.), 1985, *Bones of Jade & Soul of Ice: The Flowering Plum in Chinese Art*, New Haven.

Ebrey, Patricia B., & Bickford, Maggie (eds), 2006, *Emperor Huizong and Late Northern Song China: The Politics of Culture and the Culture of Politics* (Harvard East Asian Monographs), Cambridge, Mass.

Gernet, Jacques, 1995, *Buddhism in Chinese Society: An Economic History from the Fifth to the Tenth Centuries* (trans. Franciscus Verellen), New York & Chichester.

Gerney, Jacques, 1962, *Daily Life in China On the Eve of the Mongol Invasion 1250–1276* (trans. H. M. Wright), London.

Gerritsen, Anne, 2007, *Ji'an Literati and the Local in Song-Yuan-Ming China*, Leiden.

Green, Jeremy (ed), 1997, *Maritime Archaeology in the People's Republic of China* (Report – Department of Maritime Archaeology, Western Australian Museum, No. 237; Special Publication No. 1, Australian National Centre for Excellence in Maritime Archaeology).

Kerr, Rose, 2004, *Song Dynasty Ceramics*, London.

Kuhn, Dieter, & Brook, Timothy, 2009, *The Age of Confucian Rule: The Song Transformation of China* (History of Imperial China Series), Cambridge, Mass.

Lee Hui-shu, 2010, *Empresses, Art, and Agency in Song Dynasty China*, Seattle.

Lewis, Mark Edward, & Brook, Timothy, 2009, *China Between Empires: The Northern and Southern Dynasties* (History of Imperial China Series), Cambridge, Mass.

Liu Xinru, 1998, *Silk and Religion: An Exploration of Material Life and the Thought of People AD 600–1200*, Delhi & Oxford.

McCausland, Shane, & Yin Hwang (eds), 2014, *On Telling Images of China: Essays in Narrative Painting and Visual Culture*, Hong Kong.

McMahon, Keith, 2016, *Celestial Women: Imperial Wives and Concubines in China from Song to Qing*, Lanham.

Murray, Julia K, 1993, *Ma Hezhi and the Illustration of the Book of Odes*, Cambridge.

Murray, Julia K., 2007, *Mirror of Morality: Chinese Narrative Illustration and Confucian Ideology*, Honolulu.

Rawson, Jessica, 1986, 'Silver Decoration on a Chinese Lacquered Box,' *Arts of Asia*, Vol. 16, No. 3 (May–June), pp. 91–98.

Vainker, Shelagh, 2004, *Chinese Silk A Cultural History*, London.

## 元明時期

Barnhart, Richard M., et al., 1993, *Painters of the Great Ming: The Imperial Court and the Zhe School*, Dallas.

Brinker, Helmut, & Lutz, Albert, 1989, *Chinese Cloisonné: the Pierre Uldry Collection*, New York.

Brook, Timothy, 1993, *Praying for Power: Buddhism and the Formation of Gentry Society in Late-Ming China*, Cambridge, Mass.

Brook, Timothy, 2010, *The Troubled Empire: China in the Yuan and Ming Dynasties*, Cambridge, Mass.

Cahill, James, 1978, *Parting at the Shore: Chinese Painting of the Early and Middle Ming Dynasty, 1368–1644*, New York & Tokyo.

Canepa, Teresa, 2016, *Silk, Porcelain and Lacquer: China and Japan and Their Trade with Western Europe and the New World, 1500–1644*, London.

Carswell, John, 2000, *Blue and White: Chinese Porcelain Around the World*, London.

Clunas, Craig, 1986, 'Some Literary Evidence for Gold and Silver Vessels in the Ming Dynasty (1368–1644),' in Michael Vickers & Julian Raby (eds), *Pots and Pans; a Colloquium on Precious Metals and Ceramics* (Oxford Studies in Islamic Art), pp. 83–87.

Clunas, Craig, 1996, *Fruitful Sites: Garden Culture in Ming Dynasty China*, London.

Clunas, Craig, 1997, *Pictures and Visuality in Early Modern China*, London.

Clunas, Craig, 2007, *Empire of Great Brightness: Visual and Material Cultures of Ming China, 1368–1644*, London.

Clunas, Craig, 2013, *Screen of Kings: Royal Art and Power in Ming China*, London.

Clunas, Craig, & Harrison-Hall, Jessica (eds.), 2014, *Ming: 50 Years That Changed China*, London.

Dreyer, Edward L., 2007, *Zheng He: China and the Oceans in the Early Ming Dynasty 1405–1433*, New York.

Eng, Sunchuan Clarence, 2015, *Colours and Contrast: Ceramic Traditions in Chinese Architecture*, Leiden.

Farrer, Anne, 1990, *The Brush Dances & the Ink Sings: Chinese Paintings and Calligraphy from the British Museum*, London.

Fong, Wen C., Watt, James C. Y., et al., 1996, *Possessing the Past: Treasures from the National Palace Museum,*

Taipei, New York.

Fong, Wen C., & Smith, Judith, 1999, *Issues of Authenticity in Chinese Painting*, New York.

Geng, Baochang, 1993, 明清瓷器鑑定 (Ming and Qing Porcelain Identification), Beijing.

Gerritsen, Anne, 2012, 'Porcelain and the Material Culture of the Mongol-Yuan Court', *Journal of Early Modern History*, Vol. 16, No. 3, pp. 241–73.

Gillman, Derek, 2013-14, 'The Imperial Luohans of Zhongdu and the Reassertion of Chan (Zen) Buddhist Influence in North China,' *Transactions of the Oriental Ceramic Society*, Vol. 78.

Goodrich, L. Carrington, & Fang Chaoying, (eds), 1976, *Dictionary of Ming Biography, 1368–1644: The Ming Biographical History Project of the Association for Asian Studies*, New York & London.

Harrison-Hall, Jessica, 2001, *Catalogue of Late Yuan and Ming Ceramics in the British Museum*, London.

Harrison-Hall, Jessica, 2014, *Ming: Art People and Places*, London.

Hay, Jonathan, 2010, *Sensuous Surfaces: The Decorative Object in Early Modern China*, London.

He Yuming, 2013, *Home and the World: Editing the 'Glorious Ming' in Woodblock-printed Books of the Sixteen and Seventeenth Centuries*, Cambridge, Mass.

Hsu, Eileen Hsiang-ling, 2016, *Monks in Glaze: The Yixian Luohan and Ceramic Workshops in Ming China*, Boston.

Hubei sheng wenwu kaogu yanjiusuo 湖北省文物考古研究所 & Zhongxiang shi bowuguan 鐘祥市博物館, 2007, *Liangzhuang wang mu* 梁莊王墓 (Mausoleum of Prince Liang Zhuangwang), Beijing.

Kang, David C., 2010, *East Asia Before the West: Five Centuries of Trade and Tribute*, New York.

Karmay, Heather, 1975, *Early Sino-Tibetan Art*, Warminster.

Kerr, Rose, Wood, Nigel, & Needham, Joseph, 2004, *Science and Civilization in China, Vol. 5, Part 12*, Cambridge.

Keswick, Maggie, 1978, *The Chinese Garden: History, Art, and Architecture*, London & New York (2nd ed., 2003, London).

Krahl, Regina, 1986, *Chinese Ceramics in the Topkapi Saray Museum*, 3 vols, London.

Li He & Knight, Michael, 2008, *Power and Glory; Court Arts of China's Ming Dynasty*, San Francisco.

Luk, Yu-ping, 2015, *The Empress and the Heavenly Masters: A Study of the Ordination Scroll of Empress Zhang (1493)*, Hong Kong.

Macausland, Shane, 2015, *The Mongol Century: Visual Cultures of Yuan China, 1271–1368*, Honolulu.

Miksic, John N., 2013, *Singapore and the Silk Road of the Sea, 1300–1800*, Singapore.

Paludan, Ann, 1991, *The Chinese Spirit Road: The Classical Tradition of Stone Tomb Statuary*, New Haven & London.

Pierson, Stacey, 2013, *From Object to Concept: Global Consumption and the Transformation of Ming Porcelain*, Hong Kong.

Quette, Beatrice, 2011, *Cloisonné Chinese Enamels from the Yuan, Ming and Qing Dynasties*, New Haven & London.

Robinson, David M., 2001, *Bandits, Eunuchs, and the Son of Heaven: Rebellion and the Economy of Violence in Mid-Ming China*, Honolulu.

Robinson, David M., 2008, *Culture, Courtiers, and Competition: The Ming Court (1368–1644)*, Cambridge, Mass.

Robinson, David M., 2013, *Martial Spectacles of the Ming Court*, Cambridge, Mass., & London.

Rossabi, Morris, 1988, *Khubilai Khan: His Life and Times*, Berkeley & London.

Sen, Tansen, 2016, *Buddhism, Diplomacy, and Trade: The Realignment of India–China Relations, 600–1400*, Lanham.

Ströber, Eva, 2013, *Ming: Porcelain for a Globalised Trade*, Stuttgart.

Stuart, Jan, & Rawski, Evelyn S., 2001, *Worshiping the Ancestors: Chinese Commemorative Portraits*, Washington, DC.

Tsai, Shih-shan Henry, 1996, *The Eunuchs in the Ming Dynasty*, New York.

Tsai, Shih-shan Henry, 2001, *Perpetual Happiness: The Ming Emperor Yongle*, Seattle.

Watt, James C. Y. (ed.), 2010, *The World of Khubilai Khan: Chinese Art in the Yuan Dynasty*, New York, New Haven & London.

Watt, James C. Y., & Leidy, Denise Patry, 2005, *Defining Yongle: Imperial Art in Early 15th Century China*, New York.

Watt, James C. Y., & Wardwell, Anne E., 1997, *When Silk was Gold: Central Asian and Chinese Textiles*, New York.

Weidner, Marsha Smith, & Berger, Patricia Ann, 1994, *Latter Days of the Law: Images of Chinese Buddhism, 850–1850*, Honolulu.

Weidner, Marsha, 2001, *Cultural Intersections in Later Chinese Buddhism*, Honolulu.

清代

Berger, Patricia Ann, 2003, *Empire of Emptiness: Buddhist Art and Political Authority in Qing China*, Honolulu.

Chapman, Jan, 1999, *The Art of Rhinoceros Horn Carving in China*, London.

Chu, Petra ten-Doesschate, & Ning Ding (eds), 2015, *Qing Encounters: Artistic Exchanges Between China and the West*, Los Angeles.

Chinese University of Hong Kong, 2000, *Elegance and Radiance: Grandeur in Qing Glass*, Hong Kong.

Clunas, Craig, 1996, *Chinese Carving*, London.

Clunas, Craig, 2017, *Chinese Painting and Its Audiences*, Princeton.

Fong, Wen C., 2001, *Between Two Cultures: Late Nineteenth and Twentieth Century Chinese Paintings*, New York, New Haven & London.

Fong, Wen C., & Watt, James C. Y., 1996, *Possessing the Past: Treasures from the National Palace Museum, Taipei*, New York.

Hay, Jonathan, 2001, *Shitao: Painting and Modernity in Early Qing China*, Cambridge.

Ip Yee & Tam, Laurence C. S., 1978 and 1982, *Chinese Bamboo Carving*, Vols 1 & 2, Hong Kong.

Kao Mayching (ed), 1990, *Chinese Ivories from the Kwan Collection*, Hong Kong.

Kleutghen, Kristina, 2015, *Imperial Illusions: Crossing Pictorial Boundaries in the Qing Palaces*, Washington, DC.

Kerr, Rose, & Allen, Phillip, 2016, *Chinese Ivory Carvings: The Sir Victor Sassoon Collection*, London.

Naquin, Susan, 2000, *Peking Temples and City Life, 1400–1900*, Berkeley & London.

Oriental Ceramic Society and the British Museum, 1984, *Chinese Ivories from the Shang to the Qing*, London.

Singer, Aubrey, 1992, *The Lion and the Dragon: The Story of the First British Embassy to the Court of the Emperor Qianlong in Peking 1792–1794*, London.

Sheaf, Colin, & Kilburn, Richard, 1988, *The Hatcher Porcelain Cargoes – The Complete Record*, Oxford.

Steinhardt, Nancy Shatzman, 1990, *Chinese Imperial City Planning*, Honolulu.

Wang Shixiang & Wan-go Weng, 1983, *Bamboo Carving of China*, New York.

Wood, Frances, 1985, *Chinese Illustration*, London.

Wood, Frances, 1998, 'Closely Observed China: From William Alexander's Sketches to his Published Work,' *British Library Journal*, Vol. 24, No. 1, pp. 98–121.

Wood, Frances, 2005, *The Forbidden City*, London.

Wu Hung, 2012, *A Story of Ruins: Presence and Absence in Chinese Art and Visual Culture*, London.

Zhang, Rong, 2005, *Luster of Autumn Water: Glass of the Qing Imperial Workshop*, Beijing.

## 現代

Albertini, Claudia, 2008, *Avatars and Antiheroes: A Guide to Contemporary Chinese Artists*, Tokyo.

Andrews, Julia F., 1994, *Painters and Politics in the People's Republic of China*, Berkeley & London.

Andrews, Julia F., & Shen, Kuiyi, 1998, *Century in Crisis: Modernity and Tradition in the Art of Twentieth-Century China*, New York.

Barrass, Gordon S., 2002, *The Art of Calligraphy in Modern China*, London.

Bickers, Robert A., 1999, *Britain in China: Community, Culture and Colonialism, 1900–49*, Manchester.

Bickers, Robert A., 2014, *Getting Stuck in for Shanghai*, Beijing.

Bickers, Robert A., & Tiedemann, R. G., 2007, *The Boxers, China, and the World*, Lanham.

Bonds, Alexandra B., 2008, *Beijing Opera Costumes: The Visual Communication of Character and Culture*, Honolulu.

Chiu, Melissa, 2008, *Art and China's Revolution*, New Haven & London.

Clunas, Craig, 2017, *Chinese Painting and its Audiences (The A. W. Mellon Lectures in the Fine Arts)*, Princeton.

Crossman, Carl L., 1991, *The Decorative Arts of the China Trade: Paintings, Furnishings and Exotic Curiosities*, Woodbridge.

Erickson, Britta, 2001, *The Art of Xu Bing: Words Without Meaning, Meaning Without Words*, Washington, DC, & Chesham.

Evans, Harriet (ed.), 1999, *Picturing Power in the People's Republic of China: Posters of the Cultural Revolution*, Lanham.

Farrer, Anne, 1992, *Wu Guanzhong – A Twentieth-Century Chinese Painter*, London.

Farrer, Anne (ed.), 2003, *Chinese Printmaking Today: Woodblock Printing in China 1980–2000*, London.

Fu, Shen C. Y., 1991, *Challenging the Past: The Paintings of Chang Dai-chien*, Washington, DC, & Seattle.

Ginsberg, Mary, 2006–07, 'Revolutionary Art at the British Museum', *Transactions of the Oriental Ceramic Society*, Vol. 71, p. 33–43.

Ginsberg, Mary, 2013, *The Art of Influence: Asian Propaganda*, London.

Ginsberg, Mary (ed.), 2017, *Communist Posters*, London.

Hearn, Maxwell K. (ed), 2001, *Chinese Art: Modern Expressions*, New Haven.

Hearn, Maxwell K., 2013, *Ink Art: Past as Present in Contemporary China*, New York.

Holm, David, 1991, *Art and Ideology in Revolutionary China. Studies on Contemporary China*, Oxford.

Laing, Ellen Johnston, 1988, *The Winking Owl: Art in the People's Republic Of China*, Berkeley & London.

Laing, Ellen Johnston, 2002, *Art and Aesthetics in Chinese Popular Prints: Selections from the Muban Foundation Collection. Michigan Monographs in Chinese Studies*, Vol. 94. Ann Arbor.

Landsberger, Stefan, 1995, *Chinese Propaganda Posters: From Revolution to Modernization*, Armonk.

Lü Peng, 2010, *A History of Art in 20th Century China* (English edition), Milan.

Pan, Lynn, 2000, *Mao Memorabilia: The Man and the Myth*, Hong Kong.

Pan, Lynn, 2008, *Shanghai Style Art and Design Between the Wars*, San Francisco.

Silbergeld, Jerome, & Gong, Jisui, 1993, *Contradictions: Artistic Life, the Socialist State, and the Chinese Painter Li Huasheng*, Seattle.

Sullivan, Michael, 1996, *Art and Artists of Twentieth-Century China*, Berkeley & London.

Rizvi, Sajid, Farrer, Anne, & Li Gongming, 1997, *Hai Shuet Yeung: Innovation in Abstraction*, London.

von Spee, Clarissa (ed.), 2010, *The Printed Image in China: From the 8th to the 21st Centuries*, London.

von Spee, Clarissa (ed.), 2012, *Modern Chinese Painting and Calligraphy*, London.

Wang, Helen, 2008, *Chairman Mao Badges: Symbols and Slogans of the Cultural Revolution*, London.

Wu Hung, 2001, *Chinese Art at the Crossroads: Between Past and Future, Between East and West*, London.

Wu Hung, 2002, *Reinterpretation: A Decade of Experimental Chinese Art (1990–2000)*, Guangzhou & Chicago.

Wu Hung, 2014, *Contemporary Chinese Art: A History 1970s–2000s*, London.

Wu Hung, & Phillips, Christopher, 2004, *Between Past and Future: New Photography and Video from China*, Chicago & New York.

Zhang Hongxing, with Lauren Parker, 2008, *China Design Now*, London.

## 中國通史

Barnhart, Richard, Yang Xin, Nie Chongzheng, Cahill, James, Lang Shaojun & Wu Hung, 2002 (reprint), *Three Thousand Years of Chinese Painting* (Culture and Civilization of China Series), New Haven.

Bartholomew, Terese Tse, 2006, *Hidden Meanings in Chinese Art*, San Francisco.

Clunas, Craig, 1997, *Art in China*, Oxford & New York.

Handler, Sarah, 2001, *Austere Luminosity of Chinese Classical Furniture*, Berkeley.

He Li, 2006 (reprint), *Chinese Ceramics: The New Standard Guide*, London.

Hearn, Maxwell, 2008, *How to Read Chinese Paintings*, New York.

Kinoshita, Hiromi, 2013, *Arts of China*, Boston.

Mackenzie, Colin, 2013, *The Chinese Art Book*, London & New York.

Pierson, Stacey, 2009, *Chinese Ceramics*, London.

Rawson, Jessica (ed), 1992, *British Museum Book of Chinese Art*, London.

Vainker, S. J., 1991, *Chinese Pottery and Porcelain from Prehistory to the Present*, London.

Wood, Nigel, 1999, *Chinese Glazes*, London.

Zhang Hongxing, 2013, *Masterpieces of Chinese Painting 700–1900*, London.

# 版權說明

# 致 謝

感謝何鴻卿爵士慈善基金對2017年中國和南亞展廳修繕項目的慷慨資助，讓我們有機會重新思考展品的陳列和解讀，更完整展現中國歷史，並促成了本書的出版，讓更多的人有機會更深入理解中國。

潔西嘉・羅森爵士暨教授，作為亞洲藝術與考古領域的傑出學者，也給予了莫大支持。她在55年的職業生涯中（無論是在大英博物館還是後來赴牛津大學任職），栽培了大英博物館中國部門的幾乎所有成員。我也十分感謝現任亞洲部主任白珍對本專案的積極推進，讓我能克服專案中遇到的各種問題。特別感謝大英博物館同仁無私地分享他們的知識、技能，促成本書成功付梓。感謝瑪麗・金斯堡、陳誼、卡羅爾・邁克爾森、馬熙樂、陸於平、汪海嵐、王全玉、伊瑪・拉莫斯、理查・布勒頓、保羅・巴克，奧利弗・庫克閱讀文本內容；真誠地感謝克勞蒂亞・布洛赫、莎拉・福斯特、索菲・索倫德吉、洛里・鐘斯、西蒙・普倫蒂斯、塔尼雅・辛普森、露西・羅梅爾、莉齊・富勒、塔維安・亨特、羅伯特・考林、袁昕玥，張心蕊，及藏品保護專家等專業人員。

謹向大英博物館攝影師致以由衷敬意，感謝他們以多年的攝影經驗，為本書耐心拍攝了數百張照片，感謝約翰・威廉姆斯，凱文・洛夫洛克，達德利・哈伯德，瓊安娜・費爾南德斯，斯蒂芬・多德。展廳主任辛文元（音譯）在擔任本書圖片研究員的過程中，完成了令人驚歎的工作，為尋找最佳圖片付出了大量時間，並在各個方面對專案的順利進行給予了大力支持。

泰晤士與赫德遜出版社給我們留下令人愉悅的合作經歷。感謝項目策劃朱利安・霍納和菲利・普沃森；感謝彼得・道森為本書所作的卓越設計；感謝編輯本・普拉姆里奇，以及蘇珊娜・英格拉姆和蘇珊娜・勞森所領導的製作團隊。最後，我要向海倫・沃勒克斯和馬丁・基迪及基迪家的年輕一代比伊、艾麗和艾拉致以謝意，是他們對我們這段冗長工作的理解，讓這一切成為可能。

歷史大講堂
大英博物館裡的中國史

2020年1月初版　　　　　　　　　　　　　　　　　　　定價：新臺幣890元
2024年5月初版第五刷
有著作權‧翻印必究
Printed in Taiwan.

| | | |
|---|---|---|
| 著　　　者 | Jessica Harrison-Hall | |
| 譯　　　者 | 顧　雯　、　謝 | 燕 |
| 審　訂　者 | 施　　　靜 | 菲 |
| 叢書主編 | 李　　佳 | 姍 |
| 特約編輯 | 蘇　　暉 | 筠 |
| 校　　　對 | 馬　　文 | 穎 |
| | 許　　詠 | 芳 |
| 內文排版 | 朱　　智 | 穎 |
| 封面設計 | 兒 | 日 |

| | | | |
|---|---|---|---|
| 出　版　者 | 聯經出版事業股份有限公司 | 副總編輯　陳　逸　華 |
| 地　　　址 | 新北市汐止區大同路一段369號1樓 | 總　編　輯　涂　豐　恩 |
| 叢書主編電話 | (02)86925588轉5320 | 總　經　理　陳　芝　宇 |
| 台北聯經書房 | 台北市新生南路三段94號 | 社　　　長　羅　國　俊 |
| 電　　　話 | (02)23620308 | 發　行　人　林　載　爵 |
| 郵政劃撥帳戶第0100559-3號 | | |
| 郵　撥　電　話 | (02)23620308 | |
| 印　刷　者 | 文聯彩色製版印刷有限公司 | |
| 總　經　銷 | 聯合發行股份有限公司 | |
| 發　行　所 | 新北市新店區寶橋路235巷6弄6號2樓 | |
| 電　　　話 | (02)29178022 | |

行政院新聞局出版事業登記證局版臺業字第0130號

本書如有缺頁，破損，倒裝請寄回台北聯經書房更換。　　ISBN　978-957-08-5435-0 (精裝)
聯經網址：www.linkingbooks.com.tw
電子信箱：linking@udngroup.com

國家圖書館出版品預行編目資料

大英博物館裡的中國史/ Jessica Harrison-Hall著 . 顧雯、謝燕譯 .
初版 . 新北市 . 聯經 . 2020年1月 . 352面 . 17×24公分（歷史大講堂）
譯自：China: A History in Objects
ISBN　978-957-08-5435-0（精裝）
[2024年5月初版第五刷]

1.中國史　2.物質文化　3.文物

610　　　　　　　　　　　　　　　　　　　　　　　108019679